AMERICAN CULTURAL HISTORY

美国文化史

林立树 著

图书在版编目(CIP)数据

美国文化史 / 林立树著．—北京：中央编译出版社，2014.5

ISBN 978-7-5117-2027-6

I.①美… II.①林… III.①文化史－美国

IV.①K712.03

中国版本图书馆CIP数据核字(2014)第009568号

本书为中国台湾五南图书出版股份有限公司授权
在大陆地区出版发行简体字版

美国文化史

出 版 人：	刘明清
出版统筹：	董 巍
选题策划：	韩慧强
责任编辑：	王媛媛
特约编辑：	张树相
责任印制：	尹 珺
出版发行：	中央编译出版社
地　　址：	北京西城区车公庄大街乙5号鸿儒大厦B座(100044)
电　　话：	(010) 52612345 (总编室)　　(010) 52612363 (编辑室)
	(010) 66130345 (发行部)　　(010) 52612332 (网络销售部)
	(010) 66161011 (团购部)　　(010) 66509618 (读者服务部)
传　　真：	(010) 66515838
经　　销：	全国新华书店
印　　刷：	北京中兴印刷有限公司印刷
开　　本：	787毫米×1092毫米　1/16
字　　数：	226千字
印　　张：	15.75
版　　次：	2014年5月第1版第1次印刷
定　　价：	58.00元
网　　址：	www.cctphome.com　　邮　箱：cctp@cctphome.com
新浪微博：	@中央编译出版社　　微　信：中央编译出版社（ID：cctphome）

本社常年法律顾问：北京市吴栾赵阎律师事务所律师　闫军　梁勤
凡有印装质量问题，本社负责调换。电话：010-66509618

目录 CONTENTS

推荐序 1
卷首语 2
序　言 3

第1章　美国人及美国领土 1
第一节　美国人 1
　　　　一、公民 3
　　　　二、侨民 11
　　　　三、难民 13
第二节　美国领土 13
　　　　一、合法取得 14
　　　　二、并购取得 14
　　　　三、强占取得 17

第2章　历史概述 21
第一节　殖民时期的北美洲 22
第二节　建国时期的美国 27
　　　　一、独立建国 27
　　　　二、邦联政府（Confederation） 29
第三节　南北战争前的美国 29
第四节　南北战争后至二次世界大战期间的美国 33
　　　　一、战后重建 34
　　　　二、外交 36
　　　　三、内政 39

第五节　二次世界大战之后的美国 42
　　一、外交 42
　　二、内政 48

第3章　文化趋势 51

第一节　殖民时期文化（1760年以前） 51
　　一、北部 51
　　二、中部 53
　　三、南部 54

第二节　建国时期文化（1760—1860） 55
　　一、共和理念 56
　　二、平等精神 58
　　三、新伦理观念 60

第三节　中产阶级文化（1830—1930） 63

第四节　现代文化（1890—）：世俗化、消费文化、多元文化 67
　　一、现代美国文化的兴起 67
　　二、现代美国文化的表现 70
　　三、新文化精神 76
　　四、新时代的多元文化表现 79

第4章　思想模式 81

第一节　思维模式 82
　　一、思维模式 83
　　二、自我认识 84
　　三、对世界的认识 84

第二节　清教思想 85
第三节　实用主义 88
第四节　美国主义 92
第五节　个人主义 93
第六节　资本主义 95

第5章　政治体制 97
第一节　特色 97
第二节　政治体制 99
　　一、行政权 101
　　二、立法权 103
　　三、司法权 104
第三节　民主精神 105
第四节　政党政治 106

第6章　社会写实 108
第一节　特色 108
　　一、自由权 109
　　二、平等权 109
第二节　结构 110
　　一、牛仔 111
　　二、工业巨子 113
　　三、律师 113
第三节　社会生活 114
　　一、家庭 114
　　二、小区 115
　　三、婚姻：结婚与离婚 116
第四节　学校与教育 116
第五节　社会问题 119
　　一、黑权问题 120
　　二、女权问题 128
　　三、学生问题 132

第7章　文学表现 135
第一节　殖民时期文学 136
　　一、南部文学 136

    二、北方文学 137
 第二节 古典时期文学 140
    一、欧文（Washington Irving, 1783—1859） 141
    二、霍桑（Nathaniel Hawthorne, 1804—1864） 142
    三、爱伦坡(Edgar Allan Poe, 1809—1849) 143
    四、麦尔维尔（Herman Melville） 143
 第三节 浪漫主义文学 144
    一、爱默生 145
    二、梭罗 146
    三、惠特曼 147
    四、洛维尔 147
 第四节 写实主义文学(1860—1920) 148
    一、马克·吐温 148
    二、亨利·詹姆斯 149
    三、豪威尔 150
 第五节 20世纪前半期的文学 150
    一、杰克·伦敦 152
    二、辛克莱·刘易斯 152
    三、菲茨杰拉德 153
    四、福克纳 154
    五、斯坦贝克 155
    六、海明威（1898—1961） 156
    七、多斯·帕索斯（1896—1970） 156
    八、索尔·贝娄（1915—2005） 157
 第六节 20世纪下半期（1945年以后）的文学 158
    一、垮掉的一代 159
    二、黑色幽默 162
    三、南方文学 164
    四、黑人文学 165

第8章　娱乐休闲生活 168

第一节　电影 168
一、美国电影事业的出现 167
二、好莱坞（Hollywood）时代 169
三、美国电影发展史 171
四、美国电影成功的秘诀 172

第二节　音乐 174
一、电子音乐的出现 175
二、合成音乐出现 175
三、音乐形态改变 176
四、音乐种类 176

第三节　体育 180
一、运动的发展 181
二、重要运动 182

第9章　对美国的反省与批判 191

第一节　三位知识分子对美国的反省 191
一、托克维尔 192
二、西蒙·波娃 193
三、布热金斯基 194

第二节　欧洲三学派对美国大众文化的批判 195

第10章　结论：从硅谷看美国文化精神 198

附录1　后资本主义的文化反思 200
一、何谓文化？ 200
二、对资本主义的了解 202
三、对后资本主义的认识 203
四、对后资本主义文化的反思 210
五、结论 211

附录2　参考资料……………………………………………213

附录3　美国史大事记………………………………………228

参考书目……………………………………………………235

推荐序

  研究美国问题最引人入胜之处,乃在于看到了这一将近三亿人口的强国,如何融合了来自相异地区的移民,从而诞生了人类文明史上占有相当地位的美国文化。尽管美国迄今仅有230年的历史,却成功缔造了一个独特的文化。这一现象可以称为"移民文化"(immigration culture)或是"多重文化"(multi-culture)。这一特质就成为其"文化导向"(cultural direction)。这一"复合文化"(complex cultural of Americans)就成为美国文明及其精神所藉。

  近年台湾研究美国问题多将重点放在政治、经贸上;尤其专注于对美关系。这一现实上的所需,也就成为今此一学科之重点,却放弃了对美国文化的探讨。在这一不健康风潮之下,人们也就很自然地认为美国文化仅是"商业文化"(commercial culture)。这一错误的认知使得人们缺少对美国正确的认识,而仅有肤浅的看法。事实是唯有认识美国文化,始可了解美国,也才能够研究美国政治及对美关系;否则只是一个自以为是的空想而已。

  然而问题是,有志研究美国文化的朋友们,却找不到一本对此问题有足够分量的中文专书。所幸今天立树的这本《美国文化史》能够挺身而出,担当重任,作为研究美国问题的入门必修专书。立树在过去数年内著书立言,对推广美国研究有至深且广之贡献,是年轻一辈学子中治学有成之佼佼者。今逢其专书付梓之际,仅书此序以为志。

李本京

淡江大学美国研究所教授

卷首语

1999年写了一本《美国通史》，按传统编年体例撰文，出版以来，虽印刷了四次，也再版了一次，但总觉得有些不足。许多在大学担任美国文化课程的同事，认为书本的篇幅太大，无法在有限的时间讲授，建议再写一本，篇幅小一点，并从整体角度探讨，不要只局限在政治的变迁之中，激起我写作的欲望，改以纪事本末的体例撰述。

从构思到执笔，前后约花了一年半的时间，虽然辛苦，但日子紧凑有序，如今书成，反而有点不知所措之感。算算近六年来，写了《美国通史》、《世界文明史》（上、下册）、《高中历史》（世界文化篇）、《高职历史》（世界文化篇），加上与蔡英文、陈炯章两位教授合编的《近代西方文明史》，以及出版博士论文《司徒雷登调解国共冲突的理论与实践》，如今再添上《美国文化史》，也算是教学相长，但却因此耽误了升等，成为学校认知中不求上进的副教授。我常想，大学的教职可以分为两类，一类专注研究，发表研究论文，一类专注教学，从事教学著作。如此一来不仅国家学术水平提高，学生也受惠无穷。

《美国文化史》得以成书，首先要感谢的是我的恩师李本京教授，他在淡江大学美国研究所博士班对我的指导，使我毕业之后在这一个领域有挥洒的空间。其次是我任教的辅仁大学历史研究所同学，特别是谭乃元同学在绘制地图方面所付出的心力，廖心嘉、梁德明、洪俊豪，还有中文研究所吴浩宇、谢元雄、王巧如、罗乔忆同学的校稿，使得本书得以顺利完稿。当然，五南图书出版公司的抬爱，愿出版本书，更是令我感动与感谢的。

林立树

于辅仁大学历史研究所

2005年7月

序　言

20世纪以来，学界对文化的探讨，情有独钟，对文化研究的作品，也是车载斗量，难以计数，但对文化的反省却南辕北辙，莫衷一是，特别是有关文化的定义。什么是文化，在过去的认知中，文化与历史混为一谈，多数学者将文化视为"历史的残余"，是政治、经济、社会以外的历史材料，包括思想史、艺术史等。但随着时代的变迁，这种认知已不符合时宜，文化逐渐脱离历史的残余，成为一门独立的学科，它与历史的关系引起重视。目前的认知是，历史是对过去的描述，文化则是对过去认识的概念，透过主体的意识建构过去，而这种过去正左右了人的活动。

在人类的认知活动中，人由何处来，是人的好奇，也是人文的意义与价值所在。对这个问题的探索与回答，构成不同时代的不同认知与不同发展。18世纪以前，普遍相信人是由上帝所"创造"的，因此竭尽所能，试图了解上帝的真相。19世纪起，人不再执着是由"上帝"创造，而相信是由"演化"形成，从此"竞争生存"成为人类生活的方式，但这种立基于"物种"的生物学探讨，至19世纪下半叶面对挑战，因为它虽说明了人与动物的不同所在，却无法解释人与人之间的行为差异。社会学与文化学提供了人的另一种"起源说"：人是社会与文化的产物，受"社会结构"、"社会行动"与"文化模式"影响，不同地区的人，有不同的表现。它说明了人与人不同的原因，此后人的存在意义和价值与前不同。本文立论基础即试图经由文化过程，了解一个民族的发展。

西方人在区辨不同地区人群的表现时，喜欢从文明与文化不同的语境中加以分辨，将其视为进步与野蛮的分辨所在。这种以欧洲为中心的文化论，近年来在美国文化，特别是多元化的思维冲击之下，已无法符合时代的脉动。二次世界大战之后，美国文化对世界文化的影响大大加深，美国的价值观在美国军人派驻海外，美国传媒在世界各地推销之下，成为"全球化"的"榜样"，因此研究美国文化有其必要。

美国的发展与其他国家不同，从地理角度来说，位于太平洋与大西洋之间，北为友邦加拿大，南为众多小国的拉丁美洲，国防安全可靠，国家发展迅速。从历史层面来说，它是一个移民所组成的国家。移民来自四面八方，有先来，有后到，形成多元共处。美国崛起于18世纪，发展至20世纪，成为世界警察，尽管"九一一"事件为美国带来重创，但作为世界的巨人仍有其傲人的一面，其中最为人赞誉的文化成就是其"民主"与"平等"的精神，及其所创造的富裕生活。标榜民主、学习民主的国家比比皆是，但是能像美国一样的民主国家却难见一二。美式民主不只是政治，更是一种生活态度：尊重别人的生活方法。重视"平等"，但不是"平等"的结果，而是"平等"的机会，这种态度给人的印象是"希望"。来到此地的人多少都怀着一份希望，从今生到来生，从移民到侨民乃至难民皆然。20世纪美国文化大力外销，令许多国家不满，也惹来许多批评，但是其对人权的尊重，自我反省的精神，仍有许多予人借镜之处。因此对美国文化的认识就不能止于个人的好恶，更应对其价值做深入的了解，这是本书立论的宗旨所在。

本文撰写与一般编年体的叙述方式不同，采纪事本末体例，分九个章节进行。第一章介绍美国人与美国版图，谁是美国人？与其他国家不同的是，美国是一个移民的国家，美国人不是依据血缘，也不是种族，而是身份的认定，换言之，美国人不是住在美国的人，而是享有美国公民权的人。至于美国版图，也不是立国之际即告确定，而是逐渐扩张形成，因此探讨美国疆土就必须了解其扩张。第二章回顾美国历史的发展过程，由殖民时期的北美洲到美国建国至2005年布什就职后的行政表现，从外交与内政两个面向着手，透过历届总统的施政，对美国的历史作整体的了解。第三章介绍美国的文化趋势，文化不同于历史，历史所呈现的是偏重结果，文化则是重视参与的过程。美国文化是由欧洲移民文化到本土文化的建构,其价值与意义自然不同,本章将对美国本土文化特色作一说明。第四章叙述美国人的思想,思想是区别人与人、人群与人群往来的主要依据。西方哲学家苏格拉底以"知"来说明人的地位,而"知"就是思想第一步。本章试图经由美国人的思想模式,找出与其他国家地区人们的不同之处。第五章是政治体制,美国被誉为民主国家的典范,许多学习美国制度的国家均对美国的民主爱恨交加,其理何在?第六章描述美国的社会,美国的家庭、教育关系着美国人的成长,许多国家学者一心仿效美国教育,从事教改,但往往效果有限,美国的教育有何特殊?令人好奇。黑权与女权是美国社会两大议题,有关其形成与发展对美国及其他国家社会带来的重大冲突,本章将有所说明。第七章讨论文学,文学是国家精神之所系,美国文学由外来走向本土,代表的是一种不同于欧洲的气质,透过不同时期的表现,可以感受到美国进取的一面。第八章介绍美国的流行文化,包括体育、音乐、影视。这些原为少数休闲人士独占的享受,在美国资本主义的运作之下,由生活的奢侈品变成生活的必需品,人人参与,个个分享,它改变了生活的风貌,也转换了生命的态度。第九章介绍其他国家知识分子对美国当代文化的批评与反思,最后一章从硅谷的发展看美国文化以作为总结。

全书末附上2005年在本校历史系所举办的"文化的中间人"研讨会中发表的一篇论文《后资本主义的文化反思》作为结语。这是我多年来的写作习惯,在书本之后附上一篇文章,对最近相关的思潮做一介绍。

第1章
美国人及美国领土

美国人及美国版图是研究美国文化的首要课题。美国之建立与世上其他国家有显著不同,它不依血缘结合,也不循武力征伐,而是靠身份的认同。除了出生在本地的美国人之外,还接受许多移民,这些外来人是不是美国人,得视其"认同"程度,包括语言、纳税,对美国立国精神的了解,造成了许多住在美国而终生不能成为美国人的窘态,也形成这些人对美国的认同危机。

美国的版图不是一开始即固定,而是随着情势的转变,逐步扩张,有依法律、有赖并购、有采强占等方式进行,使得美国成为一个与众不同的国家。

第一节 美国人

根据美国人口调查局的统计,至1999年12月美国总人口已达到272 345 809人[01],这些被纳入统计的美国人是否是真正的美国人,以及他们如何成为美国人,是了解美国人的第一要题。事实上,不是任何住在美国的就是美国人,而是享有公民权的才是真正的美国人,因此在讲述谁是美国人时,不能根据统计数字,而必须依据美国政府认定的"美国公民"而论才行。美国最早是由欧洲移民所建立的国家,由

---

01 Harold W.Stanley-Richard G. Niemi, *Vital Statistics on American Politics* 1999-2000,Washington D. C.,2000,P. 355.

于美国政府是由他们所缔造,因此这些移民最先获有公民权。其次是黑人,尽管他们与白人移居时间相近,但是系由上述白人以钱财购得,并以财产角色进入美国,并不具有人的地位,迟至1868年之后才获得公民权。印第安人虽早于欧洲白人生活在北美洲,但印第安人一直不是美国人,更被视为外国人,惨遭围剿,一直到1924年美国政府才给予印第安人公民权。至于其他后到的移民,在经过一连串的立法与修法后,有一部分获得公民权,一部分住在美国多年,取得绿卡,获准

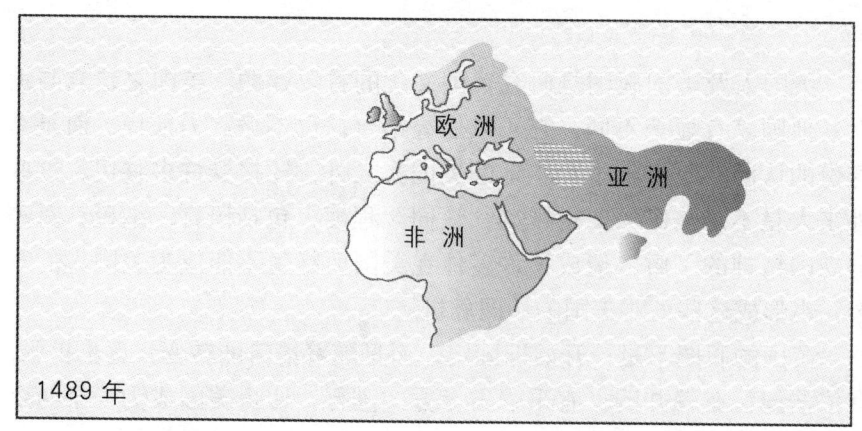

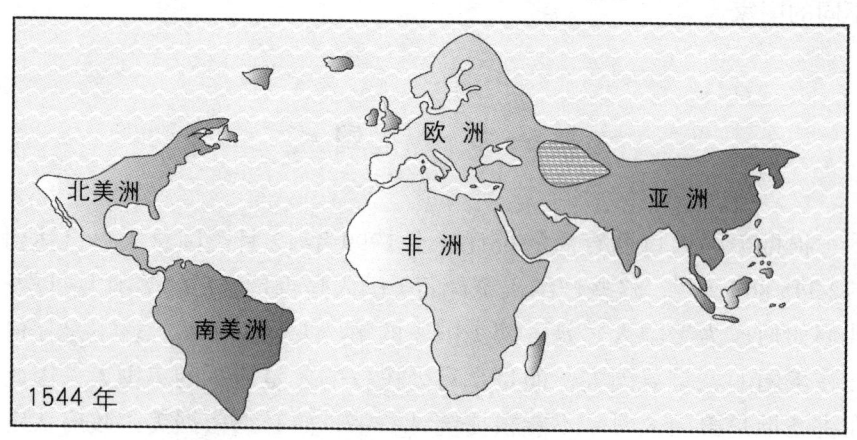

图1-1 欧洲对世界的观点

*自哥伦布于1492年发现新大陆之后,世界地图有了重大改变,美洲、亚洲、非洲南部逐渐成为人类舞台重要活动场合,上述两图分别说明了1489及1544年西方人认识的世界。

在美国居留，但却无法取得美国公民身份，称为侨民；另外还有一群非法居留在美国的外国人，一经查获即遭遣返。

美国公民权之取得系依据法律的规范，由于美国是由州逐渐发展为一国家，因此到底是州有给予公民的权力，还是联邦，就成为争论的焦点。在南北战争之前，州的权力高过联邦，1857年的史考特（Scott）案例[01]，说明了州的权力大于联邦的权力。南北战争之后，联邦地位提升，各州达成默契，在拥有美国州公民之前必须先是联邦公民，这可以从许多外国政要获得美国某州的荣誉公民，但不具有美国籍可见一斑。以下就从美国公民权之取得来论述美国人。

一、公民

移民是美国人的主体。这些移民有先到，有晚来，在先到与晚来之间就出现了歧视的差别。大致说来，赴美的移民可以分为三波：殖民开始至1776年为第一波；1776年至1890年为第二波；1890年至目前为第三波。第一波移民人数不详，第二波移民以西欧、北欧人为主，包括爱尔兰人、日耳曼人、英国人、荷兰人、瑞典人、挪威人；第三波移民早先以南欧、东欧为主，包括西西里人、保加利亚人、希腊人、俄境犹太人，后期则以亚洲及拉丁美洲人占多数。这些人是不是美国人，不是依其住在美国而定，而得视其获得公民权与否来判定，因此移民政策即成为取得美国人身份与认同的关键。兹就早期欧洲移民、黑人、后到移民及印第安人落户（依取得公民资格先后）过程说明之。

1. 早期欧洲移民

主要是指1776年以前来到北美的欧洲白人。最早到北美的欧洲白

01　史考特是一位住在密苏里州的黑奴，他的主人曾带他前往伊利诺州（该州反对蓄奴），再返回密苏里州。不久他的主人死了，他向最高法院申诉，表示主人死了，他曾去过自由州，希望能获得自由，但最高法院以他为密苏里奴隶，不是该州公民，不得提出诉讼结案。

人以英国、法国及西班牙为主，英国移民集中在东部13处，以后发展为13州殖民地；法国从加拿大沿密西西比河南下，经五大湖至新奥尔良；西班牙则在西南部及佛罗里达、墨西哥一带。随着欧洲局势的发展，北美洲落入英国人的势力范围之中，西班牙及法国被逐出北美洲。英国后来居前，独占北美洲的全体利益，有关其原因，除了政治因素外，可以从经济的角度见其端倪。早期前往美洲殖民的欧洲人主要是为了淘金，西班牙人在中南美找到金矿，法国人获得狸皮，但是这些货品数量有限，金矿不久即告采尽，狸皮必须仰赖印第安人，无法大量生产，影响后人继续赴美。英国则不然，英国所探获的金矿是烟草和棉花。这两项植物取之不尽，用之不竭，促使英国人络绎不绝、前仆后继地前往新大陆。

在北美洲的移民活动过程中，英国成为最后的统治者，因此北美洲地区的公民身份也是依英国的习俗建立的。在1776年美国独立革命之前，北美洲的公民就是英国的臣民，必须接受英国议会规范。按1740年英国议会所制订的法律，"申请者必须在英王所属的美洲殖民地至少居住七年，其间离开时间不得超过连续两个月"，并须承认自己的基督信仰，宣誓效忠国王。1776年独立革命爆发之后，各州政府立即制订法案，放宽对公民归化的规定。

2. 黑人

在早期移民中，还有一群黑人，是美国社会的重要成员。第一批黑人约于1619年输入弗吉尼亚，以后随美国社会发展，更多的奴隶由一个地区移到另一个地区（见图1-2）。早先来到北美洲的黑人是白人的财产，并不具有人的身份，被视为奴隶，在美国没有地位，出生之后就注定度过奴隶的一生，虽无匮乏，也无享受，毫无前途。他们默默地接受堕落状态的一切优惠，不知道自己的灾难处境，学会的是屈膝与顺从，让主人欢心。随着美国版图的扩张，奴隶的地位成为美国社会的难题，南北战争否定了奴隶制度存在的合法性，但并未给予黑人身份地位。1865年宪法第13条修正案让黑人脱离奴隶身份，1868

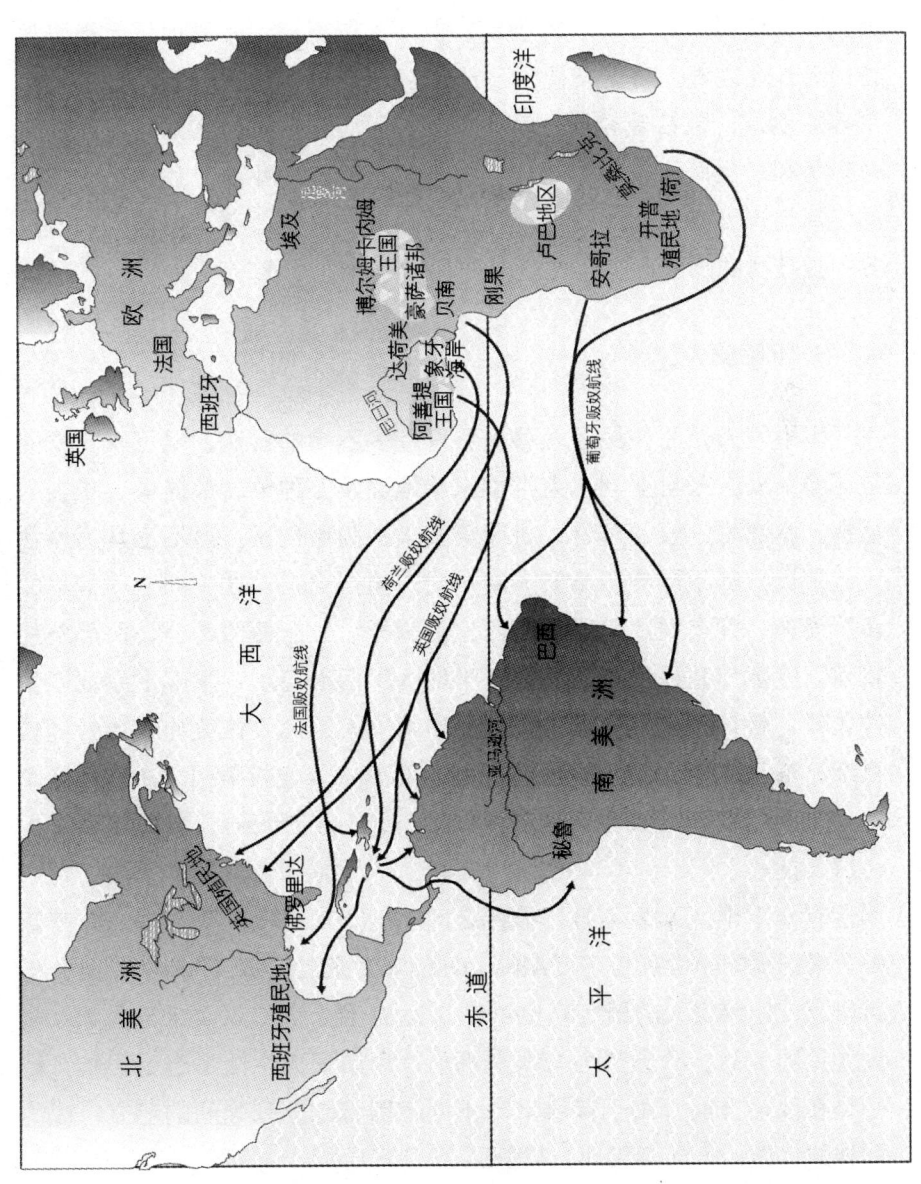

图1-2　18世纪的奴隶贸易

＊非洲黑人经不同国家的安排进入美国，此图说明了黑人运往美洲的路线。

年第 14 条修正案让黑人享有生命、自由、财产权,也就是黑人拥有了公民权,使得黑人身份获得确定,但并未取得社会平等地位,被隔离在白人社会之外,备受歧视,一直到 1954 年后才藉民权运动取得社会平等的地位,包括受教权、就业权等。但潜存在黑白之间的心理冲突并未缓和,反而因着黑人的自觉而益加严重。70 年代之后,由于黑人的生活情况及知识水平提升,黑白关系有了显著改善,但黑人内心世界中被歧视的感受,迄今犹存,只有等待时间消融。

3. 印第安人

印第安人是原住民还是移民?有许多不同的看法,但可以同意的是,印第安人来自亚洲,人类学家从地理及人种角度都提供了相当的证据。本文采一般的解释,将印第安人视为原住民。但不论其为原住民或移民,都不影响印第安人的本质。根据史料,在美洲活动最早的印第安人,分布很广,以密西西比河为界,分东西两部分,西部条件较差,除了加利福尼亚之外,多半地区生活很简陋;中部平原地区条件较好,整日追逐猎捕野牛;东部印第安人因介入法英冲突,处境较复杂,东北部有易洛魁联盟(Iroquois League)支持英国,东南地区印第安人则结合为五大文明部族(Five Civilized Tribes)。美洲印第安人在白人抵达之际,约有 80 万至 100 万人,生活于部族组织之中,每个部落有一千至两千人不等,彼此之间相处,或战争,或友好,有其法则。根据美国学者加拉丁(Albert Gallstin)及包威尔(Powell)的分析与研究,印第安人的语言粗略可以分为 51 种,其中又可细分为 300 多种(见图 1-3)。欧洲势力介入美洲后,印第安人生活形态受影响,特别是在政治方面,由于接触对象不同,因着欧洲列强间的对立,成为列强的代理人,从事代理人战争。

在欧洲人未抵达之前,印第安人安详地住在森林中,依风俗习惯过日子。但欧洲人出现之后,他们的命运则处于自由的边缘。在白人的心目中,印第安人被视为野蛮人,幼稚任性,对明天之事漠不关心,只等危险逼近而不准备去加以应付,执着于野蛮生活,拒绝接受文明

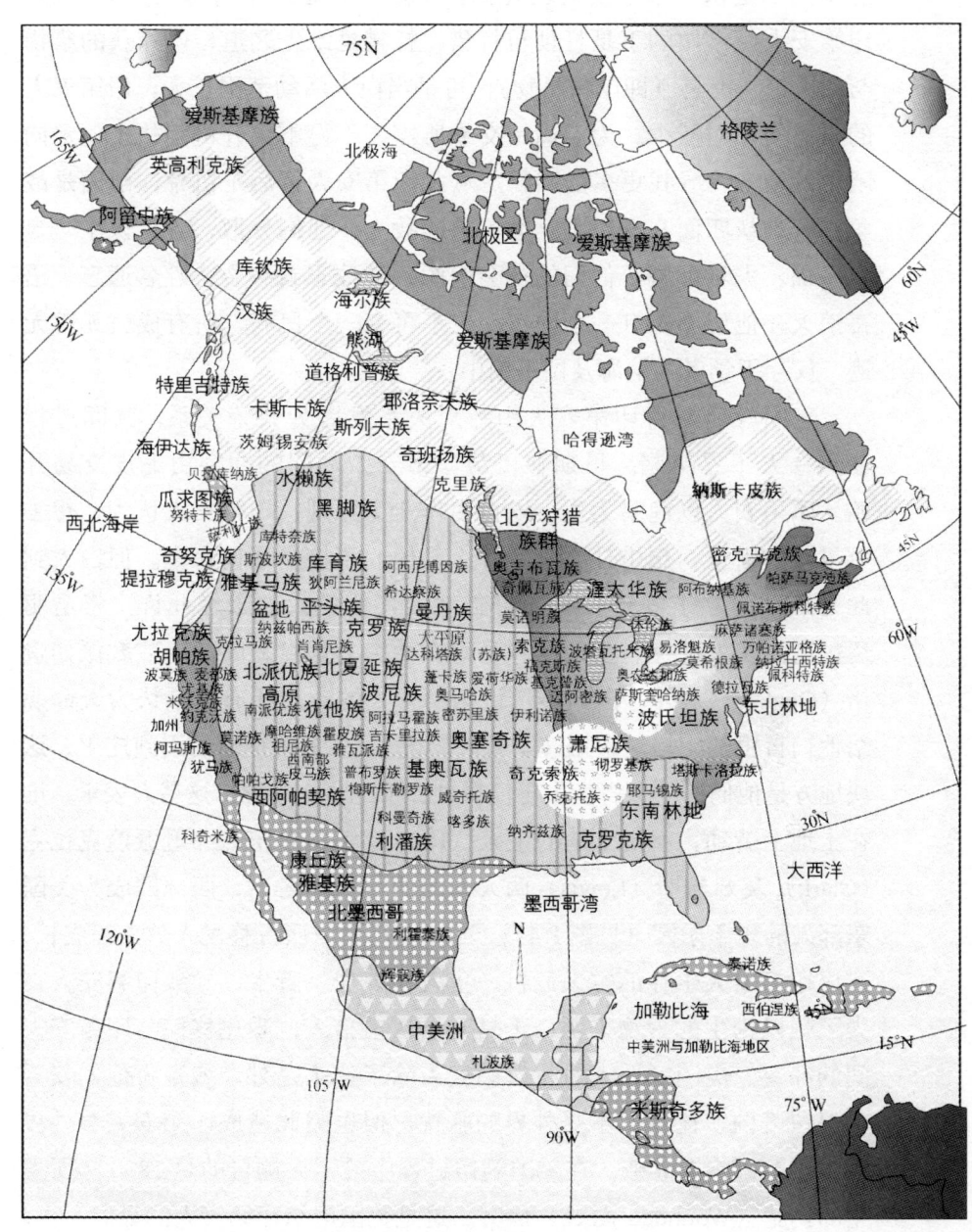

图1-3 北美洲印第安部落分布图

进步，不是永远不愿使自己开化，便是在愿意改革时却已为时太迟。印第安人经常做的事是打仗与打猎，打猎是维生之道，以捕获的猎物与白人进行交易（即以物易物），可是当白人活动范围扩大，印第安人的猎物便相对减少。为了满足交易所需，不得不离开饥荒故土，走向陌生的地方，寻找更多的猎物。从此印第安人背后是饥荒，前面是战争，苦难从四面八方包围。为了逃避敌人，他们分散，各自谋生，自求多福。灾难瓦解了他们的社会组织，导致家族破裂，姓名遗忘，语言消灭，他们不再有一个国家，也不再有一个民族，所有成就无踪无迹，仅存于学者的脑海及图书馆中。

美国政府对待印第安人由敌对关系发展为共荣关系，其间过程惨烈令人不忍卒睹。早期移民与印第安人之间的冲突由毛皮交易开始。印第安人以渔猎为生，以自由作业为原则；印第安人认为，想去哪里就去哪里，想带什么就带什么，他们不接受任何命令。但白人到此之后，建立了固定私有的狩猎地，其他猎人如未经允许，将遭驱逐，进而引发冲突。土地问题是双方冲突的焦点。除了少数教派如贵格（Quaker）之外，白人不承认印第安人的土地所有权，认为天命赐给他们自由的土地。根据《圣经》的说法，"上帝把他们引到这里，这块地方是他们的"[01]，野蛮人不懂耕种，不配享有土地。这些人表示，谁在土地上劳动，就是土地的主人。1803 年美国总统杰弗逊派遣克拉克（Clark）及刘易斯（Lewis）两人率团西行探险之后，西部即成为美国东部人的想象乐园（见图1-4）。至 1843 年后，西行移民人数大幅成长，造成印第安人生存的重大危机。猎人大肆捕杀野牛，导致印第安人丧失了赖以为生的食物来源，于是开始伏击猎人，激化移民与印第安人间的冲突。美国的白人对待印第安人除了追杀之外，就是将他们安置在保留区内，让他们不受外界的骚扰，但也因此造成印第安人与外界缺少接触，走向衰败。在美国剿印过程中最引人侧目的是 1890 年所发生的伤膝（Wounded Knee）惨案。这是美国屠杀印第安人的最后一页，

01　Philippe Jacquin, *La Terre des Peaux-Rouges*，余中先译：《印第安人》，中国台北：时报文化，1996 年版，第 56 页。

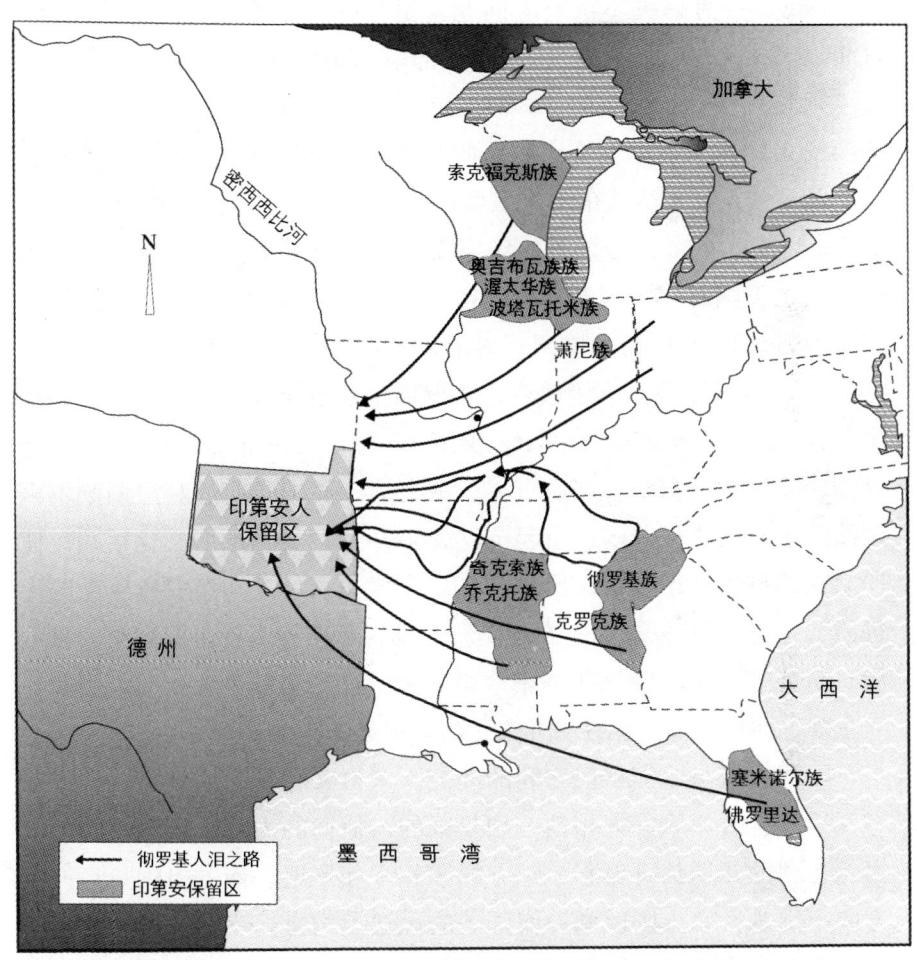

图1-4 印第安人迁至西部保留区路线图(1820—1840)

*印第安人自1820年后被白人赶往西部,栖身保留区,本图说明了各族被驱往保留区的路线。

代表持续 300 年的剿印战争到此结束，85 万印第安人只剩下不到 5 万人。

美国对印第安人的态度于 1887 年有了转变。美国参议员道斯（Dawes）为解决印第安人问题，是年提出《道斯土地分配法案》（Dawes Severalty Act），希望藉由将部落的土地分配给各家 [每家 160 个"阿邦"（arpent），每个阿邦约 20 至 50 亩，其余归各州政府]，将印第安人同化于美国社会之中。此举未见其功，反让印第安人饱受其害，除了使得印第安人的土地大幅缩水，由 1887 年的 13800 万公顷变成 1934 年的 4800 万公顷外，印第安人生活更加悲惨。1924 年，美国给予出生美国并在美国辖区内的印第安人公民权，但他们的生活条件并未改善。1928 年的一项调查显示，印第安人是美国最贫穷的一群。1934 年，美国政策又有了改变，小罗斯福总统推动《印第安人重组法案》（Indian Reorganization Act，又叫 Wheeler-Howard Act），终止土地分割，让保留区自治。二次世界大战之后，美国政府想利用期满不再续约的方式废止保留区，引起抗议。60 年代，美国的新文化运动，使印第安的抗争获得鼓励。1961 年印第安学生成立"印第安青年全国促进会"，宣扬印第安文化，在这一段时间，印第安人曾包围印第安事务局，与警方对峙，1978 年并聚众由加州前往华盛顿争取权益，引起世人重视，而印第安人也在多元文化的发展之下逐渐受到关切。

印第安人与欧洲移民之间的冲突，来自文化观念的歧异，导致双方互不见容。印第安人相信一切是圆的，他们的力量来自民族的神圣之圆，圆的四周抚育着它，东方赐予和平和光明，南方提供热量，西方降下雨水，北方则以寒冷而强劲的风送出力量，宇宙所做的一切都在一个圆之中完成。他们对生命的看法也不一样，认为生命是一只萤火虫在黑夜中发出的光；生命是一头野牛在冬天里喘气；生命是一抹阴影在青草上移动，在夕阳下消失。他们喜爱土地，从土地上获得母爱的力量，喜欢赤脚走在神圣的土地上，认为土地有平息、增强、洗涤、治疗的功能。老人坚持与土地为伴，不愿与生命的力量之泉分开。他们在土地上可以思索生命的神秘，感到与周围一切活生生的力量更靠近，对鸟类和动物很亲近。

印第安人崇拜太阳，太阳舞被认为是灵力的善，他们看到日夜交替，四季循环，认为是太阳的神力，没有太阳，人就不能活。人死后灵魂会在地上或天上飘荡。灵魂能向活人沟通，但从不向活人说话，只来到梦中。重视梦，认为梦可以提供一个人灵魂之秘密渴望的线索。信奉萨满教，萨满（Chaman）是巫师，又是医生，他们是具有超强洞察和梦境幻想能力的人，透过梦境，可以和将要成为他的朋友或守灵的某种精灵建立关系，而疾病通常是这种友谊破裂的结果。他们治病，预示未来[01]。总之印第安人是一支与西方文化思维格格不入的人群，正因如此，使他们遭受无情的迫害。

4. 其它移民

除了上述早期移民及黑人之外，还有一些获得美国公民权的非白、非黑人种的后到移民，他们的身份也是根据宪法第14条修正案获得，但又依据现实状况而有不同，可以分为侨民以及循此成为公民者。

二、侨民

侨民是赴美的异乡人，对美国发展贡献良多。这批未获得美国公民权的外国人，代表着美国早期移民对后到者的成见与歧视，除了对其忠诚感到疑虑之外，还有不愿与他们分享发展的成果。第一批殖民者对于晚到的移民有心理上的差异，尤其对非白色人种的态度，认为他们来此不是认同美国，只是为了一些个人的利益。他们原指望采用融合的方式，让其他民族接受安格鲁·萨克逊基督教文化（WASP：White Anglo Saxon Protestant），但成效有限。随着历史的进展，非白人人口数增加，影响当地生计，引起白人更大的偏见，特别是对华人、日人，以及其他非白色人种，造成美国历史上一种特殊问题，即归化问题：什么人可以成为美国人；什么人可以住在美国，而不能成为美国人，只能是侨民。1870年的归化法规定，只有白人和非洲人后

01　Ninian Smart, *World Religions*, 高师宁等译：《世界宗教》, 北京：北京大学出版社, 2003年版, 第200页。

裔才能要求公民身份,1882年,美国国会通过搁置华工入境法律,原住在美国的华人没有公民权,只能以侨民身份居住在美国。1892年,美国把排斥华工期限延长十年,但在这段期间,还是有一些法院把公民权给了华人。1894年,一群波士顿的律师、教授等人担心移民人数成长太快,便组成团体,要求对移民提出阅读书写能力要求,次年国会通过立法,遭克利夫兰总统否决。1913年美国国会通过设立独立的归化局,集中和提高归化程序,1915年进行全国普查,协助公立学校帮助外国人获得公民权。1917年威尔逊总统签署了《阅读书写法案》(Literacy Act),1924年美国国会通过了《国籍法》(National Origins Act),对南欧及东欧移民加以设限,并不允许亚洲国家的移民成为公民,但对原住民如阿留申人和爱斯基摩人开放归化之门,同年还通过《约翰逊法案》(Johnson Bill),限制移民数,减少移民配额。[01] 1943年取消华人的移民及归化,此后移民一直维持在一定的配额内。1948年鉴于欧洲许多逃难的人,美国为协助欧洲被驱离的人前往美国,通过《背井离乡人法案》(Displaced Person Act)。1952年通过《麦卡伦—沃尔特法》(MacCarran Act 又称为 Immigration and Nationality Act of 1952),确立了获得美国公民的基本条件:必须能说和理解英语,还必须能够读和写简单的词汇和短语。1953年通过《难民救济法》(Refugee Relief Act),给某些难民非移民配额的签证。1965年美国对移民政策作了重大的改变,废除对移民配额的国籍歧视,国会制订《1965年移民法》(Immigration of 1965),把美国公民同他们在国外的亲属团聚和美国所需要的专才,作为优先考虑的条件。移民法规定,每年移居美国人数不得超过27万,而每个国家人数不得超过二万。优先的顺序分别是:美国公民的子女、获有居留权的外籍人的配偶或未婚子女、有专才且为美国人所需要的人、美国所短缺的工人、美国公民的兄弟姐妹。在这项法案中受惠最多的三个国家分别是:古巴、印度尼西亚、墨西哥。由于墨西哥人大批的涌入,使得美国政府不得不在1986年通

---

01 这项配额是依1910年全国人口中,外国出生的人的30%配额为基准,降为1890年全国人口中,外国出生的人2%的配客为基准。

过《移民改革法案》(Immigration Reform Act)，遏止移民潮，法案规定雇主雇用非法移民将遭惩罚，但也大赦了1982年以来一直住在美国的移民可以获得居留。

20世纪以后，美国对待移民的态度及政策，随着移民来源的转向，由欧洲改为亚洲和拉丁美洲，以及美国本身利益的考虑，而呈现出不确定及不稳定的状态。这些非英语地区的人种，对以英语作为归化的依据，有许多困难，因此毕生争取公民权。他们住在美国，却无法获得美国公民权，对美国的忠贞自然出现疑虑，成为美国的包袱。为了解决这种困窘，美国政府开始改变移民归化政策，争取日益增长的非白人认同，他们透过多元文化教育方式，经由对非白色人种的关怀，促进共荣，赢取侨民对美国的效忠。

三、难民

美国难民有合法与非法两种，合法难民是美国对外国人的人道精神表现。无论是因战争逃难的难民还是政治的难民，美国基于对"受害者"的人道情感，会依实际状况给予庇护。这些难民住在政府指定的地点，接受监督，以后政府视其表现，给予居留或公民身份。至于非法难民则是令美国人头痛的一群，这些非法难民因美国劳动人口不足，而得以在美国苟安。这些衣食无着的难民为美国的农业州带来廉价的劳动人口，雇主因而受惠，使得偷渡前往美国的人源源不绝，特别是在南部邻近古巴及墨西哥之处。这些既不具身份又无居留权的外国人，或由陆地或由海上偷渡入境，栖息在美国社会黑暗的角落，为美国治安带来重大挑战。由于缺乏官方统计数字，真正人口不详，但它对美国正常社会构成威胁则是不争的事实。

第二节 美国领土

了解美国的第二要题为美国的领土。美国之版图并非建国之际即告确立，而是随着历史的进展逐步扩张而告完备。在1763年英法七年战争结束之前，北美洲的土地由英、法及西班牙分别占有。1776年北美洲的英国臣民展开独立运动，建立了美国，开始扩张版图，驱逐北美洲土地上其他国家的势力。这批新生的美国人由英属北美13州西行，越过阿帕拉契山，跨过密西西比河，横过大平原，穿过落基山，抵太平洋岸。他们或采移民的方式，或循购买的途径，更有以战争方式进行占有，兹分别说明如下：

一、合法取得

建国之际，美国仅拥有13州土地，后英国退出北美，腾出阿帕拉契山以西，密西西比河以东的土地，美国为了不让它成为各州争夺的对象，并解决这块土地所可能形成的纠纷，邦联政府于1785、1787年分别通过《土地法令》（*Land Ordinance*）及《西北土地法令》（*Northwest Land Ordinance*），对这些土地进行规划。依这两项法令规定，在五大湖地区的土地可经由设立准州、州的过程成为美国的一部分。1785年的土地法令，规定了西部的土地划分方式，每36平方英里设一市镇，分为36段，每段为640英亩，每一英亩一美元，采整段出售方式，其中第16段售地所得须作为建立公立学校使用，其余出售土地所得则归政府所有（见图1-5）。1787年的西北土地法令将五大湖区以及密西西比河流域的土地规划为三至五个州（见图1-6），规定其中任何一块土地上的成年男子达到五千人即成为美国领地或准州，得设立准州政府及准州议会，由邦联政府派法官或总督治理，一旦居民达到六万人，就成为美国的一州。五大湖地区的土地经过上述步骤，顺利加入联邦。

二、并购取得

美国联邦政府于1789年正式运作之后，即须面对西疆、南疆及北疆的外国势力，当时法国拥有密西西比河以西的路易斯安那，西班牙拥有佛罗里达。如何取得这些土地不仅是时代的机缘，主政者的睿智也相当重要。1800年之际法国拿破仑在位，忙于欧洲局势，加上海地殖民地革命，影响他无心美洲事物，此时美国希望能获得密西西比

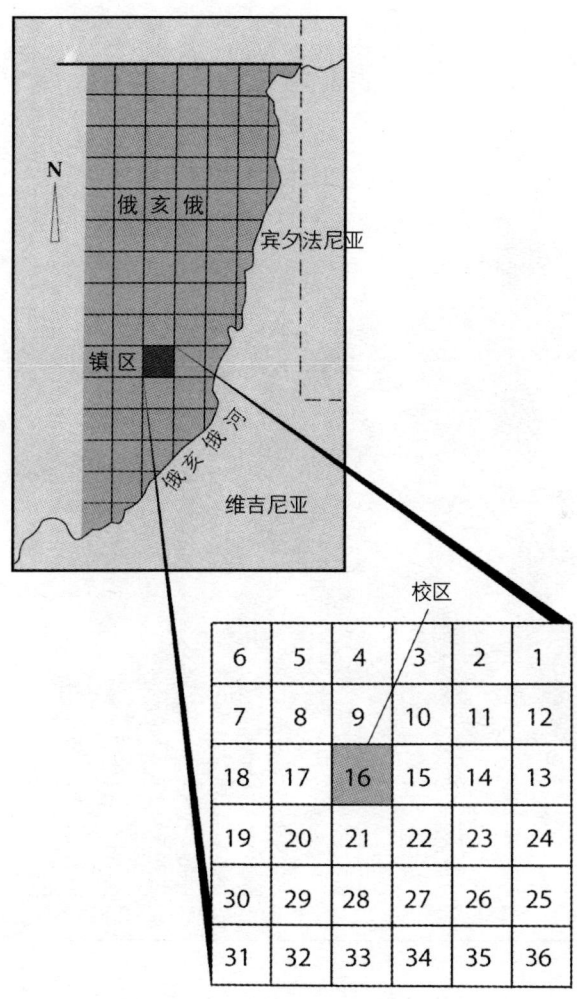

图1-5　依1785年土地法令的土地划分方式

＊美国独立后对加入联邦的新领土有明确的规划，载入1785年的土地法令之中。每一市镇的面积为36平方英里，分为36个地段，每段640英亩，其中4个地段归联邦政府，第16地段划归发展教育使用。

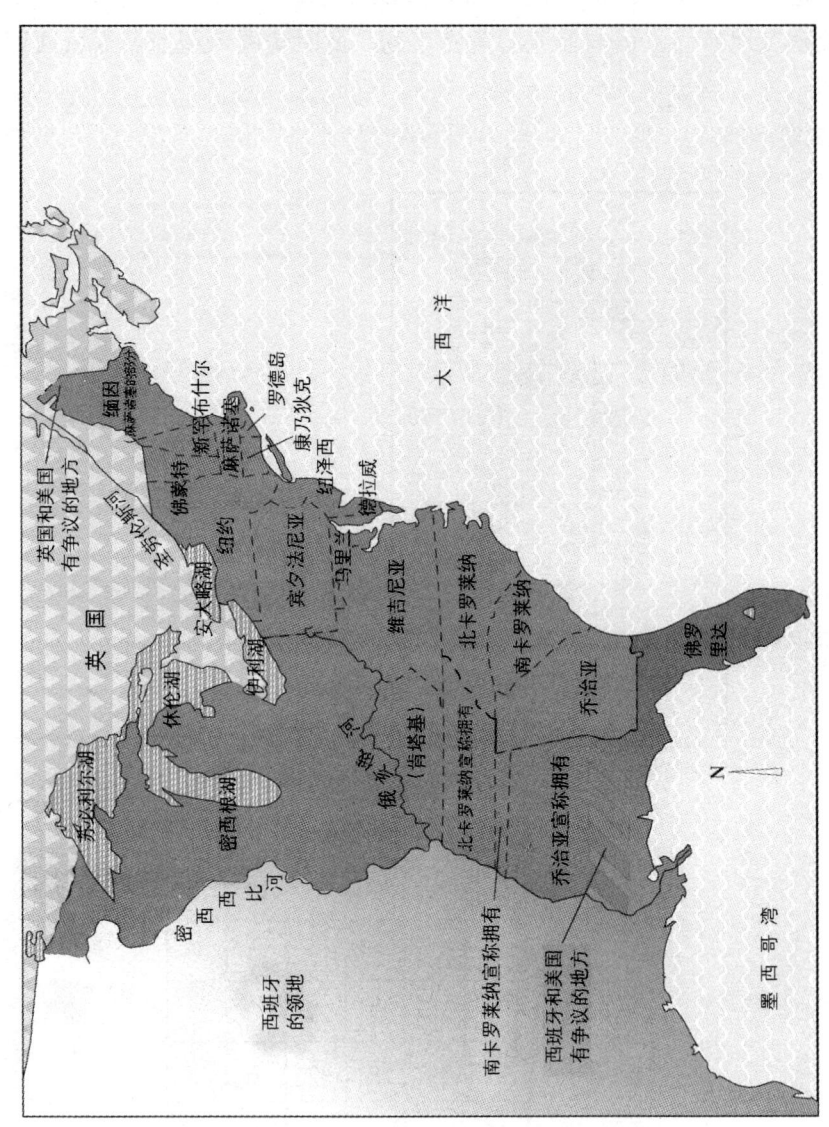

图1-6　1787年西北土地法令所规范的土地

＊依1787年的西北土地法令，对俄亥俄地区的土地规划，如图示。

河的出海港新奥尔良，杰弗逊总统派特使门罗（James Monroe）与驻法大使李文斯顿（Robert Livingston）向法国提出，以一千万美元购买新奥尔良港及西佛罗里达。事出意料，法国不仅有意出售两地，并愿以一千五百万美元出让路易斯安那，美国喜出望外，经国会通过，于1803年获得这些广阔土地，使得美国西疆跨出密西西比河，进入落矶山脉。

至于南疆，则与西班牙所属的佛罗里达产生紧张关系。美西双方对该地的边界划分有所争议，美国认为其东界应在密西西比河再往东二百哩之派迪多河（Perdido River），西班牙则认为佛罗里达州的西界应在密西西比河，其间相差两百哩。美国长久以来视佛罗里达为心腹之患，因为在美英冲突时，该地成为反美基地，同时也成为印第安人逃避美军围剿的住所。基于上述顾忌，美国总统亚当斯要求西班牙出售该地给美国，1819年双方签订《亚当斯·欧尼斯条约》（Adams-Onis Treaty），西班牙以五百万美元将佛罗里达售予美国。

北疆方面是阿拉斯加，该地为俄国所有，地处严寒，居住不易，美国早先也无意拥有此地。1867年俄国驻美大使通知美国国务卿席华德（William E. Seward），沙皇有意出售阿拉斯加，席华德立即安排缔约，最后美国以720万美元购得此地。对当时美国人而言，阿拉斯加是一块荒凉地方，报纸甚至挖苦这项交易是"西华德的冰箱"。

三、强占取得

美国强占的土地主要取自墨西哥。墨西哥国力薄弱，与美为邻，先后被巧取豪夺的土地包括得克萨斯、新墨西哥、加利福尼亚等地。首先是得克萨斯，该地原为西班牙所有，1821年墨西哥脱离西班牙独立后，划归墨西哥，欢迎美国人前往移民。至1830年美国人移居得克萨斯人口逾二万，引起墨西哥政府不安，乃通过法律，限制美国移民进入，造成墨西哥政府与得克萨斯美国移民间的冲突。墨西哥政府于1835年派遣安那（Antonio Santa Anna）将军率军攻打美国移民的据点，美国亦派军增援，墨军不支兵败，1836年允准得克萨斯独立。得克萨斯独立之后面对的是加入美国,成为美国一州的难题。由于此时美国南北正陷入权力角逐过程,北方不愿因得克萨斯的加入而使得南方势力扩增,破坏政治生态平衡,力加反对,迟至1844年,在民主党总统波尔克(James K. Polk)的坚持下,美国国会两院于1845年2月通过决议案,批准得克萨斯加入联邦,7月4日成为美国的一州。

其次是新墨西哥及加利福尼亚两地,两地原为墨西哥政府所有。1845年美国有意购买,差遣史利得(John Slidell)前往墨西哥洽谈,但遭婉拒。鉴于英法有意染指该地,美国不愿就此善罢,展开积极行动。美墨两国自得州独立之后,即对边界争议不止,双方皆表示拥有努埃塞斯河(Nueces River)及里欧·格兰特河(Rio Grande)土地。自史利得墨国之行受辱之后,情势愈发紧张。美国波尔克总统派泰勒将军(Zachary Taylor)以维护得克萨斯边界为由,率军南下格兰特河,墨国不甘示弱,派军进击美军,美国舆论哗然,波尔克要求对墨西哥宣战。美国国会于1846年5月13日宣布对墨西哥作战,战事前后拖延一年九个月,墨军最后不敌,双方于1848年2月在墨西哥的伊达尔戈(Guadalupe Hidalgo)签订合约,美国获得加利福尼亚及当时的新墨西哥,包括今日的亚利桑那、新墨西哥、内华达、犹他及科罗拉多州等地。美国付给墨西哥政府1500万美元,代还墨西哥积欠美国人民的325万美元(见图1-7)。

在美国扩张过程中,夏威夷是一个特殊的例子。夏威夷位于太平洋中的岛屿,是美国前往中国贸易的中途站,也是捕鲸中心。1850年之后由于糖业发达,引起美国重视。1875年美国与夏威夷签订互惠条约,夏威夷的糖可以免税进入美国。1884年双方换约,美国进一步要求以珍珠港作为美国的船坞及燃料站,造成当地执政者的不满,加上此时美国又开放其他国家糖类进口,不再独厚夏威夷,更造成当地人对美国的反感。1891年夏威夷国王卡拉加瓦(Kalakama)去世,其妹利卢奥卡拉尼(Liliuokalani)继位,反对白人统治。美国传教士史蒂文斯(John L. Stevens)在当地白人的支持下,将利卢奥卡拉尼赶下台,建立临时政府,从此夏威夷成为美国治理下的共和国,1898年获美国国会同意成为美国一州(见图1-8)。

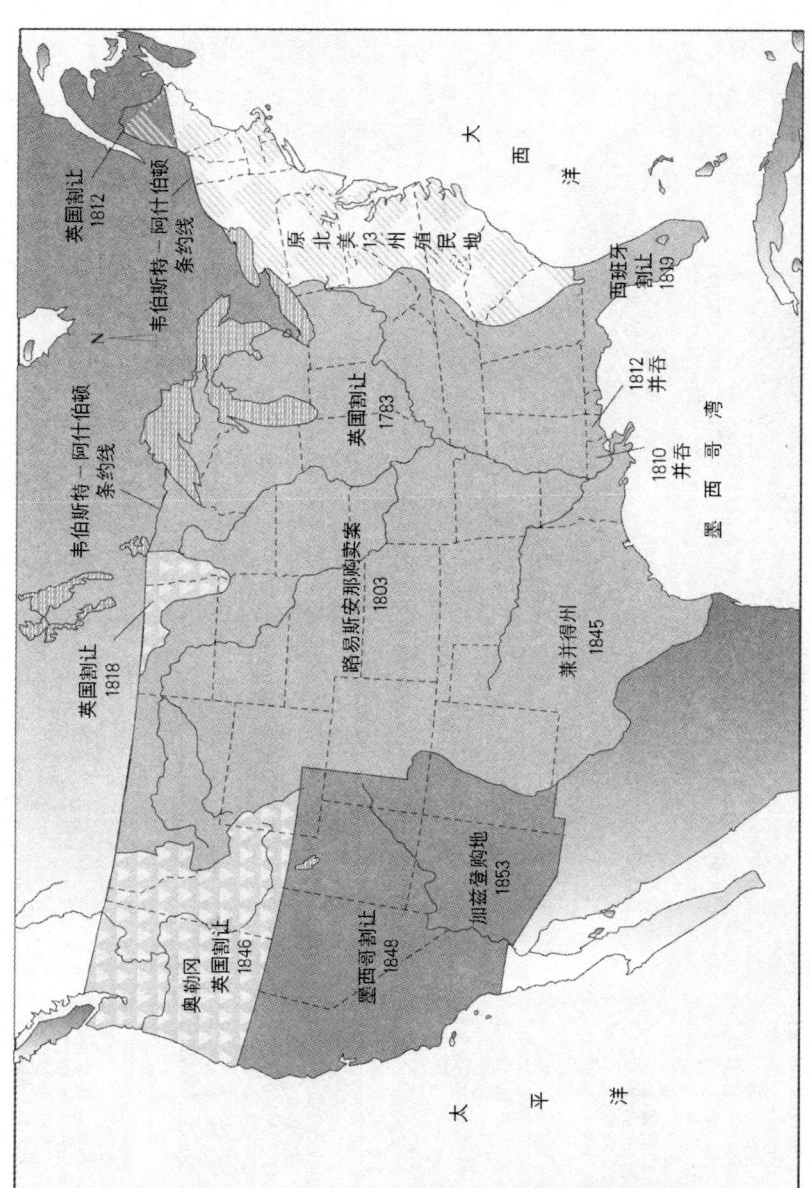

图1-7 1853年美国版图

* 至1853年美国大陆的版图成形,此图说明了美国土地的取得过程

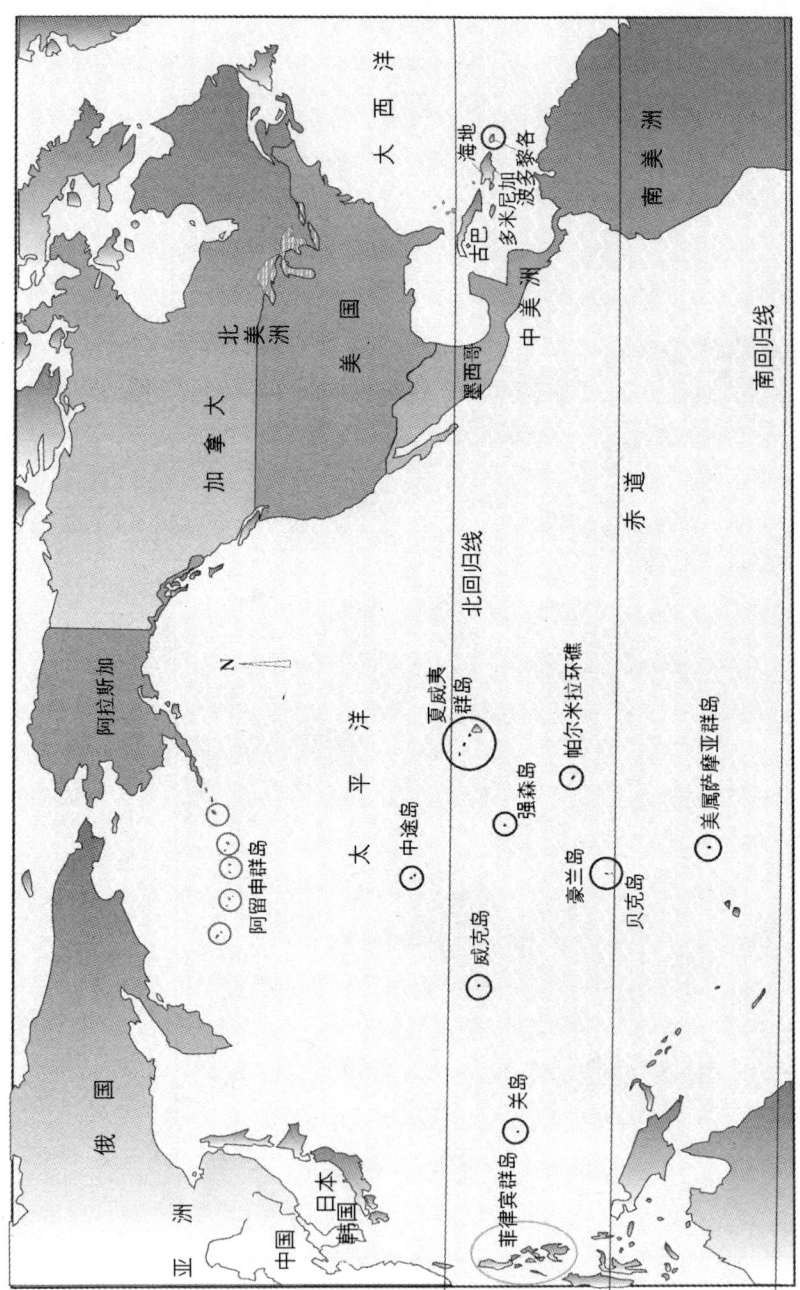

图1-8 1900年版图

*1898年后美国向外扩张,至1900年在海外获得许多据点,本图标示了美国在海外的据点。

书○者为1900年美国海外占领地

第2章
历史概述

　　历史是一种对时间过程的描述，没有时间就没有历史，时间的流变转折，述说了时代的情境与意义。综观美国历史的时序进展，可以根据下述几个时期来认识：第一个时期为殖民时期的北美洲（1776年以前），第二个时期为建国时期的美国（1776—1789），第三个时期为南北战争前的美国（1790—1865），第四个时期为美国南北战争结束至第二次世界大战结束间的美国（1865—1945），第五个时期为冷战及后冷战期迄今的美国（1945—2004）。由这些转折点，可以了解美国历史变迁的意义。在独立革命之前的殖民时期，不能称为美国，只能算是北美洲。1776年独立革命宣言发表，美洲地区的英国人要求脱离英国管辖，历经七年成功。1783年英美签订《巴黎和约》，但至1789年华盛顿就位，美国始告成立。建国之后的美国进入中央与地方的整合时期，唯地方各有盘算，歧见难消，最后诉诸武力，爆发南北战争，完成国家统一。战后重建，总统国会所见不同，历经重重困难，至1877年南北才捐弃己见，合为一家。重建之后的美国朝工业化、都市化的方向发展，在完成国内建设后，转往海外扩张，除了占有一些亚太及拉丁美洲的土地之外，并介入一次世界大战及二次世界大战，并于二次世界大战后成为民主国家阵营的领袖。战后美苏互不相让，进入冷战时期，两强军备竞赛，国际之间虽见紧张，但也不敢轻举妄动，均衡得以维持。1989年苏联集团瓦解，美国独大，成为全球的盟主，全球化的主人，世局虽迈入一个新的开始，但改变有限。唯这个以美国民主主导的全球化局势，却于2001年美国遭逢"九一一"事件之后出现重大转变，此后美国所在意的不是全球的民主，而是美国的安全。法国学者托克维尔早在《美国的民主》一书中曾指出，民主的条件是安全，他在分析法国民主与美国民主的遭遇时表示，"当法国在欧洲盟军威胁之下捍卫民主时，美国却在两洋的保护之下享受民主。"这不仅说明了法国在18、19世纪面对的民主窘境，也提醒我们了解美国人在21世纪初所面对的历史困境与当时的法国人相似。美国在巩固美国安全之际，美国"单边主义"或"美国主义"是否还保有民主的本质与雅量，不禁令人怀疑。

第一节 殖民时期的北美洲

欧洲人前往美洲殖民（见图2-1），早期主要有西班牙、法国、英国（见图2-2、图2-3）。西班牙最早抵达美洲，在今日的美国南部墨西哥、佛罗里达及中南美洲获得广大的殖民地；法国由加拿大沿圣劳伦斯河南下，抵五大湖区，盘踞密西西比河一带；英国则在阿帕拉契山以东的北美13洲地区活动。在早期的移民过程中，英国起步最晚，但却后来居上，此与英国所采用的移民方式有关。英国采用股份有限公司（stock company）方式移民，与法国及西班牙由国家推动的移民不同。股份公司以经济利益为导向，公司设在英国并以英国地名命名，如伦敦公司（Virginia Company of London）、普里茅斯公司（Virginia Company of Plymouth）。这些公司在获得国王的特许状之后前往北美洲移民，土地所有权归国王，殖民人士拥有使用权，到期之后，国王有权收回，使得英国的殖民活动保持充分的弹性。除了股份有限公司之外，还有王室为酬庸有功勋爵，颁发给他们特许状，建立了殖民地，称为业主殖民地（proprietory）。

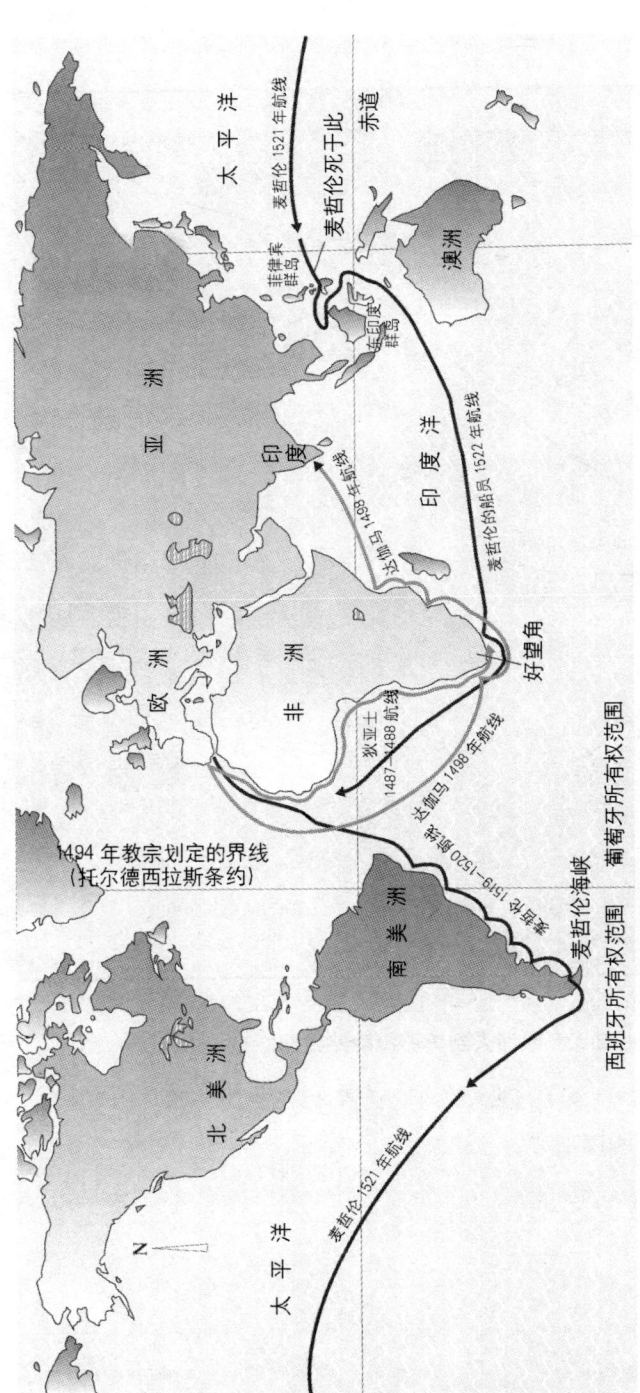

图2-1 欧洲人海外探险路线图

*欧洲人向海外的探险活动，以麦哲伦绕地球一周最重要。此图说明了达伽马及麦哲伦的探险路线，是教廷划分葡萄牙往东与西班牙往西探险的基准。

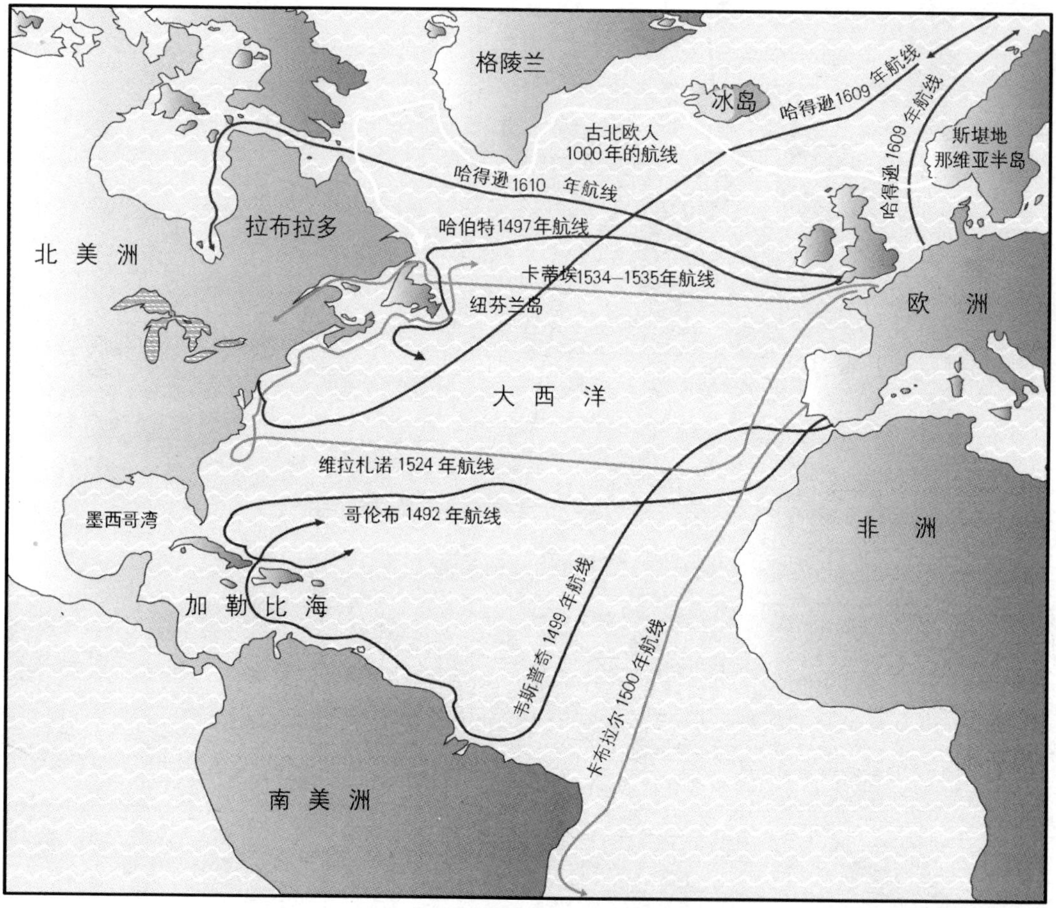

图2-2 欧洲人到美洲探险路线图

*对美洲地区的探险活动于16世纪展开，此图说明了欧洲各国前往美洲探险的路线。

第2章 历史概述

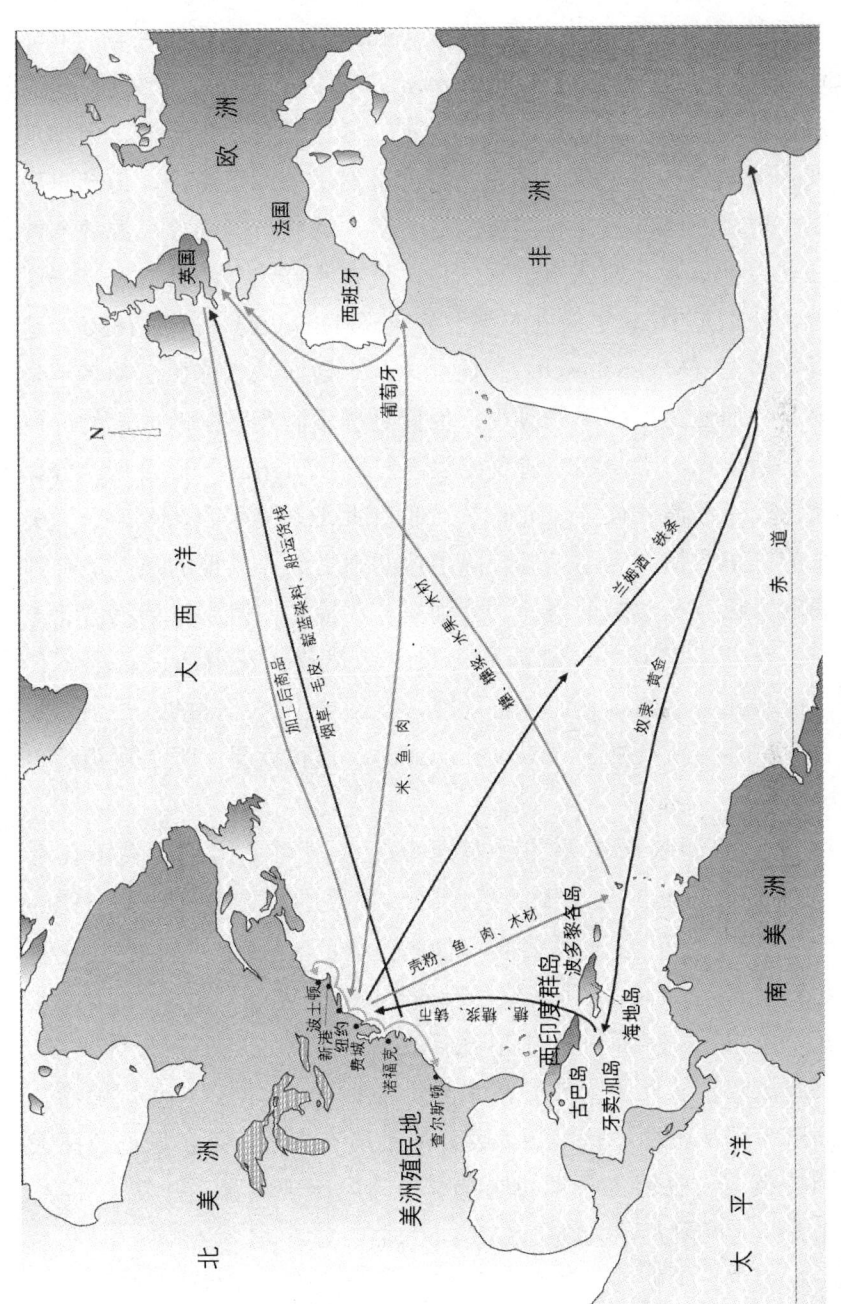

图2-3 欧洲人的海外贸易路线图

*欧洲国家前往美洲探险,主要是透过贸易方式进行,一般称为"三角贸易",本图说明交易路线及货品。

英国在北美洲的移民活动可以分为北、南两个据点进行。最早前往移民的是在南方的弗吉尼亚（Virginia），1607年由史密斯（John Smith）率领，在詹姆斯镇（Jamestown）建立了第一个永久殖民地，这个殖民地的活动主要以"淘金"为主，尽管没有找到金矿，但却从印第安人处学会种植烟草与棉花。身价虽然不等同于金子，但却是取之不尽、用之不匮的另一种"黄金"财富，诱使英国的移民源源不绝地前往北美洲探险，并谋求财富。其次是在北方建立的第二及第三个殖民地，分别是1620年建立的普里茅斯（Plymouth），以及1630年建立的马萨诸塞（Massachusetts）。前往这两个地区从事移民活动者不是为了财富，而是为了宗教的理由，他们是群不满英国宗教改革的异议分子，包括早先出走荷兰的清教徒激进分子（Pilgrims）以及稍晚外移的体制内改革派清教徒（puritan）。他们在此地建立了自治政府，为美国未来的民主政治奠定了基础。除了这两地之外，其他的殖民地有国王酬庸的，也有从他国取得的，分别是：乔治亚、南卡罗莱纳、北卡罗来纳、马里兰、纽约、新泽西、宾夕法尼亚、罗得岛、新罕不什尔、康涅狄克等十州，它们各自发展，以后英王将北部的五州主权收回，合并，称为新英格兰（New England），这也就是一般人所指的美国北方。

18世纪欧洲政坛主要的敌对国家为法国与英国，战火不仅存在于欧洲本土，更扩及北美洲殖民地，主要的有威廉王之战（King William's War）、安妮王后之战（Queen Anne's War）、乔治王战争（King George's War）、法印之战（French-Indian War）。战争由1689年到1763年，长达74年，其中以法印之战（1754—1763）最为重要，此役英胜法败，从此法国放弃在北美洲大陆的全部据点，英国席卷了北美洲东半部从密西西比河至大西洋岸的所有土地。而英国的英国人与美洲的英国人也因为管理问题与税捐问题出现紧张，并发生冲突，导致北美洲的英国人寻求独立。

第二节　建国时期的美国

美国建国，对长久以来奉行封建王权的欧洲政体是一大冲击。发生于英国与英国殖民地间的争执导致革命，是英国始料未及之处，历史学家、政治人物议论纷纷，使得这个议题成为众所瞩目的焦点。

一、独立建国

美洲的英国人与英国的英国人本是同根，何以相煎？主要为私利。英国方面要求殖民地的人负担英法战争期间，英国为捍卫殖民地打仗的花费。此外，法国方面在兵败撤离北美洲之后，心有不甘，唆使印第安人对英国辖区进行骚扰，使得英国必须增加额外的防卫负担，进而要求美洲地区的英国人分担费用，对殖民地的人士课征更多的税收。从1764年起，先后对殖民地通过各种贸易税法及货物税法，其中较重要的有《糖税法》(Sugar Act, 1764)、《通货法》(Current Act, 1764)、《印花税法》(Stamp Act, 1765)、《汤森法》(Townshend Acts, 1766)。至1770年，上述这些法案因殖民地人士的不满与反抗，皆予取消，仅保留英国东印度公司茶叶在美洲市场的独占地位，但情势已告逆转。殖民地人士在反对英国税法的过程中已学会团结反英之道，1765年10月反对征收印花税的"印花税法议会"(Stamp Act Congress) 在纽约举行，共有九个地区议会代表参加；1768年宾夕法尼亚议会发出信函，要求各殖民地议会加入抗议汤森法的行列。殖民地人士为了有效执行对英货的抵制，并组成"自由之子"(Sons of Liberty) 团体监视，这是殖民地第一个反抗英国政府政策的团体，随之，妇女也组织了"自由女儿"(Daughters of Liberty)，抵制英货，要求使用本地货。1770年，事情终于发生了，是年3月5日的夜晚，50多名反英激进分子在马萨诸塞州波士顿海关外，向驻防的英军挑衅，投掷木棍及雪球，英军在驱散的过程中，杀了五名群众，造成"波士顿屠杀"事件（Boston Massacre），开启了殖民地与英国间的流血冲突。

1770年以后，英国与殖民地人士之间的关系外弛内张，虽然殖民地人士仍抵制英国茶叶，但并未严格执行，不过双方的芥蒂却未因此好转，1771年，美洲地区的革命团体组"通讯委员会"（Committees of Correspondence），加强各殖民地间的联系工作。此时英国与殖民地间的紧张关系为"英国国会是否有权在殖民地征税"，在殖民地人士的认知中，他们与英国本土人士一样，皆为英国国王的子民，效忠英王，国会是英国人民的民意机构，倘若国会要向他们征税，就必须让他们在国会有代表席位，并喊出"没有代表的征税就是暴政"，事情因而陷入紧张，有心人士如潘恩（Thomas Paine）乘机煽火，发表《常识》（Common Sense）一文，将殖民地的不满对象，由国会转为王室。美洲殖民地之土地所有权一直归属英王，殖民地人士没有异议，所有的矛盾与冲突都不涉及王室，只限于国会与殖民地而已，如今转向王室，自然引发殖民地的归属问题，也刺激美洲人士走向独立。

美国独立运动由1774年开始，是年美洲地区人士组成"大陆会议"（Continental Congress）组织，凝聚各地区的反抗力量，1775年召开第二次大陆会议（Second Continental Congress），组成"大陆军"，请华盛顿担任总司令，从此殖民地有了革命武力。1776年，美洲人士发表"独立宣言"（Declaration of Independence）说明了美国人的建国精神，"治者基于被治者同意"的民主情操，以及人民拥有"生命、自由与追求幸福的权利"，其中尤以个人有"追求幸福的权利"最能代表美国资本主义的精神。独立革命战争由1776年起至1783年告终，历经七年，英美双方签订《巴黎和约》（Peace of Paris），北美洲的英国人从此成为美国人，但英国人与美国人之间的区别的确是难以区辨，究竟谁是美国人？谁是英国人？造成此后冲突不断，一直到1812年美英之间的再次战争，也就是第二次美英之战，历史上又称为"第二次美国独立革命战争"（The Second Independent War），才真正区隔了美英之间的关系。

二、邦联政府(Confederation)

独立革命战争虽于1783年结束，但美国已于1781年展开建国准备。由1781年至1789年，美国可以算是处于临时政府阶段，称为"邦联条款"（Articles of Confederation）时期。这段期间，美国的政府运作是由各州主导，所谓的美国政府是由各州派代表组成的"国会"政府，任何重要决策都必须经各州同意，而总统只是会议召集人。邦联政府之成立系因各州领袖对中央集权的恐惧心理反应，不愿再受类似英国的中央政府管理而出现，但在八年的过程中，这些领袖发现这种政府将导致美国各州自治，属于跨州的全国性的事务如税收、外交、国防等，根本无法运作，因此在一项讨论州际间航行税会议之际，就有人提出"制宪会议"（Constitutional Convention），拟从根本上解决美国的中央与地方的权限问题。在有志之士、聪明睿智者的提议与运作之下，完成了宪法的草拟，进而催生了总统制，以民主为导向的联邦政府。1789年第一任总统华盛顿就位，美国联邦政府开始正式运作（有关宪法的制订请参看第五章政治体制）。

第三节　南北战争前的美国

这是美国由地方迈向中央一统的时代。美国是由各州认同而建构，立国之际，各州有其特色，如何捐弃己见、众志成城，并非易事，尽管倡言妥协之议大有人在，奔走各方寻求谋和的人士不少，然而关税、公地出售、国家建设、黑奴等问题纷扰不已，扯不断，理更乱，最后仍寻武力公决一途。这是人性的堕落，人类的悲哀，还是历史的宿命，一言难尽。总之，南北战争解决了分裂，双方军人死亡高达62万，南方损失惨重，计有三分之二的牲畜、二分之一的农工业生产工具、三分之二的财富丧失。此役稳定了美国政局，从此美国迈向工业化国家之林发展。

南北战争之前的美国历史可以由中央与地方的权力互动开始，换言之，美国在走向中央集权的过程中，地方的力量如何整合，以及减少地方的抗拒，是此时历史的动力。从中央的角度来说，政党是运作的主要关键，地方的势力因政党的整合（参看第五章政治体制）而化解，中央政府的运作也是靠政党而进行，使得美国被称为政党政治的国家。在这段期间，美国的总统多半来自南方，这段期间的总统有：华盛顿（George Washington, 1789—1797）、亚当斯（John Adams, 1797—1801）、杰弗逊（Thomas Jefferson, 1801—1809）、麦迪逊（James Madison, 1809—1817）、门罗（James Monroe, 1817—1825）、昆西·亚当斯（John Quincy Adams, 1825—1829）、杰克逊（Andrew Jackson, 1829—1837）、范布伦（Martin Van Buren, 1837—1841）、哈里森（William Henry Harrison, 1841）、泰勒（John Tyler, 1841—1845）、波尔克（James K. Polk, 1845—1849）、泰勒（Zachary Taylor, 1849—1850）、菲尔莫尔（Millard Fillmore, 1850—1853）、皮尔斯（Franklin Pierce, 1853—1857）、布坎南（James Buchanan, 1857—1861）、林肯（Abraham Lincoln, 1861—1865），共16位。其中以华盛顿、杰弗逊、杰克逊、波尔克、林肯的影响较大。

华盛顿是美国开国元勋，任内以身作则，为美国树立了行政首长的典范，两任总统任期结束之后，即宣告下野，更为美国总统的任期制留下了榜样。就任之际，即面临各界对政府的信任考验，尤其在债信方面，他任用了一位杰出的财政部长汉密尔顿（Alexander Hamilton），为美国在独立革命期间所积欠的债务提出偿还计划，包括外债及内债，确立了美国债信，巩固了美国的国家地位。此外并促成美国国家银行的设立，健全国家金融体系，拟定了美国资本主义的走向。在外交方面，他延揽杰弗逊为国务卿（即外交部长），处理美国的外交难题。美国人多为英国移民组成，具有血浓于水的亲情，但美国却是透过法国的协助而得以脱离英国而独立，对法国积欠一份恩情，因此在英法冲突之际，美国立场尴尬。华盛顿采"中立政策"，以置身事外方式，避免美国左右为难，造成国家分裂，从此"中立政策"成为美国外交政策的主要行动依据。华盛顿离职之后由亚当斯出任第二任总统，亚当斯是华盛顿提携的人选，任内无大作为，但为了安定局势（此时美法间的关系因 XYZ 事件[01]日趋紧张）发布了《戒严法》(Martial Law) 包括《归化法》(Naturalization)：将外人归化为美国人的期限由五年改为 14 年；《外人法》(Alien Act)：总统有权驱逐他认为有危害国家安全的人；《叛乱法》(Sedition Act)：任何散发不利政府官员的言论者将处罚金或遭判刑，引起挞伐，遭致恶评。同时这项举措引起各州对联邦政府权限的隐忧与顾忌，寻求对策。肯塔基与弗吉尼亚两州州议会通过决议案，认为宪法只是一份契约书或同意书，联邦政府是各州的代理人，各州有权决定联邦政府是否越权。如果州认为联邦政府法律超越宪法所授予联邦政府的权限，可以宣布法律无效或拒绝遵守，称为"无效理论"(Theory of Nullification)。在此时只是口头宣示而已，但却为后来南卡罗莱纳州企图脱离联邦，以及南北战争南方脱离联邦提供了借口。

杰弗逊是美国第三任总统，与第七任杰克逊总统皆被誉为"民主"总统，在美国史上享有盛名。杰弗逊总统从治权上展现民主的气度，坚持民主，重视民意，维护人民自由不遗余力，任内为美国购买了路易斯安那，奠定了美国向西拓展的基础；卸任后，致力筹办弗吉尼亚大学；辞世时，墓碑上仅刻有"独立宣言及弗吉尼亚宗教法案起草人，弗吉尼亚大学创办人"显现其谦冲为怀、淡泊名利的行径。杰克逊则在政权上扩大了民主的参与，他来自西部田纳西州地区，任内将美国的投票权扩及 21 岁以上的白人成年男子。杰克逊任内治绩毁誉参半，他于 1824 年参选总统，尽管获票领先，但未过半数[02]，在交由国会再次表决时，拱手让亨利·亚当斯入主白宫。因此对东部人士积怨怀恨，1828 年竞选成功组政，首先采"分赃制度"(spoil system)，将政府职位酬庸辅选有功人士，建立自家人马，其次是反对国家银行；

---

01 1796 年法美关系陷入紧张，美国为了改善双方态度，派遣使者赴法，法国外交部三位官员却向美国使者索贿，才允以引见法国外长，美国闻讯，大怒，称这三名外交官为"XYZ"。

02 1824 年大选共有 4 位候选人角逐白官宝座，选举结果克莱 31 张选举人票，克劳福德 41 张选举人票，亚当斯 84 张选举人票，杰克逊 99 张选举人票，无人过半，依美国宪法规定，交美国国会由得票前三名中选一人为总统。

美国银行是依据特许状营业，期限 20 年，第一张特许状由 1791 年至 1811 年，第二张由 1816 年至 1836 年，但至 1832 年，杰克逊即下令第二银行关闭，并提领联邦政府储存银行的资金，转存州立银行，造成许多商人破产；1836 年特许状到期，第二银行瓦解，州银行不受管辖，州议会滥发特许状，银行发行货币没有准备金，导致币值下滑，引发 1837 年经济危机。尽管他有独裁之嫌，但却也因此对巩固美国的统一产生相当的贡献。美国自建国以来，由于税收问题引发不少争议，由于各州对关税的态度不一，南部以输入为主，不喜欢高关税，北方以输出为主，希望保护关税。双方利益考虑不同，不满的一方心生脱离联邦之念，尤其是南卡罗莱纳州。1832 年美国国会通过新税法，引起南卡罗莱纳州不满，召开特别国会，通过"无效法令"（Ordinance of Nullification），宣示联邦关税法无效，不能约束该州的官员与百姓，并威胁要退出联邦。值此之际，杰克逊当机立断，发表"无效宣告"（Nullification Proclamation），声明"无效法令"违宪，1833 年要求国会通过"动武法案"（Force Bill），授权总统必要时可对南卡罗莱纳州用兵，同时通过新的降低关税法案。南卡罗莱纳州在杰克逊的威胁利诱之下，打消了脱离联邦的念头。

这段期间，美国的外交发展由中立国地位走向独立国地位，由介于英法之间的尴尬处境朝国家自主的途径迈进。其间重要的大事为 1812 年至 1814 年间的美英之战，又称为美国第二次独立革命之战，以及 1823 年门罗总统发表的"门罗主义"（Monroe Doctrine）宣言，最具意义。1812 年战争系受英法在欧洲的战役波及，历经杰弗逊、麦迪逊两位总统。战争源起于英法相互封锁对方，影响美国对外贸易，不得已采用禁运方式，由 1807 年的《禁运法案》（Embargo Act）[01]提出，到 1809 年的《不交往法案》（Non-intercourse Act）[02]、1810 年的《麦孔二号法令》（Macon's Bill No. 2）[03]，最后因英国未改变其立场，而造成双

01　该法禁止美船前往世界任何国家港口。
02　禁与英法所管辖的港口进行贸易，但开放其他港口。
03　美国开放与各国贸易，英法任一国家尊重美国中立立场，美国即中止与另一国家往来。

方的冲突。战争于 1812 年 6 月正式爆发，1814 年 12 月在比利时的根特（Ghent）签和。这场战争虽然导致华府一度失陷，但美国人的爱国情操亦有高度表现，美国国歌《星条旗》(Star-Spangled Banner) 也在此时谱成。从此美国人获得自信与自尊，开始重视美国人的身份与骄傲。至于门罗主义是门罗总统有鉴于欧洲政局变迁，法国拿破仑失势，拉丁美洲国家将重回欧洲列强之虑，乃于 1823 年发表一项外交宣示，表明欧洲不得干涉拉丁美洲国家事务，美国不会干涉欧洲国家已有的殖民地，也不会参与欧洲国家间的战事。这项声明，口头的宣示大于实际的意义，但也确立了美国在美洲的地位——欧洲国家不得干涉拉丁美洲国家事务，但美国却可以干涉。

这段期间美国历史由于南北互不见容，无论在关税问题、土地问题、国家建设问题，特别是在废奴问题方面，难以达成共识，而发生了美国历史上唯一的一场大规模内战。双方损失惨重，但长久以来悬而未决的奴隶问题却获得重视，黑人也因此成为美国的公民。林肯是关键人士，林肯究竟是为废除奴制，还是为维护国家统一而战争，学者各有看法，真相难白，但 1863 年宣布释奴是不争的事实，此举对美国的人权政策具有指标性的意义，战后他对南部的宽大重建政策，更促进了美国人的国家意识，因此他成为美国历史上受欢迎的总统之一。林肯对美国贡献良多，但却死于非命，从伦理道德的角度似乎有些说不通，但从政治面向来看，只要立场鲜明，影响一些人的生计，难免不遭伤害。林肯于 1864 年连任竞选成功，1865 年续任，同年 4 月 14 日在观赏《美国堂兄》(Our American Cousin) 一剧时，被南方激进分子布思（John Wilkes Booth）刺杀。这是一幕历史的悲剧，也是道德的反讽。

第四节　南北战争后至二次世界大战期间的美国

南北战争后之美国走往一个新的方向，北方的胜战导致美国朝工业化发展。除了内部整合之外，亦开始海外扩张行动。

一、战后重建

重建是美国史上的重要一页。从历史记载可以发现,战争似乎是人类不可避免的行为,它诉诸感情大于理性,而任何试图由理性的角度来探讨战争的原因,并作为往后借镜的期待,都告枉然,因此在论及战争时,了解重建胜于对战争原因的探讨。美国南北战争严格说来并非为解放奴隶而战,当时双方的争论是奴制,以及新疆土可否实行奴制的冲突,自然也涉及到南北双方在国会的席位及影响力。南方有鉴于其势力日衰,先后有11个州退出联邦,林肯为维持联邦的一统而发动了南北战争。战争结束,这些州如何重返联邦即成为重建的关键。大致说来可以分为两派:总统派与国会派。林肯总统及其继位者安得鲁·约翰逊总统(Andrew Johnson)从行政者的角度考虑,主张从宽认定,他们认为南方11州事实上并未脱离联邦,因此今日重返联邦,理应接受,只要战前投票人口的10%宣示效忠国家即可重返联邦。国会的态度则不然,由于南方的国会议员出走,北方的国会议员坐大,如今南方议员重返国会,势必影响其既得的利益,因此全力反对执政者的立场,主张采严厉的认定方式来重建政府。双方角力结果,国会取得上风,安得鲁·约翰逊总统险遭弹劾[01]。1867年国会提出重建法案,将南方划为五个军区,各设一位统帅管理,并通过宪法第14、15条修正案,给予黑人公民权及政治投票权。重建的南方政要多为来自北方的一些投机客,使得从1868至1877年的南方政府被称为"手提包政府"(Carpetbag government)。黑人获得解放,但白人对黑人的歧视并未消解,南方一些反对解放黑人的白人,组织秘密团体,其中最有名的是"三K"(Ku Klux Klan)党,他们罩头套、

---

01 安得鲁·约翰逊总统欲撤换战争部长史坦顿(Edwin Stanton),提名格兰特(Ulysses S, Grant)遭参院否决,约翰逊不满,乃开除史坦顿,再改提汤玛士(Edwin Thomas),引起国会强烈反弹,对安得鲁·约翰逊总统进行弹劾。案经众议院通过,送交参议院表决,最后以35票对19票认定安得鲁·约翰逊总统罪行重大,严重疏失,但仍以一票之差,不足法定三分之二多数要求,未能通过弹劾。

穿长袍，在夜晚群集，恐吓同情黑人的白人。南方政府采"隔离"政策对待黑人，在公共场合，包括教育机构将白黑区隔，成为"分离而平等"的怪现象。

战后的重建至 1877 年结束，肇因于 1876 年美国总统大选时，民主党与共和党因选票问题纠纷，进行妥协而达成。在这次选举中，初步开票，民主党提名的第尔登（Samuel Tilden）获得 184 张选举人票，共和党提名的海斯（Rutherford B. Hayes）获 165 张选举人票，双方皆未过半，但有 20 张选票，因有争议而未计，交国会处理，最后达成协议，海斯出任美国总统，但同意联邦军队撤出南方。1877 年的妥协案（Comprise of 1877）确定了重建工作结束。

重建之后，美国南北不计前嫌，合为一家，朝工业国家之林迈进。除了造成国内经济快速成长之外，并开始向国外拓展，首先是近邻的古巴，其次是亚洲的菲律宾与中国，之后重返欧洲，参与一次大战，获得肯定。但战后的和平构想未受尊重，使得美国又回到孤芳自赏的处境。二次大战，美国协助盟国反败为胜，战后提出杜鲁门主义（Truman Doctrine）、马歇尔计划（Marshall Plan），并获得重视，奠定了美国在民主国家的盟主地位。

从重建结束到二次大战结束，美国共历经 14 位总统，分别是：海斯（Rutherford B. Hayes, 1877—1881）、加菲尔德（James A. Garfield, 1881）、阿瑟（Chester A. Arthur, 1881—1885）、克利夫兰（Grover Cleveland, 1885—1889；1893—1897）、哈里森（Benjamin Harrison, 1889—1893）、麦金莱（William McKinley, 1897—1901）、狄奥多·罗斯福（Theodore Roosevelt, 1901—1909）、塔夫脱（William H. Taft, 1909—1913）、威尔逊（Woodrow Wilson, 1913—1921）、哈定（Warren G. Harding, 1921—1923）、柯立芝（Calvin Coolidge, 1923—1929）、胡佛（Hebert Hoover, 1929—1933）、富兰克林·罗斯福（Franklin D. Roosevelt, 1933—1945）、杜鲁门（Harry S. Truman, 1945—1953）。这些总统的整体表现可由外交、内政表现观知一二。

二、外交

第一位为美国打开前进亚太地区的途径,并摆脱了传统"孤立外交形象"的是麦金莱总统。在许多人的认知中,美国的外交是"重欧轻亚",其实不然。对美国而言,面对欧洲的是孤立或中立,但面对亚太地区的则是扩张。因此所谓的"重欧轻亚",是指美国对欧洲的外交工作不易,对亚太地区则轻而易举,而不是美国重视欧洲,轻视亚洲。麦金莱总统于1898年发动了美国与西班牙的战争,被视为美国外交上的一个转折点。战争原因复杂:经济上,是为满足资本家的扩张需求;军事上,受海权论的激励[01];宗教上,有传道的使命感;思想上,则受到"适者生存"进化论的影响。战争的导火线来自于由西班牙统治的古巴发生动乱,西班牙平乱无方,美军介入,导致美西发生战争,美国先后占领西班牙所拥有的古巴、波多黎各、菲律宾等地。1898年10月,美西在巴黎签署和约,西班牙放弃古巴,愿将波多黎各及关岛让给美国,并以二千万美元将菲律宾群岛出售给美国。尽管获胜,美国并未将这些地区纳入版图,主要是美国不愿让这些地区的人民分享美国人的公民权,但也因此使得古巴成为美国的心腹之患。美国在取得菲律宾之后,引起当地原住民反抗,反抗军领袖阿奇兰多(Emilio Aguinaldo)不时对美军进行骚扰,美国派军围剿,经三年平乱,但也引起美国国内一片检讨声浪。塔夫脱总统辩称,美国之取得该地是要训练当地人自治,然而事实上却是想作为对亚太地区扩张的跳板,并以此开始介入中国事务。美国国务卿海约翰(John Hay)于1898年与英国共同发表对华"门户开放"(Open Door)宣言,1900年与欧洲国家组成"八国联军",借口清帝国庚子拳乱造成传教士被杀事件,进攻中国,并取得胜利,获得庚子赔款。美国从此开始正式介入亚洲事务,美国的外交政策也开始改变,由消极被动的"孤立"或"中立",转为积极主动的"干预"或"恐吓"。

20世纪以后的美国外交政策多实行下述多种方式进行:军事外交、

---

01 马汉《海权论》呼吁建立强大海军,以增强国力。

巨棒外交（即恐吓外交）、金元外交、道德外交，或单独使用，或交叉使用。狄奥多·罗斯福总统即用巨棒外交、金元外交对付菲律宾及拉丁美洲国家，任内除了调停日俄冲突，于1905年促成双方在美国新罕不什尔的普里茅斯（Treaty of Portsmouth）签订和约外，并发表了对拉丁美洲的"罗斯福主义"（Roosevelt Corollary），进一步表明了美国对门罗主义的态度，不容许欧洲国家对美洲国家的干预，但不排除美国对拉丁美洲国家的监督，尤其是当拉丁美洲国家积欠欧洲国家债款不还时，美国有权代讨。美国在1903年更协助巴拿马共和国独立，建立巴拿马运河，缩短美国由大西洋岸至太平洋岸的海上航程。

美国外交活动至威尔逊总统时代进入一个新的局面：由干预亚洲、拉丁美洲国家政局，进而争取获得欧洲国家重视。美国是由欧洲移民所建立的国家，在欧洲人眼中，美国是一个离家出走的小孩，因此多少对它具有成见（或讨厌，或轻视）。长久以来，美国也以衣锦荣归为其志业，一次世界大战天赐良机，美国于1917年在亲德与亲英的强力矛盾冲突中，由思想、行动中立，转为行动中立、思想不中立（偏英、法），再变成思想、行动都不中立，一面倒向英国，终而介入战事。战后威尔逊总统提出14点和平原则及国联组织构想，但遭欧洲忽视及美国本身的杯葛。纵然威尔逊四处奔走，甚至诉诸民意，但形势比人强，欧洲国家的成见加上美国政党之间的歧见，使得他有志难伸，以致功败垂成，一病不起，遗憾告终。一战之后，美国面对的是战后国际战债与赔款的压力，同盟国试图用赔款来抵消积欠美国的战债，约103亿余美元，但美国不愿，由于盟国对德国索赔数额过大[01]，德国无力偿还，导致战后国际金融出现危机，虽先后于1924年提出道斯计划（Dawes Plan）[02]，1929年杨格计划（Young Plan）[03]，但德国仍无法承担，至1933年后即不再付款赔偿。其间更引爆了1929年的全球经济大恐

---

01 联军对德国提出的赔款约330亿美元，德国付出第一期二亿五千万美元后即无力续付。
02 1924年国际对德赔款达成协定，由国际提供一笔金钱协助德国稳定金融，再由德国每年付出赔款。
03 将德国的赔款数额先减至90亿美元，再减至75亿美元。

慌,刺激意大利、德国走向军国主义,墨索里尼的法西斯党以及希特勒的纳粹党乘机崛起。一次世界大战后,欧洲各国有鉴于战争的可怕,先后举行全球裁军会谈,如华盛顿会议(Washington Conference)并签订了《日内瓦草约》[01](Geneva Protocol 1924)、《洛加诺公约》(Locarno Pact 1925)[02]、《白瑞安—凯洛格非战公约》(The Briand-Kellogg Treaty Pact 1928)[03],美国均有相当程度介入。

战后美国回归正常,全国进入繁荣富裕的生活享乐之中,但1929年的经济风暴改变了一切。德国纳粹党以撕毁"凡尔赛和约",及意大利法西斯政权重整罗马帝国光荣获民众支持而得势,造成世界局势的再次动乱。1939年9月德国并吞波兰,英法对德意宣战,第二次世界大战欧洲战事爆发。亚洲方面,战鼓声早已响起,早在1937年,中国即因日本入侵而对日宣战。欧亚的战争条件不同,但帝国主义的心态相近,后来因美国的介入,而演变成一场全球大战。美国对欧战的态度,在战争初始之际,系因国内移民支持对象不同,主政者只好采中立政策,后鉴于英法处境日艰,乃以《租借法案》[04](Lend-lease)方式,变相协助盟军。1941年10月美国驱逐舰"鲁宾詹姆斯号"(Reuben James)被德国潜水艇击沉,百余名兵士遇害,美国国会取消中立法,允许美国武装商船进入交战区,美军正式介入欧战。亚洲方面日军于1941年12月7日突击夏威夷的珍珠港,美军损失惨重,正式对日宣战。亚欧两地的战事由于美国的两面作战而成为二次世界大战。历经激烈战斗,参战国城市遭严重破坏,农田荒芜,交通阻绝,财产损失达一兆五千亿美元,除美国外,各国皆面临破产之虞。大战结束,英法地位式微,美苏成为世界的新盟主。二次世界大战期间,美国富兰

---

01 规定战争为犯罪行为,必须加以制裁。为了解决各国争端,除了裁军之外,并应交国联仲裁。

02 由德、法、英、意、比、捷、波七国开会签署,德国正式承认其西部边界依"凡尔赛和约"规定。

03 63国参加签约,声明反对以战争作为解决国际纠纷的工具。

04 这项法案系由小罗斯福总统提出,以邻舍着火,将一水管借人的方式,租借战争物资给英国。1941年3月获国会通过。

克林·罗斯福总统主政,这位在美国政坛上唯一连任四届,且又罹患小儿麻痹症,率领美国人渡过经济危机,并介入世界大战的总统,在战争期间与盟国领袖举行了一连串国际会议,包括摩洛哥卡萨布兰卡(Casablanca, 1943)、加拿大魁北克(Quebec, 1943)、埃及开罗(Cairo, 1943)、伊朗德黑兰(Tehran, 1943)、苏联雅尔塔(Yalta, 1945),提升了美国在国际上的地位及影响力。战后杜鲁门总统提出"杜鲁门主义"[01]"马歇尔计划"[02],确定了美国在战后的声望,取代了上个世纪英国的日不落国地位。

三、内政

工业化的发展冲击了美国国内传统社会结构与运作,包括农人、工人与官僚体系。南北战争之后,农人的生活大不如前,农产品受限于铁路公司的运费,价格无法提高,农贷无法偿还,农人为求自保,开始组织团体,1867年组织"农人协进会"(Grange),促进农人团结,并对铁路公司进行法律诉讼,追使美国国会于1887年通过《州际贸易法案》(*Interstate Commerce Act*),规定铁路运费必须合理、公平。总统任命一个五人"州际贸易委员会"(Interstate Commerce Commission),负责有关事务,但由于美国立国宪法强调保障私人财产不受侵犯,因此贸易委员会工作难有成效。1890年农人抗争由社运转向政治发展,1892年他们组织了民粹党(Populist Party),7月在内布拉斯加的奥马哈(Omaha)举行全国大会,提名内战将领威弗(James B. Weaver)角逐美国总统,但未能成功。至于工人,在这个变迁的时代中,地位未定,属于弱势。工人的问题有二:最高工时与最低工资,由于劳资双方对此难有共识,往往得靠抗争或谈判始能改善。

---

01 1947年3月12日美国总统杜鲁门所发表的一份外交声明,美国的政策是支持追求自由的人民,支持那些正在抵抗少数用武力或外部压力想使之屈服的自由人民,而透过经济与财政援助是必要的。

02 1948年国国务卿马歇尔提出援助计划,这项计划又称为欧洲复原计划。最初款项为40亿美元,1951年增为130亿美元。

1869 年美国第一个全国性劳工团体"劳工武士工会"（The Noble Order of the Knights of Labor）成立，成员复杂，各式工人均得以参加，以致成效有限。1882 年，第二个全国性劳工团体"美国劳工联盟"（The American Federation of Labor）成立，会员限技工，组织完备、较有具体成就。1893 年"美国铁路工会"（American Railway Union）成立，1894 年发动大罢工，造成芝加哥以西铁路大瘫痪，但也因此遭联邦政府干涉，影响其走向没落。

　　社会转型影响最大的是政府的官僚体系，自杰克逊总统以来所实行的分赃制度已不适合工业化社会需求。文官制度渐受重视，它是透过考用的方式任官，1882 年美国国会通过《潘得尔顿法案》（Pendleton Civil Service Act），允许总统将联邦政府官员员额分类列表，按考试合格人员分发，并成立文官委员会（Civil Service Commission），考评政府官员。其次是整治社会因贫富不均所造成的社会问题，其中以"进步运动"（Progressive Movement）最具意义。它是针对工业化社会中，美国富人的不当垄断，以及改善穷人的不幸际遇而出现。由美国中西部地区开始，经地方到中央，由理论到实践，于 20 世纪初开始，长达 15 年之久，对促进美国民主平等的精神发挥重大的激励作用。早先"进步运动"是指一群被称为"扒粪"（Muckrakers）作家的批判而言，他们撰文或著书，揭发各种不当的贿赂及不法情事。这项努力影响政府于 1906 年通过《食品药物法案》（*Pure Food and Drug Act*）及《肉品检查法》（*Meat Inspection Act*），并促使政府对政治民主作了许多改善，如政党的初选由党代表大会走向初选制（Direct Primary），1913 年通过宪法第 16 条修正案，联邦政府开始征收所得税；第 17 条修正案，参议员改为民选。这些举措让美国在面对转型社会之际，人民可以保有民主精神，政府继续经国大业，其中以狄奥多·罗斯福总统（又称老罗斯福）的表现最为人称颂。他的行政被誉为"平政"（Square Deal），保证公平对待国人。老罗斯福富领袖魅力，决策果断，任内打击托拉斯，并平息煤矿大罢工，而最为人津津乐道的是他对自然资源的保护，1908 年推动成立"国家资源保护委员会"（National Conservation Commission），调查全国资源分布。

在美国史上，富兰克林·罗斯福（又称小罗斯福）的名气不逊于老罗斯福。小罗斯福就任之际，美国正在1929年起全球经济风暴肆虐之下。胡佛总统的自由复苏理论无法阻止经济恶化，挽回颓势。小罗斯福上任后即推出"新政"（New Deal），以政府的力量干预经济，力挽狂澜。他共推出两次新政，分别是1933年9月的"百日新政"及1935年1月的第二次"百日新政"，经由救济（Relief）、复原（Recover）、改革（Reform）三个过程，让美国经济恢复正常。第一次新政重点在救济及复原，建立百姓对银行的信心，他透过广播发表炉边谈话，获得民众热烈回响，转而支持政府决策。他一改美国自由放任经济理念，由政府介入，拟定大规模投资计划，扩大政府放贷及支出，刺激民间经济活力。在政府各项投资中，以田纳西河流域计划（Tennessee Valley Program）最具代表性，该计划整建田纳西河水运，兴建20座水坝，提供廉价电力以及就业机会。此外并提出多项计划，如《农业调整法》（Agricultural Adjustment Act, AAA）同意收购农产品，提高农价；《全国工业复兴法》（National Industrial Recovery Act, NIRA），要求业主与劳工携手对抗困境，应付危机。第一次新政由于是实验性质，引起左右两派人士不满，右派企业家反对联邦政府立法干涉企业活动，反对新政各项提案及办法。左派则将不景气归咎于资本主义的瑕疵，要求以社会主义及共产主义方式补救。小罗斯福坦承，第一次新政未能铲除财阀、拯救贫苦是由于缺少法令做基础，因此在1935年展开第二次新政即以改革法令为主，由1935年起分别通过《全国劳工关系法》（National Labor Relations Act），又称《瓦格纳法》（Wagner Act），要求业主与劳工携手对抗困境，应付危机；《社会安全法》（Social Security Act）开创联邦失业保险，确保对失业工人的救济，展开对大企业打压，消除他们对各行业的垄断。这次新政改革由于牵涉企业财团，引起右翼人士强烈反弹，也让新政改革陷入瓶颈，但也在此时，二次世界大战风云掀起，新政也就不了了之。

第五节　二次世界大战之后的美国

二次世界大战之后，美国成为民主国家的盟主，与苏联所领导的社会主义共产国家进行对抗。世局从此进入冷战（Cold War）时期。美国于这段期间——在国际方面大肆扩充一己的影响力，建构"美国主义"的全球化世界；在国内方面，出现新文化思潮，这种来自种族平等的思维，因学生的介入而成为知识界的新课题，带动了全球"多元化"的发展；在科技方面，计算机改变了人们的生活方式，而美国式的生活方式，衣食住行透过影视及广告，成为世人仿效的对象。此期主掌美国白宫的总统有杜鲁门（Harry S. Truman, 1945—1953）、艾森豪威尔（Dwight D. Eisenhower, 1953—1961）、肯尼迪（John F. Kennedy, 1961—1963）、约翰逊（Lyndon B. Johnson, 1963—1969）、尼克松（Richard M. Nixon, 1969—1974）、福特（Gerald R. Ford, 1974—1977）、卡特（James E. Carter, 1977—1981）、里根（Ronald W. Reagan, 1981—1989）、布什（George W. Bush, 1989—1993）、克林顿（Bill Clinton, 1993—2000）、小布什（George Bush, 2001—）。

一、外交

从美国外交史角度来看，这是美国发展为全球霸主的辉煌阶段，由作为民主世界的盟主，进而成为支配世界的强权，其地位尤胜过19世纪的日不落国大英帝国。此一时期由杜鲁门总统决定在日本广岛、长崎投下两颗原子弹，导致日本投降，令全球震惊开始。在美国强势的压力之下，苏联不甘示弱，积极研发太空武器，并于1957年10月发射第一颗人造卫星史普尼克号（Sputnik）。美国惊恐之余，也不甘示弱，于1958年1月发射了探险家一号（Explorer I）急起直追，从此全球迈入太空竞争时代，世局也进入冷战的僵持局面。

冷战于1946年由英国首相丘吉尔提出"铁幕"（Iron Curtain）一

词开始[01]，至1989年东欧变天、1990年苏联瓦解为止，其中可以1975年越战结束作为分野，分为冷战、冷和两个阶段。二次世界大战后，世局分为东西两个阵营，西方以美英法为主，东方以苏联为主，这两个阵营在理念及意识形态方面，特别是资本主义与共产主义的矛盾，难以调合，加上对德国作战时，因开辟第二战场问题，双方猜忌，心结加深。战后英法地位逐渐式微，美国取而代之，成为西方民主国家盟主。

1946年2月美国驻苏联外交官乔治·肯南（George Kennan）撰写了一篇对苏联的政情分析报告，影响美国对苏联态度。这篇报告指出苏联推翻外国政治力量的政策是不会改变的，他们要经由世界是他们的敌人来证明自己行为的正当性。杜鲁门总统接受这项看法，采用"围堵政策"（Containment）对抗，1949年成立"北大西洋公约组织"（North Atlantic Treaty Organization），早期成员有美国、加拿大、英国、法国、西德、冰岛、挪威、丹麦、比利时、卢森堡、葡萄牙、意大利，以后希腊与土耳其加入。会员同意，任何会员国遭攻击时，其他国家必须提供援助。1955年苏联为对抗北约的势力，与东欧国家建立了"华沙公约"组织（Warsaw Pact）。从此两方对峙，互不相让。杜鲁门总统时代，欧洲方面问题以柏林问题最恼人。由于受一次世界大战后，战胜国处理战败国的严苛要求所造成的痛苦经验影响，二次大战后，战胜国改变态度，以占领方式对待德国，英美法领有德国西部，苏联领有德国东部。柏林位于东德境内，英美法亦领有部分，称为西柏林。1948年6月苏联鉴于英美法将其占领地联合，乃全面封锁西柏林对外联络，造成柏林危机，历时一年，至1949年5月才取消（见图2-4）。1949年9月英美法将其占有德国西部组成"德意志联邦共和国"（Federal Republic of Germany）简称西德，苏联也将其占领地成立"德意志民主共和国"（German Democratic Republic）又称东德，造成东德与西德的对立。

01　1946年5月英国首相丘吉尔在美国密苏里的富尔顿（Fulton）发表演说时指出，从波罗的海的斯德丁（Stettin）到亚得里亚海的里雅斯德（Trieste），苏联已经拉下横贯欧洲大陆的铁幕。

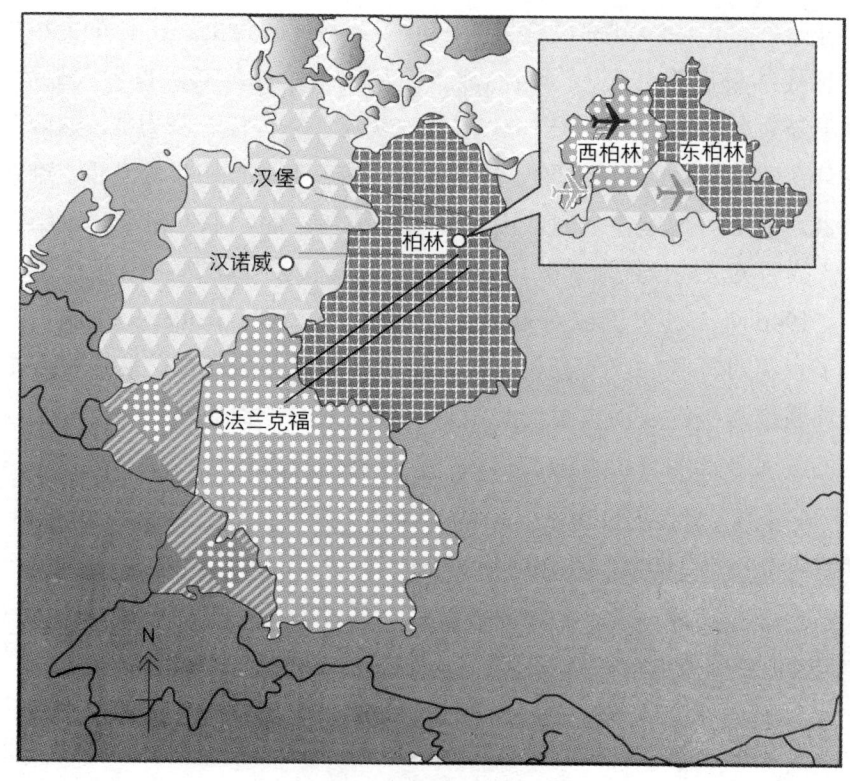

图2-4　东西德空中走廊

　　*二次大战后美、英、法、苏四国分别占领德国及柏林，但柏林位于东德境内，当苏联对柏林进行封锁时，西方国家靠空中走廊保持与西柏林的往来。此图显示了空中走廊的路径。

　　继杜鲁门总统之后，1953年艾森豪威尔总统上任，东欧局势动荡，1956年东德及波兰、匈牙利出现改革要求，苏联出军镇压匈牙利，美国尽管同情，但因忙于处理苏伊士运河问题而未插手。1960年5月，美国一架高空侦察机（U-2）在苏联领空被苏军击落，引起两国关系紧张，两国领袖计划中的高峰会议也因此取消。1961年8月苏联在柏林建立围墙阻止东德人往西柏林逃亡，使得冷战更加严峻，特别是在肯尼迪总统期间，古巴危机的考验。古巴一直是美国的心腹之患，尤其是卡斯特罗上台后，对美国的不友好作风，令美国如芒刺在背。美国中央情报局秘密在危地马拉培训一群古巴难民，试图见机前往古巴制造动乱。1961 年 4 月 17 日为数 1400 名左右的古巴难民在猪湾（Bay of Pigs）登陆，不幸失败，肯尼迪总统威信遭严重打击。1962 年 10 月 22 日肯尼迪总统在电视上发表一项声明，指控古巴部署携带核子弹头的长程飞弹，并下令封锁古巴，阻止苏联供应古巴飞弹，经过五天对峙，苏联示软，撤走飞弹，化解危机，肯尼迪因此一雪前耻，获得美誉。肯尼迪于 1963 年更前往德国西柏林，对苏联封锁发表了令人振奋的名言："身为自由人，我骄傲地说，我是西柏林人。"

越战是冷战的转折点——此源于艾森豪威尔总统在 1954 年法军于奠边府之役兵败，撤出越南后，由美国接手开始。1954 年越南敌对双方[01]开始缠斗，至 1975 年南越兵败投降，长达 21 年，有四位总统涉入这场战役，分别是：肯尼迪、约翰逊、尼克松、福特。

肯尼迪时期，美军并未正式介入越战，只是派遣军事顾问，并提供援助。1960 年美国在越南只有 800 名顾问，但到 1963 年增至 16000 人。1963 年 11 月越南总统吴庭艳遇刺，传美国介入颇深，从此美国与越南的关系更趋复杂（见图 2-5）。1964 年 8 月 2 日及 4 日，约翰逊总统获悉，两艘美国驱逐舰在东京湾遭北越鱼雷艇攻击，立即要求国会授权容许美国反击；8 月 7 日参众两院通过东京湾决议文（Gulf of Tonkin Resolution），同意总统对越南出兵。约翰逊除加强对北越轰炸之外，并大规模派军前往作战，至 1968 年驻越美军高达 50 万人。越共至此遭遇严重打击，损失惨重，但并未屈服。反而是美军因战事旷日持久，军心浮动，国内反战声起，加上美国有线电视将越战中美军的暴行传送回国内，血淋淋的画面出现在美国人的客厅，令家庭主妇反感，影响美国对越共作战情势逆转，迫使美国不得不设法停止战争。1968 年美国大选，越战是选举的主轴，尼克松以美国将退出越战胜选，

---

01 越南原为法国殖民地，二次大战期间为日本占领，战后日本撤军，越共组建越盟，由胡志明领导，建立越南民主共和国，法国则于战后重返越南，支持保大（BaoDai）。双方展开战争，1954 年法军兵败，敌对双方在日内瓦举行停战会议，决定暂以北纬 17 度为停战区。停战线以南的越南人士建立了南越共和国。

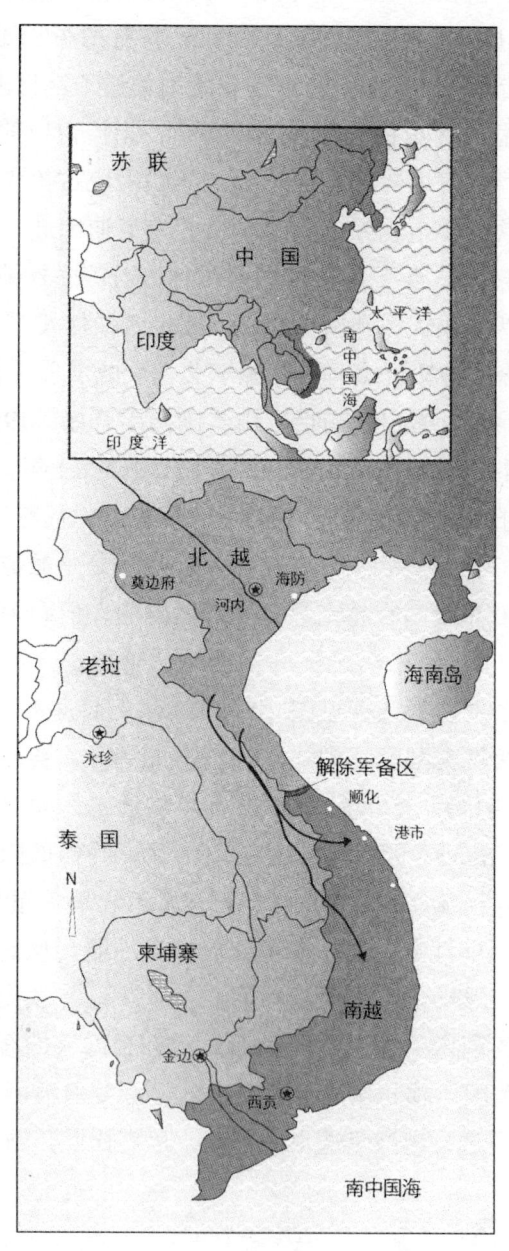

图2-5 越战

*冷战时期美国介入越战对美国社会造成重大冲击,本图说明北越对南越的进攻路线。

但就任之后，面对的不仅是国内的反战压力，更重要的是国际的承诺，因为美国一旦撤军将影响盟国对美国的领导信心。尼克松采迂回方式，他认为越共的基地在高棉，于是一面自越南撤军，一面大肆轰炸高棉，并于1970年前进高棉。从1968年至1972年，美国在越南驻军由536000多人减至24000多人，越战此后走向"越南化"（由越南人自行负责）。越战期间，尼克松曾指派白宫幕僚长基辛格与北越代表举行秘密会谈，至1973年1月双方达成停火协议，美军自越南退出，北越释放美军战俘587人。但北越在美军撤退之后并未遵守约定，继续南进，1975年初，河内发动大规模攻击，越南军队溃败，4月西贡失守，南越从此走入历史。这场战争让美国颜面尽失，但也激起美国人的自觉与反省，美国以其强大的武力竟然无法制服一个亚洲小国，不得不对异文化另眼看待。

　　冷战是美苏之间对峙的一场战争，但美苏之间却不曾正面交手，多半是代理人间的战事。在这段期间，美苏两大国一直在进行"核武谈判"。从艾森豪威尔时代开始，两国即不断有所接触，但由于彼此心防太重，担心对方的军力超前，因此成就有限，至1963年，由于古巴危机及检查核武技术进步，107国达成禁止在大气层、水底下或外层空间进行核子试爆。1972年5月美国总统尼克松与苏联总书记勃列日涅夫（Leonid Brezhnev）举行美苏第一阶段限武谈判，签署反弹道导弹系统和限制战略性攻击性武器的五年临时协议（即《反弹道飞弹条约》）。依这项规定，美国可以拥有陆地导弹1054枚，潜艇导弹710枚，核子潜艇44艘；苏联拥有陆地导弹1618枚，潜艇导弹950枚、核子潜艇62艘。这项协议限制了双方量的扩张，却未对武器性质加以规范，导致双方积极从事武器研发工作。1979年美国总统卡特与苏联总书记勃列日涅夫在维也纳签署了第二阶段限武谈判（Second Strategic Arms Limitation Treaty），签署《限制战略武器》条约，限制美苏两国各拥有洲际弹道发射台，及长程轰炸机数量为2400架，后再减为2250架。但这项条约在美国送交参议院同意时，苏联进攻阿富汗，影响协议的签署。1985年11月及1986年10月美国总统里根与苏联总书记戈尔巴乔夫（Mikhail Gorbachev）在日内瓦及冰岛的雷克雅维克（Reykjavik）

会晤，就限武进行谈判，双方同意实地查证。1987年签署《中程限武条约》（The Intermediate range Nuclear Force Treaty, INF，即《削减战略武器条约》），双方同意三年内拆除所有射程在300至3400哩的中程及短程飞弹和飞弹发射器。这项谈判尽管有所突破，但实质意义不大，因为它所占比例有限。1993年克林顿当选美国总统，象征一个新时代的来临，美国人开始摆脱老人的统治，选出一位战后出身、代表战后新思想的人来主政。克林顿提出"塑造新美国"的口号，1994年7月21日公布他的外交政策是：以强大的军事实力、繁荣和安全的经济及全球化民主化三大支柱，通过积极参与国际和地区事务，发挥美国对世界的领导作用。后来小布什总统上台也是禀持这种理念，积极地将民主伸入伊拉克。2005年小布什发表国情咨文表示，除非伊拉克人可以自立自强，否则美国绝不会放弃在伊拉克的任务，他同时呼吁伊朗和朝鲜放弃寻求核武器的野心。

二、内政

美国国内发展来看，二次世界大战之后，美国仍扮演民主国家"兵工厂"的重责大任，并展开太空航业发展，19世纪可以被视为海权的时代，20世纪下半叶则进入太空时代。艾森豪威尔总统时建立了"美国太空总署"（National Aeronautics and Space Administration, NASA），并通过《国防教育法》（National Defense Educational Act）奖励学校教授数学与科学。艾森豪威尔军人出身，为人正直、勇敢，就任总统后为美国社会带来荣景，美国人称其主政时代为"新展望"（New Look）。继艾森豪威尔之后是年轻的肯尼迪，这位外表俊秀、来自马萨诸塞州、年仅43岁的美国民主党参议员，于1960年透过电视的辩论，出人意料地击败长袖善舞的尼克松，出任白宫主人。他在任不到3年即遇刺身亡[01]。肯尼迪总统任期虽短，但活力无限，用人唯才，不分党派，内

---

01 1963年11月22日在得克萨斯州的达拉斯遇刺，凶手奥斯瓦尔德（Lee Harvey Oswald）两天后也遭杀害，美国最高法院组委员会调查经年，亦无结果，迄今仍为悬案。

政表现出"新疆界"（New Frontier）精神，并以"不要问国家为你做了什么，而要问你为国家做了什么"受到爱戴。肯尼迪遇害，副总统约翰逊临危受命，任内提出"大社会"（Great Society）计划，希望藉此整顿美国境内的贫穷、歧视、失业等问题。1965 年通过《移民法》（Immigration Act），废除按国家给予移民配额政策，改为全球配额，依需要人才决定配额，使得亚洲、拉丁美洲移民人数增加。1965 年通过《选举法》，废止对选票的书面测验及其他限制。约翰逊鸿图大志，有心整顿时政，奈何时不我与，越战问题、民权问题、学生问题，让他举棋难定，动辄得咎，无法圆梦。继而出任白宫主人的是尼克松，这位性格多变、足智多谋的总统，在任内提出"新联邦主义"（New Federalism），主张联邦政府不应过分集权，应协助州政府担起一部分地方行政。尼克松政府时代，美国仍困于越战问题以及国内的种族纠纷、学生问题，除了外交上有所改变，其余少有佳作，唯一震惊全美、甚至全球的是他所造成的"水门事件"（Watergate Scandal）。这个令美国民主蒙羞的丑闻发生于 1972 年，尼克松竞选连任总统之际，五名男子潜入民主党全国委员会设在华盛顿的办公室，窃听选情被捕，案经调查，尼克松由否认预先知情到俯首承认，历时两年多。美国民众对真相迟迟不明，表示不耐，而有"裸奔"之举，全球人士也隔岸观戏，最后尼克松被迫于 1974 年 8 月 8 日宣布辞职，结束美国人深以为耻的历史篇章。尼克松的不法行径给予民主党卡特上台机会，卡特任内治绩平平，无重大成就。再换上共和党的里根，这位影剧界出身的总统，以反共著称，能言善道，妙语如珠，和蔼可亲，任内曾遭暗杀[01]，唯反应镇定，受美国人肯定。里根重视国防，任内加强国防建设，导致美国国债高达二兆美元，主政八年，建立了美国人对国家的信心，但也增加了国家的财政包袱。老布什上台，人民希望有所改善，四年主政，恰值苏联瓦解，东欧变天，所幸处理得当，未造成巨变。主政期间遭逢严重经济不景气，无奈共和党经济政策积习难改，药石罔效，影响

---

01 1981 年 3 月 30 日下午 2 时 30 分，里根步出华盛顿希尔顿饭店时，被凶手辛克莱（John W. HinckleyJc）刺杀。同时遇刺的还有新闻秘书布雷迪（James Brady），一名警员与一名特勤人员。凶手后来被认为有精神病而遭拘留。

声望，在位一任即拱手让位给民主党的克林顿。克林顿于1993年就任之际，美国人民生活拮据，他采取政府干预方式，由政府投资，促进经济发展，加强人才培训，创造就业机会，八年行政生涯获得好评，美中不足是与白宫助理莱温斯基（Monica Lewinsky）的性丑闻案，险遭国会弹劾。但美国人鉴于他的坦承，给予宽恕，使他能顺利下台。2000年美国政权重返共和党手中，老布什之子小布什上台。2004年小布什连任成功，2005年发表国情咨文，敦促国会配合进行改革社会福利制度，这是一项对美国退休制度的大翻修，能否成功，各界瞩目。不过，从客观形势来看，小布什的新政局将面临多项困扰，第一是预算赤字太大，2004年预算赤字高达4570亿美元，加上贸易赤字、美元疲软，影响经济成长；第二是对伊拉克的战争难了，美军死亡人数攀升，至2005年1月已达1430人，战局胶着，拖累政府；第三是欧洲的离异，对伊拉克作战引起欧洲国家不满，如何修好，正考验小布什政府；最后是大选所造成的民意分裂，伤痕不易妥协，对美国的未来发展将造成重大的影响。

第3章 文化趋势

美国文化复杂混乱,兼容并蓄,早期以"熔炉文化"自许,晚近以来则标榜"多元文化"。两者之间看似矛盾冲突,实则有中心思想一以贯之,"清教思想"与"资本主义"为其轴心,"自由"、"平等"为其手段,全球化为其目标。美国人发展过程,由地方分治到联邦共治,由政教一体到政教分立,由南北歧见到齐聚一堂,有其历史条件,与美国的政治环境、社会发展、经济成长密切相关。本文在探讨美国文化时,将就其发展趋势论述。雷德(Benjamin G. Rader)将美国文化的趋势分为四个阶段,两个时期,殖民时代是以地区为主,建国之后则寻求共识。

第一节 殖民时期文化(1760年以前)

殖民时期的美国文化主要是承续欧洲的文化发展,北、中、南三地因移民背景不同,表现亦不同。

一、北部

北部的文化称为杨基文化(Yankee),来自英国清教徒(Puritanism)。自英王亨利八世进行宗教改革之后,英国即陷入宗教分裂之中,清教徒反对英国国教的宗教专制与经济迫害,分两支前往美国。第一支清教徒（Pilgrim：分离派清教徒）于 1620 年，由威廉·布拉福德（William Bradford）率领，乘"五月花号"轮抵普里茅斯，他们在海上航行时遭遇狂风巨浪，签署生命共同体文献《五月花公约》（Mayflower Compact），立誓完成圣徒使命。另一支"非分离派"清教徒于 1630 年由约翰·温思罗普（John Winthrop）率领 17 艘船前往北美洲，展开了清教徒在美洲的"使命"，建立了马萨诸塞殖民地。温思罗普自认为能来到此地是受到上帝的指引，因此要建立"山岳之城"（City upon the hill）。他为了要创办一个纯真的教会，采用政教合一的高压统治，排除异己，不容许有人从事改革活动或煽动分离，使得清教徒在此成为另一个独裁团体——严格规定教徒入会条件，由五至七名圣徒审核入教的资格，即"应选证明"：包括应选、实践、正名、核准、赞美五个过程。在审议过程中，入教者得当堂答辩，并经投票表决，隆重宣誓，才能入教。清教徒强调移民之间要相互依赖，共容、共荣，一切以团体为重。北方从此成为一个小区结构（community-building enterprise），以后中部地区的殖民地如宾夕法尼亚、新泽西、德拉瓦等地的开发均采此一模式。

北方文化建立在清教徒的"契约思想"（Covenant Thought）之上，包括基督教的"赎罪契约"（Covenant of Redemption），以及卡尔文教派的"恩惠契约"（Covenant of Grace）。"赎罪契约"相信人类始祖亚当（Adams）违背了与上帝所缔的"圣约"，偷吃了禁果，因而背负"原罪"，无法依个人能力获得不朽的生命。但上帝的慈悲心，给亚当子孙一个新的"圣约"，派遣基督（Christ）至人间履行，任何人只要接受基督，就可以获得永生。而任何不信上帝的人将陷入无助且无望的境地。"恩惠契约"主张万物皆来自天意，人必须通过上帝安排，才能理解神意，争取得救。新英格兰地区居民在这种文化的孕育之下，生活方式以小区为主，经由信仰与仪式凝聚力量，人人服从团体，事事公决。《圣经》是通行的版本，契约（contract）是生活的依据。圣约的服从性使当地人不能独立自存，必须依赖上帝、教会、家庭、社团。对《圣经》的诠释权也促进了个人主义，带动了小区发展的动力。清教徒透过这种方式让居民敬业守法。

清教徒为了维持优势地位，迫害离异人士，只承认那些同样获救的一些人进入教会，成为教友。他们否定了天主教、英国国教救赎的方式（由教会或国家来决定，或父母为教友，子女自然受洗为教友），改采聚会方式来决定教友，这种公理会（Congregationalists）的遴选教友方式，虽然推翻了教会或国家的权力，但也因为"证明获救"的不易，导致美洲地区教徒人口数下降。为了改善这种情形，1657年有了"半圣约"（half-Way-Covenant）制度，让马萨诸塞及康涅狄克殖民地的教徒子女，在未能表达"重生"（即得救，regeneration）的经验之下，即不合标准的状况，亦可成为教徒，只是不得参加圣餐及教会选举，以维持教徒的人数，巩固教会地位不致衰退。1662年马萨诸塞的一项宗教会议要求各教会遵行办理，但争议持续近百年。

北美洲清教徒的礼拜方式极简单，他们吟诵经文，重视文字、文学，抵制乐器与音乐，怕引起非宗教情绪，及唤起对天主教或英国国教的回忆。他们礼拜的教堂非常简陋，没有装饰也没有彩色玻璃、没有暖气，只是一个四方形建筑，称为聚会所（meetinghouse），由牧师证道。为了要脱离英国国教的束缚，摆脱天主教对《圣经》的独断解释权，教会希望信徒人人会阅读《圣经》，促进教育发展；特别是大学的蓬勃发展。1636年哈佛大学、1701年耶鲁大学成立。至于当地人对婚姻与家庭的看法虽不如英国保守，但在小区共荣的期许之下，有相当严格的规定。严格说来，北方清教社会是一个神权社会，但由于这个社会采用聚会方式，产生认定标准，因此也就发展为一个民主、个人主义的社会。

二、中部

中部包括纽约、新泽西、德拉瓦、宾夕法尼亚等地。不同于北方新英格兰地区以英国移民为主，也不同于南方以黑白肤色移民为区隔，中部为民族宗教信仰（Ethnic Religious）的地区，其中最具代表性的是纽约与宾夕法尼亚。

纽约早先为荷兰殖民地，荷兰人在曼哈顿岛（Manhattan Island）

的新阿姆斯特丹（New Amsterdam，即后来的 New York）建立了一座港口，吸引大批欧洲及非洲人士，包括荷兰、英国、德国、瑞典、芬兰、非洲等。根据法国耶稣会传教士罗古斯（Isaac Logues）于1643年的一项报导，当地有18种语言通行。17世纪英荷争霸，荷兰不敌，新阿姆斯特丹于1664年转交英国约克公爵管辖，易名为纽约，当地人仍生活如昔。不久英国人口超前，使得荷兰人一部分与外族通婚，一部分前往新泽西，或其他上纽约地区，一直到19世纪才逐渐丧失他们的影响力。纽约由于人种复杂，信仰互异，仅英国教派就有英国国教、公理教清教徒、苏格兰长老会等，影响政治不平静；艺术、学术丰富，生活多样化，特别表现在休闲生活方面，有剧院、赛马、斗兽等。

中部殖民地另一个重镇是宾夕法尼亚。此地是由英王授予潘恩（William Penn）殖民，他率领贵格教派[01]（Quaker）会友往赴，1680年代在英王的同意之下，接受英国、法国及荷兰、德国的移民。贵格派教会不仅反对宗教迫害，也反对社会的阶级划分，主张"神圣一体"（Holy Commonwealth），以"圣经"为依归，强调"己所不欲勿施于人"，对重视等级的清教及英国国教，造成重大的冲击。贵格重视平等，为美国的社会平等发展，奠定了基础。

三、南部

南北移民皆来自英国，但若以马森·狄克逊（Mason-Dixon）为界，可以发现两地发展显然不同，南部人生活较倾向世俗面，生活自在，不受小区约束，北部清教徒文化则重视小区纪律。南部文化又称为骑士文化（Cavalier），主要由庄主绅士（Plantation gentry）所建构。来到南部殖民的庄主在弗吉尼亚、马里兰等地开垦，但并未完

---

01 此教派源于英国，由佛格斯（George Fox）在17世纪英国内战时所创，自称为兄弟会（Society of Friends），贵格（Quaker）一词有震动之意，该派不重视教士，只重视信仰与行为的神圣性，由于反对宣誓及缴交教会税，因此遭迫害，幸而他们的领袖威廉·潘恩与英王查理二世（Charles II）友谊甚笃，获得英王许可前往美国。

全遵循英国体制,唯一相似的是,建立了阶层社会秩序(hierarchical social order)。在这个社会阶层之中,最下层是劳动人口,包括契约工(indentured servants)及后来的黑奴;中层是小农及技工;最上层是庄主绅士。在弗吉尼亚地区,绅士被视为弗吉尼亚的第一家庭(First Families of Virginia, FFV),统治该地两世纪之久。在美国前五位总统之中,有四位来自弗吉尼亚农庄的绅士。绅士的生活以仿效英国为指标,他们支持英王、英国国教,将小孩送回英国就读,并模仿英国贵族住宅建筑房舍,房间摆设也与英国贵族看齐。在这种父权体制结构之下,绅士对下人发号施令,下人以先生(Sir)称之,他们不从事劳力工作,不受时间约束,早上起床较晚,起床后的重要事情是"打发时间"(killing time)[01]。据调查,18世纪中叶,弗吉尼亚绅士人口不到10%,但却占有三分之一的土地,握有全部的行政权。

南部地区的宗教与北部的清教不同,在周日的礼拜中较重视祈祷、诵经,教会备有风琴,仪式进行中有音乐伴奏。他们的宗教信仰,比较不重视灵魂和命运,而坚信上帝恩赐他们丰富的物质报酬。至于黑人主要来自西非,由北方的塞内冈比亚(Senegambia)至南方的安哥拉(Angola),北美洲地区由于气候稳定,工作条件较佳,在地奴隶生育率高,对外来奴隶需求低,至美国独立革命期间,只有五分之一的奴隶是出生在非洲,到南北战争时剩不到1%。出生在北美洲的黑人称为克里欧(creole),他们与非洲的黑人在生活习惯及思想方面均有所不同,自成一格,形成美国的黑人文化,对美国的语言、音乐、体育、艺术带来重大影响。

第二节 建国时期文化(1760—1860)

此一时期的文化有三大特色:共和理念、平等机会、新伦理观念。

---

01 Benjamin G. Rader, *American Ways*, New York, Harcourt College Publishers, 2001, p. 38.

一、共和理念

美国于独立革命之后,逐步走向联邦共和国,此一发展过程,与其他靠枪杆子出政权的国家不同,有赖各州的认同,并建立共识,因此建国先贤不能只是反对英国而已,更重要是建立一个与英国不同的国家。

新国家的特色是反对君王体制、阶级社会、父权思想。尽管从殖民时期开始,当地的立法机构代表是英国士绅,但他们与英国士绅不同,反对由英王所指派的总督,尤其是他们的措施,使得士绅与当地人士摆脱阶级现实,融于一室。新国家的理念载明于"独立宣言"(Declaration of Independence)之中,它显现了美国人的立国精神为"生命、自由、追求幸福的权利"。这份由开国先贤杰弗逊所草拟的文件说明了美国人讲求"平等"、重视"自然"的信念,为美国的民主理念奠定了基础,尤其是追求幸福的理念,成为美国平等精神的基石,社会发展的根基。

共和国的建立不只是制度而已,更重要的是精神的认同,特别在文化与社会方面。文化方面有四:首先是宗教的观念,对建国产生相当的影响。欧洲的分裂肇因于宗教的分裂,因此美国的宗教发展也就关系着共和国的命运。基督新教是美国的教派大宗,尽管各教派仪式有所不同,但都同意千禧年(Milennialism)的说法,大觉醒(Great awakening)被视为是美国作为千禧年的证据[01],它推动了美国革命的热情。此由美国群众在集会期间提出"每个人依其良知,有不可被剥夺的信仰权利"可以得证。美国革命领袖接受自然神论,导致美国立国之后,政教分立。其次是启蒙理性的思想,牛顿、笛卡尔、洛克的自然哲学思想,教导美国人民重视经验法则,其中以富兰克林(Benjamin Franklin)最具代表性。第三是对希腊、罗马文化的推崇。

---

01 大觉醒发生于18世纪中叶,唤起人们对宗教的热情。在美洲地区,清教过分理性,使得教友人口减少,加上拓荒期间物质条件不足,缺少教堂供会友礼拜,为了重振教会的力量,美洲地区出现一股宗教复兴运动,鼓励了美国个人主义的发展。

罗马历史中为国捐躯的加图（Cato）被尊为效法的对象，罗马法中取自希腊化时期斯多葛学派的自然法精神亦普遍被接受。第四是来自本土的质朴（purity and simplicity）态度，印第安文化及贵格教派的宽容、祥和精神，为美国文化添加更丰富的一页。

社会方面，随着政治体制的改变、文化意识的觉醒，社会伦理及家庭伦理亦受影响。社会伦理方面，过去专属贵族之间的称呼"先生"（Mr.）、"夫人"（Mrs.）亦适用于普通百姓。假发不再戴用，紧身衣也不时兴。人们追求财富平等，尽管大多数财富集中在十分之一的少数美国人手中，但平等的观念已根植人心。法律上，废除死刑，减少使用野蛮的鞭刑，囚禁被视为一种"感化教育"。家庭伦理方面，父权统治地位松动，早期习惯的伦常观念受到质疑，夫妻、父子、主仆关系面临调整。女权思想浮现，摩里（Judith Sargent Murray）被认为是美国第一位女权运动者，她呼吁"女人自食其力"，在心态上与男人平等，影响美国教育迈向男女机会平等发展，从此婚姻更加自由，离婚比率提升、女校设立，1807年新泽西地区的未婚女子、寡妇均获准投票。

建国时期奴隶的地位受到关切。在殖民时代，除了贵格教派反对奴制之外，其余殖民地人士都视之为理所当然。长期以来，受阶层观念影响，奴隶成为一种自然的存在。唯这种认知在革命时期遭到质疑，主张共和人士重视自然法与平等精神，与现实蓄奴制度出现矛盾，1788年马里兰议会议员路德·马丁（Luther Martin）即呼吁，奴隶制度与共和政体抵触，奴隶制度将毁损共和的平等精神，鼓励了专制与高压统治。在革命战争初期，有六个州废止奴隶贸易，各地都有废奴团体出现；革命战争期间，北方各州及马里兰州对参加革命军的奴隶，给予自由。1782年至1790年弗吉尼亚农庄主释放一万名奴隶，1785年美国国会禁止将奴隶移入西北地区。1808年禁止奴隶贸易。废奴是一种道德也是一种良知，但由于非洲黑人进入美国是以财产身份，因此在废奴过程中遭遇困难，因为任何废奴行为均将涉及掠夺私人财产之嫌，使得美国早期的废奴工作面临两难。

立国精神是美国众志成城的关键，而美国人的国民性格如何养成则为研究美国文化的好奇所在,大致说来,可经由肯定人的可塑性、取法古代、利用教育、透过庆典仪式等四种方式,以开阔胸襟、孕育美德,培养出美国人的德性。

二、平等精神

美国被誉为重视平等的国家,特别是"机会的平等",表现在追求财富与争取社会平等方面。美国平等理念来自开国元勋杰弗逊的名言"人生而平等"。他鼓励殖民地人士追求独立,从政治革命进而要求与别人平等,包括财富、教育与法律。美国文学家爱默生(Ralph Waldo Emerson)曾指出,美国为才德之士打开了大门,财富远离懒惰与笨拙,涌向勤劳、果断人士口袋。尽管事实上美国有许多不平等的现象存在,如印第安人、黑人、女人处于社会的边缘,但与世界其他国家相比,美国仍是一个充满机会的国家。

1. 社会

美国人追求社会平等现象最早表现在贵格教会及西部半边陲地区的人们,他们的地位取决于行为表现,而非出身或财富。在新英格兰地区,每一个人都觉得他和邻人一样,并且相信世上每一个人都拥有相等的权利。其中最为欧洲人惊讶的是,美国人彼此之间都以昵名相称,而且可以自称"绅士"(gentleman)或"女士"(lady),人们彼此之间握手,驿马车或火车只卖一种等级车票,乘车或乘船是先到先上。无论投住高级饭店或小旅馆,客人都在一个大厅吃饭,一样点菜。当然,这种平等也有局限,至少黑人是被排除在外,但对欧洲人而言,这种平等的做法仍被视为有危害社会秩序之虑。

2. 工作

在旧社会中,人们所追求的是闲暇的生活,而闲暇与工作即成为社会地位高低的分野。在《圣经》和神话故事中,得救的人们徜徉在欢乐的追逐中，只有不幸的人们是被束缚在无止境的痛苦工作中。因此贵族过得是闲暇的生活，下层人士的生活是工作。

在美国社会不然，移民抵美以来，清教徒及贵格教会即强调工作的正面意义。他们坚信上帝指定了人的精神与世俗责任，人们工作将是接受上帝的召唤，不工作将受天谴。这种救赎的工作伦理后来转化为世俗的工作伦理，孕育了美国人的工作观与金钱财富论，富兰克林是典型的代表人物。他强调勤劳、工作是成功的不二法门，也奠定了美国的文化精神。

3. 教育

教育是自我成长的重要途径，美洲人士多支持以税金来资助教育。美国义务教育的创始人曼恩（Horace Mann）曾表示，教育是促进人类平等的主要因素，也是终止贫穷的机构。美国人希望藉由教育实现平等，所以大力推动公立教育。美国提倡教育，不分年龄，成人也好学不倦，促使美国公立图书馆蓬勃成长，成人学校如雨后春笋般发展。

美国的民主来自于人民对平等及机会的信念，正因为人人是平等的，所以都有成为民意代表的可能。在1820年代以前，选举仍有财产的资格限制，至1824年美国只剩下四州保留以财产作为选举资格的规定，至1832年除南卡罗莱纳州之外，总统选举人皆由选民而非州议员担任。

4. 不平等的遗憾：南部社会

在南北战争之前，南方在许多方面与北方相似，每个人都有机会发迹，都有参选并出任公职的机会，但也有不同之处。南部生活以农业为主，地主大量生产棉花，剥削黑人权利，形成严重的黑白种族问题。南方的地主过着英国贵族式的生活，住在希腊式的建筑内，社交圈重视阶级身份，讲究荣誉，为此牺牲生命在所不惜。主仆之间上下有别，长幼有序、夫妻有分。在这个社会中奴隶被排除在主流的价值体系之外。19世纪之后，南方的奴隶生活在家庭与宗教方面皆获改善。

家庭方面，黑人可以结婚，由于黑人成家有助于提高生产力，因而获得白人鼓励；其次黑人信教者日众，黑人通常是将自己的宗教与基督福音论接合，但他们所接受的不是原罪的观念，而是摩西领导以色列人的"出埃及记"，以此作为他们获救的信念。

三、新伦理观念

1. 宗教观

宗教是美国伦理学的基石，早期美国宗教活动在北、中、南三个地区各自发展，北方新英格兰地区以清教徒的卡尔文教派公理会（Congregation）为代表，此外还有一些小教派，如遭公理会迫害的威廉斯（Roger Williams），前往罗得岛寻找宗教自由。1630年代出现了英国的浸信会（English Baptist）；中部宾西法尼亚、新泽西、德拉瓦地区主要为贵格派教会，还有孟诺教派（Mennonite）[01]、再洗礼派（Anabaptism）[02]、德国路德派（German Lutheran）、苏格兰长老会（Presbyterian）；纽约地区有荷兰改革派（Dutch Reformed），马里兰地区早期为天主教徒的庇护所；南部地区则以英国国教活动为主。至18世纪，殖民地的宗教呈现出多样性发展。美洲地区为唤起人们对宗教的虔信，从1730年代起出现一股"坚持基督基本教义"的宗教热，以唤起热情来激发信仰，刺激宗教复兴，称为"第一次大觉醒"（The Great Awakening），其中以新英格兰地区公理会牧师爱德华（Jonathan Edward）牧师对神学的辩解最具代表性。爱德华是美国清教史上最后一位伟大思想家，他为拯救宗教信仰，积极鼓吹上帝绝对权威，强调个人被动无助和完全堕落，他四处布道，打动百姓们的心灵，为美国启蒙时代的教会注入相当的活力，引起强烈回响。18世纪末，受独立

01　1523年发源于瑞士之基督新教团体，反对婴儿洗礼、誓约、就公职、服兵役等。

02　1522年发源于瑞士之基督新教团体，否认婴儿洗礼的有效性，主张成人洗礼。

革命影响，美国迈向政教分立的途径发展，在联邦宪法草拟时，许多教会如美以美会（Methosist）、圣公会（Episcopaliam）、长老会、罗马天主教开始重组。19世纪的宗教活动走入低潮，但随着美国人口大量向西迁移，宗教活动再度引起关切，出现了"第二次大觉醒"（The Second Awakening）运动，唤起东部地区教会的活力，鼓励教士前往西部传教，促成西部的"布道"（camp meeting）传教，以情感诉求为主，主要代表人物为芬尼（Charles G. Finney），他以福音传播为主，采平易近人的方式，用生活语言的方式布道，使得宗教信仰深入家庭，产生重大影响。芬尼强调每个人都可以自我得救，符合了美国个人主义精神，以致效果卓著。19世纪的美国宗教活动以福音主义（evangelicalism）为主，不仅为个人提供了希望，更深入家庭、社团、政党、报纸、杂志、学校之中。19世纪的福音论是维系美国社会稳定的要素，福音布道家斯普林（Gardiner Spring）曾说，没有圣灵引导的自由是一种无政府或暴政[01]。

对宗教觉醒的活动，19世纪前半期亦出现反动的一面。受启蒙思想影响，美国出现了"唯一神论"（Unitarian）思想，特别是公理会。在钱宁（William Ellery Channing）的带领之下，对三位一体的神学理论展开批评。三位一体是天主教的基本理念，涉及天父、人子、圣灵，而唯一神论则是将基督宗教与理性主义结合，基督为一位一体。钱宁认为，基督教义并未论及预选、完全堕落、经典无误说，灵魂得救来自神的父爱、人的纯真，以及人在上帝国度中的友爱。后来钱宁的弟子爱默生将唯一神论的自由基督信仰理论发展成为宗教哲学超验论（Transcendentalist）。19世纪的美国宗教走向以福音传播为主，可以分为两类：一类为乌托邦团体，如震动派（Shakers）、欧奈达团体（Oneida）、摩门教（Mormons）等。震动派在新英格兰、上纽约区、俄亥俄州活动，排斥性生活与私有财产；欧奈达团体在纽约活动，创办人诺也斯（John Humphrey Noyes）认为配偶婚姻（monogamous marriages）会鼓励自私，因而主张多重婚姻（complex marriage），在

01　Benjamin G. Rader, *American Ways*, Harcourt University Pub, 2001, p. 111.

纽约欧奈达地区，每一位成年人可以与所有成年人结婚，性交不能射精，至于谁可以或在什么时候有小孩，由团体决定。这种生活方式违背当时的社会礼俗，因此遭到排挤，1879年该团体放弃多重婚姻，成为公司组织；摩门教（Mormons，全名为 Church of Jesus Christ of Latter-day Saints）由史密斯（Joseph Smith）所创；史密斯出生纽约地区，自称受上帝启示，其著作《摩门经》（Book of Mormon）描述以色列被遗忘的部族早先曾到达美国，其中一个团体建立了一个基督殖民地，后被印第安人占有，史密斯要率领信众找回这个基督土地。由于摩门教主张一夫多妻的信仰引起民怨，被迫出走至盐湖城，途中史密斯身亡，由杨格（Young）继续，完成遗愿，建立了摩门教的圣地。另一类美以美会、浸信会、长老会是正统宗教信仰团体，教友彼此以兄弟姊妹相称，强调道德规律，教友入会必须放弃个人的一些生活嗜好，如打牌、跳舞等。他们经由布道大会的方式唤起慕道友情感认同，为教会注入新生命。

2. 道德观

19世纪前半期，美国社会的新伦理道德观是由新中产阶级所带动，包括自立自强，努力做一名成功的农人、商人、技工等，在美国北部地区，对商业、教会、学校及媒体产生重大影响。这群中产阶级强调自律（self-restraint），崇尚忍辱、勤奋、爱家、忠于团体，认为社会的制衡力量不存于外在的约束而是内在的自律，视赚钱为合理的行为与成功的标志，并自视道德操守高人一等。爱默生曾对此有精辟的解说，"金钱本身没有价值，但却代表了价值，尤其是道德上的价值"。

这种自律的品德为美国社会带来三项重大的影响，第一个是减少喝酒。饮酒是美国文化一大特色，早期移民生活艰辛，少有娱乐活动，人们工作之余，多以饮酒解闷，造成美国人嗜酒的风气。1830年平均每位美国人一年的饮酒量为五加仑，导致许多家庭破裂，社会犯罪事件层出不穷。唯自信奉福音宗教，热爱家庭的中产阶级人士日增之后，美国社会出现禁酒运动。在牧师与女人的共同努力之下，美国人的饮酒量锐减，约减少了两加仑。第二是生育指数降低。中产阶级重视自律以及对社会的责任感，因此强调对生育的控制，经由晚婚、性的自律与避孕等方式，使得他们的出生率由1800年的7%降至1900年的3.6%。第三是形成"男外女内"的社会，女人在家中握有重要的地位，她们抚养小孩，教育下一代，男人则在外追求名利，发展成为男性社会。

19世纪的美国被誉为是一个人道主义精神的国家，特别表现在废奴运动及女权运动之上。美国人的人道精神来自美国独立宣言，强调人生而平等的观念、启蒙运动的理性思维、苏格兰的现实主义（realism），以及浪漫主义的影响。宗教道德使命让人们重视弱势团体，如孤儿、精神病患、罪犯以及废奴等。在废奴方面，以盖里森（William L. Garrison）最具代表性，美国总统林肯曾赞誉他是影响美国废奴由宗教关怀走向解放行动的关键人士。这位新英格兰地区的废奴斗士指出，蓄奴让美国堕落，不仅违反人权，也违背独立宣言精神。由于废奴问题涉及美国南北各州的权利之争，因此它不仅是人道问题，更是政治问题，最后导致了南北战争。女权问题方面，美国的女权问题的产生不是哲学家的理念，也不是思想家的学术，而是基于社会的现实需要。

第三节　中产阶级文化（1830—1930）

自1830年代起，美国进入以中产阶级为主的文化形态中。一般论及中产阶级文化，皆定位在英国维多利亚（Victorian, 1837）女王登基至一次世界大战止。美国于完成领土扩张，从沿大西洋岸北美13州建立了一个横跨北美大陆、介于太平洋与大西洋的国家，并经由南北战争，统一了内部的纷争，迈向一个工业化、都市化的现代国家发展之后，也成为一个中产阶级文化的国家。这个文化的主要精神为自律，它与之前的贵族及宗教文化，在意识形态或结构方面均有所不同。从意识形态方面来说，自律（self-control）是其特色。在过去以宗教文化为主导的社会中，教会和教义规范了人生的活动以及社会的运作，如今教会及教义的地位不再，人的生活与社会的运作只能靠自己，自律也就成为约束行为的基本前提。这种自律的精神表现在教养小孩、家庭生活、性活动、住宅呈现、宗教信仰方面。

首先从家庭、社会分工来说，男人赴外工作，负责家计；女人在家工作，相夫教子。但这种区隔也非绝对，也有女人前往教会帮忙，或从事慈善工作，男人也在家主持一些仪式。这个时期家庭的地位逐渐重要，不仅是生活的避风港，同时也是道德及精神的堡垒，母亲的角色显得格外重要：母爱、慈祥的笑容、甜美的声音都成为维多利亚时代母亲的表征。社会对母亲期待日殷，将小孩的成败得失归于母亲的教养，以致在许多离婚的诉讼中将小孩的抚养权归母亲一方。此外对男女两性的态度也有所改变，以前男人被认为较女人理性，但在男外女内的社会，男人因工作压力变得较女人冲动，女人则被认为较男人会自制并懂得自我牺牲，也因此被期待扮演一种牧师的角色。至于教养小孩方面，是训练他们成为自由、自治、自主的人，因此从小开始就必须接受严格的进餐、如厕、游戏、信仰、上学的好习惯。教育小孩与以前不同，谆谆教诲多于打骂，以便让小孩学会自责，懂得自律。对男孩与女孩的教育内容并不一样，母亲鼓励男孩做一名"男子汉大丈夫"，希望女孩纯洁温柔，善良贤惠。小孩除了接受家庭教育之外，长大之后到学校读书，他们在此学习知识，也体会做人做事的道理。

中产阶级的家庭生活方式与之前不同，为了营造与众不同之特质，养成家人独立自主性，每个家庭都喜欢保留上一代的遗物，包括祖上遗留下来的家具、上一辈的照片、日记、信件及其他具有纪念性的物品。此时的家庭不再是承先启后的场合，而成为爱的小巢。客厅是重要的生活场所，女人在此展现她的点心、茶艺、歌唱、琴艺，男女在此吟诵、朗读、抚慰、拥吻。不过，婚前性行为或怀孕则不被容许。婚礼最能刻划本时代的特色，与前显然不同，新娘穿白色结婚礼服，戴头纱。婚礼举行喜宴，邀请亲友参加，是中产阶级女性一生中最重要的一项活动。结婚纪念日是男女结伴的象征日，格外重要。晚餐是一家人团聚的美好时刻，比较正式，在家长的引领之下，有一些感恩仪式，及美好的食物。周日是中产阶级的假日，商店歇业，家人团聚，或前往教堂,或举行一些家庭活动,晚上齐众共餐。圣诞节的庆祝方式也与前不同,以前圣诞节,大伙涌向街头,穿着各式各样衣服,戴上面具游街、欢唱,并要求主人提供饮料及食品。如今不同,圣诞节成为家庭团聚的日子,亲朋好友互寄贺卡,互赠礼物,家中布置圣诞树,精心装饰,并创造了一位圣诞老人至各处散播爱心。圣诞节最热闹的一刻是圣诞晚餐,让所有的家人与他们的祖先在此做历史接轨。

其次是性活动,当人们提到维多利亚时期一定会将它与性压抑联想在一起。这个时期文学作品对性的描述相当避讳,譬如讲到女人的胳膊及腿时,用"肢体"(limbs)表示;讲到胸部时不用 breast 而用 bosom;手淫被认为是邪恶之事,卖淫成为社会的恶源,妓女称为流莺。19 世纪至 20 世纪对性的压抑来自反对卖淫及控制生育,其中最具有代表性的人士为康斯托克(Anthony Comestock)。这位美国辛辛那提干货商终其一生打压卖淫,后来他的大名与性压抑同义。1873 年美国国会通过《康斯托克法》(*Comstock Law*)禁止淫具的寄送,各州政府加强取缔卖淫及避孕器的销售。中产阶级将爱与性区隔,他们认为爱是一种高雅的情感表现,男女双方相互吸引;性则是一种肉欲的诱惑。虽然爱到最后会发生性关系,但他们仍对性有相当的约束,将性附属于爱,是婚姻的专属。为了要对性加以约束,19 世纪的文学作品中出现了许多强调过度纵欲有害身体的言论,如造成体弱、无能、忧郁、丧失记忆,甚至死亡等。但这种思想只是主流,而非全面,另一种声音则认为性有助于爱的互动,增进夫妻情感。

除了对性的约束之外,在本时期另一项重要的表现是对生育的控制。为了追求财富、闲暇,许多人开始采避孕或堕胎方式进行节育。在避孕器具并不普遍的情形之下,性交中断的方式、计算生理期或体外射精是普遍采用的方法。根据统计,1818 年每一名白人女子拥有七个小孩,到 1918 年不到四个。生育减少说明一件事实,即小孩不再是经济资产,小孩愈少,家庭开销相对减少,每位小孩获得更多照顾,有更多学习谋生能力的机会,女人也因此有更多的独立时间与空间,对社会发展带来重大影响。

中产阶级自律生活最显著的表现在其优雅精致的一面。18 世纪以前这是贵族的专利，只有南部的庄主以及北部少数的富商才有能力建造豪宅，穿着、仪态像英国绅士，其他人的品味就差了一截。尽管美国建国之初，各种平等理论不宜贵族气息的发展，但中产阶级商人、教授、富农、小企业家和技工，仍开始要求自己过以前贵族所享有的精致生活。由于这些人的购买力增加，以及物品的量化生产，使得中产阶级可以很容易享有过去的精致物品，特别在家庭布置与装潢方面。18世纪时，中产阶级住在油漆的小木屋中，至19世纪则竞相建筑石材砖造的别墅，显现与众之不同。为了区隔与贫民的差别，他们的住宅远离市区，有前庭后院，以木栅围绕。住家与以前不一样，大伙不再挤在一间房内，每个人有自己的房间，每间房有其特殊的功用。房间陈设依个人品味，客厅代表了主人的身份，一套昂贵的沙发、漂亮的水晶杯、铺地毯、耀眼的镜子，沙发表面是以柔软的丝绒布做成，上面放了许多椅垫；书柜与钢琴是不可少的点缀物品。

自从贵族地位不受重视之后，社会的身份难以区隔，中产阶级即建立一套以仪态与穿着来表明身份地位的识别方式。言谈举止、饮食方式有一定的准则，以示与群众的不同。教堂建筑也由简朴走向奢华，除了美丽的造型之外，多摆着一台雅致的风琴，并且有一位富教养的牧师，表明了此时的教会与之前有所不同。

中产阶级的自律文化观显现出他们的风度、文学气质以及艺术眼光。受宗教文化的影响，中产阶级人士相信宇宙秩序井然，由一位仁慈的上帝与自然的律则所统治，无论自然、宗教、伦理、政治、经济、艺术都有绝对的真理。他们相信，人有能力透过理智或直觉找到真理，真理呈现在二元极化对立面上，如"对、错"、"人、兽"、"文明、野蛮"、"精致、粗鲁"、"有价、无价"。中产阶级人士的嗜好为歌剧、弹琴与阅读。歌剧院四处林立，表演着时尚的题材，钢琴则是流行乐器，不分男女皆以此标榜品味，至于阅读更是风尚，报纸、杂志、书籍非常普遍，学校教导学生养成阅读求知的习惯，家中书架堆满书籍，代表了主人的高雅风范。作家受到尊重与礼遇，莎士比亚的诗作、狄更斯的《双城记》，脍炙人口，爱默生等作家更是家喻户晓。由于社会转型，女人替代教会负起教育下一代的重责大任，阅读成为女性提升自我的重要管道，进而出现许多女性作家，如斯托（Harriet Beecher Stowe）的《黑奴吁天录》（又译《汤姆叔叔的小屋》）等。此时又被称为"美国文化女性化"时期。

值此新旧文化交替之际，美国中产阶级成为社会主流，相对的，社会还有一大群人被排挤在社会的边缘，包括黑人、印第安人以及来自其他国家的移民。这些人的处境非常艰辛，必须向主流价值系统靠拢，否则无法立足。印第安人由于文化意识的差别，无法与主流文化接轨。经过长期的冲突与战争，印第安人逐渐式微，1890年伤膝一役后，印第安人丧失了武装抵抗能力，成为美国保护的对象。至于黑人，尽管南北战争解放了他们的奴隶地位，但中产阶级并未接纳他们为主流社会的一员，以隔离且平等的方式歧视他们，一直到1960年代才让他们进入美国社会主流体系。至于美国的贵族并未完全消除，但已丧失作为阶级的动力，只能在生活或财富方面显现其优雅、奢侈的一面。中产阶级最大的敌人是移民及财团，移民抢占了下层白人的工作机会，引起社会动荡，他们通过限制或排斥移民的法案来维持中产阶级社会的稳定；至于财团因危害公平的竞争，因此他们通过反托拉斯法来管控，并发起进步运动（Progressive Movement），由地方到中央活络中产阶级的民主精神。

第四节　现代文化（1890—）：世俗化、消费文化、多元文化

一、现代美国文化的兴起

美国现代化源起于1880年代到1930年代。这个时期的美国逐渐走出维多利亚时代中产阶级所标榜的自制（self-control）观念，不再拘泥于对自我的约束，开始接受印第安文化、非裔美人文化、工人阶级文化，以及新兴富有阶层的表现。这个文化立基于新兴暴发户，他们

喜欢模仿欧洲贵族社会随性的行为态度，对中产阶级文化不满，对福音兴趣不再，对自我约束不耐，更对刻板的生活不悦，要求更多个人自由、更多刺激生活、更多个人表现。

美国现代文化表现在：运动竞赛、外交扩张、户外活动、娱乐场所、电影制作、音乐舞蹈等各方面。在大量生产的消费需求之下，大百货公司、连锁店、邮购等为消费者带来无比的喜悦，基督教约束放宽、新社会思想出现，艺术、文学逐渐偏离传统，与中产阶级的文化与道德渐行渐远。至20年代举国都迈向现代化，究其特色为：

1. 由生产到消费

现代文化最重要的特征是消费文化的出现。19世纪美国人的经济活动系以生产为主，小企业家信守中产阶级的观念——自制、勤劳、简朴、负责。到了20世纪，经济活动转变以消费为主，资本主义生活、大众消费成为主流。

消费文化在追求美好的现世生活，美国人不再沉湎于昔日的基督王国的美梦中，他们不再寻求精致美好的文学与艺术，反而是追求个人享乐、生活舒适、物质富裕、重视买卖交易，对事物的衡量标准为新奇。工作场合及选举态度不再有限制，每一个自由的美国人都有权做他要做的事，女人也不例外，她们不必再担心受怕，也不必听命于先生。

(1) 大量生产经济

消费文化之形成系以大众生产为基础。在18世纪，美国人的家庭用具多为手工生产，由家庭制造。19世纪至20世纪，制造业革命改变了过去的生产方式，无论衣食住行都出现重大转变，数百万小孩穿着工厂生产，而非家庭制造的衣服。一般的产品也一样，就以当时生产的钢琴为例，在1890年仅32000台，到1904年达374000台。汽车的生产更具指标性意义。早先汽车生产数量有限，只有少数人有，但发展至20年代末，成为家庭必需品，平均每五个人拥有一辆汽车。福特汽车公司采生产线制造，将T型车的价格由1912年每台600美元降至1924年每台290美元，大约为当时工人三个月的收入，几乎人人买得起。汽车改变了社会的作息，从此人的生活不再限于家庭、邻居或工厂之中。

工业化大量生产带来了商业革命，百货公司崛起改变了人们的消费习惯。19世纪末新兴企业如在芝加哥的马歇尔区（Marshall Field）；费城的约翰·瓦纳梅克（John Wanamaker）；纽约的罗伦得·梅西（Rowland Macy）纷纷建立百货公司，大百货公司出售东西给中产及上层阶级的人士，连锁店则卖给工人阶级；邮购则是针对乡下或小城镇。大公司邮寄商品简介给消费者，一来介绍产品，二来教育顾客了解流行趋势。值此之际，教会、学校、政府也配合行事。早先学校教导学生生产货物，如今则是营销货物，20世纪商学院的课程以营销为主。政府方面，在进步主义时代压抑大型资本主义成长，到了胡弗出任商业部长（后来成为美国第三十一任总统）后，开始鼓励大型资本主义的发展。至于教会，除了一些小团体之外，也开始谈论消费的伦理议题。基本上说来，他们多站在商业社会的角度看问题。

(2) 发展原因

大量生产销售成功的原因不只在价格及费用，更重要是说服消费者去购买在此之前他不认为该买的东西。商业竞争让人们去购买一些他们所不需要的东西，使得人们失去自制力。他们认为买了这些东西之后会让他们更快乐、更兴奋、更有劲。促销最有效的途径是广告，早期的广告只是在报纸上登一些消息，让人知道有新产品。后来卖药的人开始利用广告促销药品，带动广告走向新方向，刺激人民购买。譬如汽车销售广告刊登"拥有一辆新汽车，可以带来家庭欢乐，增加个人成功机会"。为了刺激消费者的购买欲，店家也在店面下工夫，大百货公司不仅货色齐全，卖场更是精致。百货公司为了刺激消费，创造时尚，举办时装展及各种活动。除此之外，商家并以各种灯光来吸引顾客于晚间消费，纽约时报广场更吸引大批人潮。

2. 新中产阶级之出现

美国中产阶级之出现可以分为两个阶段。第一阶段的中产阶级在

1830 到 1860 年代出现，这个时期的中产阶级包括店东、工匠、富农、小工厂老板，他们具有强烈的宗教信仰，与工人有显然的区别，重视福音宗教、讲究自制、热爱家庭、受人尊敬。第二阶段的中产阶级于 1870 到 1930 年代出现，随着资本主义的发展，这批中产阶级包括医生、律师、建筑师、工程师、老师等，他们是一群拥有知识的白领工人，对本身所构成的阶级相当封闭，外人不能轻易加入；为了要维护他们的地位，每一项职业都设有门坎，譬如，美国医学会（American Medical Association）规定，要成为医生须接受过特殊的训练，并通过一连串的考试，才能行医。各地及各州政府也为他们把关，即便小学老师任教也要有学院的文凭，这与 19 世纪初铲除特权阶级的作风大异其趣。

新中产阶级——不论是物理学家、教育家或白领工人，都有两种倾向：理性与科学。与维多利亚时期中产阶级讲求个人的"特色"（character）不同，这个时期强调特殊的"知识"（knowledge）与"科学管理"（scientific management），科学的精神不在寻找宇宙的根本大法，而是重视行动的方式或过程。关心顾客、供货、市场、趋势、时机、利率、获利和统计等。于是复杂的数据，被简化为数字，让结论客观化，以增加其可信度。

新中产阶级无论在教育、训练、职场上都试图走出地方或传统的色彩，朝向普遍化。在宗教信仰方面，他们接受自由派的基督教（Liberal Protestantism）而不是福音论教义，道德价值也不依教会规范，而重视职场的需要。新中产阶级分子不强调自制，休闲时刻则仿效过去的旧阶级，表现出一种新的个人主义，特别在娱乐方面，不再依循理性制约，而强调情感的释放，商业休闲（commercial leisure）成为生活中重要的部分：如电影、民俗音乐、运动等。

二、现代美国文化的表现

是谁首先采用"现代"这个词汇？一般的说法有二：一是英国小说家伍尔芙（Virginia Woolf），她说"自 1910 年之后，人类德性变了"；

二是美国小说家凯瑟（Willa Cather），他指出"1922年之后，世界一改往昔"。至于现代究竟何时出现，各家看法并不一致，但同意的是：在20世纪，人们的感觉（sensibility）出现重大转变，特别是表现在艺术方面：绘画、音乐、雕刻、建筑、小说及诗词方面。按后现代学者的看法，人类活动在政治及经济方面受外在及过去的约束，所能改变的有限，但艺术不然，拥有广阔的空间与自由且不受外在及过去的约束，因而往往成为时代的急先锋。

现代并不限于思想、目睹、耳闻、举止，而显现在美国人的生活方面，其特色为：倚重专家，而非个人；凭借消息，而非个人智能；强调二元相对，而非绝对的是非；重视世俗科学，而非宗教正统的世界观；关心个人的表现，而非自制。当现代社会少数人开始追求欢乐之际，仍有多数人沿传统方式度日，纵然有些人公开表现热衷新观念，但在私人生活之中，仍然调和两者。美国现代文化的发展表现在两个时期，分别为20年代与60年代。

1. 20年代

专栏作家黎普曼（Walter Lippmann）对20年代的批注是"一个古代习俗消解（dissolution）的年代"。此话固然有些夸张，但20年代确实是一个新时代的诞生：种族及宗教的多元主义、大众消费经济、追求刺激、生活世俗化。小说家菲茨杰拉德（Scott Fitzgerald）称这个时代为"爵士年代"（jazz age），或摇滚的年轻人时代。"性行为"约束不再，宗教力量消退，整个时代的特色表现在生活的享受与追逐之上。

20年代文化是奠基于城市结构的文化，城市与乡村或小镇不同，它是人们生活的重心，生活在此地的人比较善于表达自己的要求，容易接受新观念。城市接纳了各式各样人，包括少数种族及不同宗教信仰的人，每一个种族或不同宗教信仰的人可以坚守自己的原则，毋须放弃本身的特色，形成美国"新多元主义"（new pluralism）文化。除了宗教活动之外，黑人和女人的地位也于此时获得重大改善。随着工业化的发展，北方城市的黑人日益增加，但黑人所面对的压力亦随之日增，就业的竞争、住宿的压力、种族的偏见，导致1917至1919年间有半数以上城市出现暴动。20年代，黑人为了要表现自我的存在意义与价值，并唤起世人的关注，开始展现黑人的文学、绘画、音乐，带动了"哈林文艺复兴"（Harlem Renaissance）。黑人的自觉，塑造了新黑人（New Negro）文化，如爵士乐，这也成为白人摆脱维多利亚文化束缚的管道。受黑人文化影响，印第安文化开始受到重视，美国文化从此进入了"文化联邦"（federation of cultures）时期[01]。至于女人，在1920年代也有了重大转变，不仅身体的表现有较大的自由，上学的比率也提高，进入职场人数增加，甚至在1920年获得参政的投票权（参见第六章社会写实），1921年在新泽西地区举办首次美国小姐（Miss America）选美大会，为女人的美丽文化（beautiful culture）开启了新页。

　　20年代美国文化的转变为美国传统保守与多元开放者之间带来了"文化战争"（cultural war）。坚守传统保守的人群有三：第一是美国乡下及小镇地区，抗拒城市文化，坚守传统中产阶级文化价值观的人，包括独立自主的农人、具有公益的商人及勤劳苦干的工人；其次是天主教徒，反对基督教的多元主义，也反对新女性及新的性观念；第三是旧中产阶级、富农、技工或半技工，对现代文化持保守看法。这些人反对美国的多元化，他们藉由美国加入第一次世界大战，对多元文化论者展开攻击。战前德裔美人被视为多元文化最具有融合条件的民族，但战争开打之后，则被认为是"敌人代理"，同时激进保守分子利用各种手段，打击"世界工人"（Industrial Workers of the World）及"社会党"（Social Party），造成1919年的"红祸"（Red Scare）。战后，保守分子气焰更盛，在地方教会以及三K党的庇护之下，他们将矛头对准天主教徒、犹太人、非裔美人以及他们所谓的外国人。他们的努力促成《1924年移民法》（Immigration Act of 1924），不仅阻止大量移民赴美，并严重歧视亚洲及东南欧移民，但三K党的行动并未获得共鸣。

01　Benjamin G. Rader, *American Ways*, New York, Harcourt College Publishers, 2001, p. 212.

保守分子对现代化的反扑出现在对达尔文"进化论"的争论。1925年，田纳西州地方法院对斯科普斯（Scopes）的审判将争议推到高点。保守分子坚持《圣经》正确无误，在几个州通过禁止在公立学校教授无神论进化理论，但当地高中生物老师史克普（John T. Scopes）获得"美国公民自由联盟"（American Civil Liberties Union）支持，挑战田纳西州法律的合法性，在课堂教进化论，而遭起诉。此案引起世人关注，最后虽然法庭判决史克普有罪，但最高法院以宪法未限制而技巧性地驳回判决。保守人士遭挫折，但田纳西州仍然反对在公立学校教导进化论。

2. 60年代

60年代可以说是20年代文化的延续，30年代美国遭到严重的经济萧条打击，40、50年代美国介入二次世界大战，影响20年代的新文化精神受到抑制。60年代的美国不仅摆脱战争阴霾，更挣脱麦卡锡恐共流言影响，经济发展迈入消费时代，社会风气再现生机。过去20年代的一些思潮再度重现，各式各样的静坐、游行在各地出现。非裔美人对自身权利的要求，象征多元社会的来临。在此一时期，最引人注意的人士是嬉皮（Hippies），他们敌视一切权威，从此艺术、文学的区隔不再，台上台下打成一片。"上帝是否死亡了"成为人们最关心的话题。

60年代俗称为"反文化"（counterculture）时代，因消费资本主义而产生，其中心理念为"新个人主义"（new individualism）：追求个人权利、个人自主（individual autonomy）。新个人主义是一种"权利革命"（rights revolution），个人可自行决定该如何消费、赚钱、过日子、与人来往。一言以蔽之，新个人主义是让人做自己的事情。在新时代中，人们不再要求回到以往的道德价值中，他们向往个人充分表现（self fulfillment），讲究更大的包容，追求更自由、更欢乐的社会。但这种生活态度也引起疑虑，"一个缺乏责任感、不对别人忠诚的人，如何可能自我实现？"

60年代美国文化最明显的转变在美国人对"权利"的普遍追求。从美国早期历史发展过程中可以发现，权利是白人的专有名词，但自50年代之后，随着美国经济条件改善，少数民族对美国社会的贡献日增，影响民权运动崛起，各族群纷纷争取本身的权益，不仅要求法律前的地位平等、不再受歧视，并且要求更多的工作机会，对美国家庭、社会关系带来重大影响。除了黑人争取民权之外，女权也开始茁壮，印第安人、西裔美人、同性恋者、残障人、老人甚至消费者，皆开始重视他们本身的权利。

60年代是一个讲求个人主义的时代，但它与以前的个人主义不同，强调释放对个人感官的约束，讲求如"觉得爽，就做"（If it feels good, do it）、"做自己的事情"（Do your own things），追求"自我实现"、"自我表现"。这个时期关心的是个人的命运。美国人关心在一个大众化、信息化、官僚化的社会中，个人究竟还有多少空间？人们热衷消费，有作家指出，有了冰箱之后，人们不再抱怨；有了电视，人们不再幻想。大众传媒让少数人对个人的认知产生疑虑，在广告、通俗小说、电视、摇滚乐的影响之下，个人究竟有多少抗拒力？社会学家里斯曼（David Riesman）在其名著《寂寞的群众》（*The Lonely Crowd*）中指出，这是一个"外在引导人"的时代（outer-directed man）。小说及电影也充分反映出个人的重要性，在不景气的30年代，美国电影、小说关心的是社会问题，但到了50年代则转向自我，特别是对个人勇敢行为的描述，譬如个人冒险犯难除害，对付毒贩、扒手等。到了60年代，新个人主义引导青年走向反叛文化。

影响60年代青年文化的突起原因很多，可以被提到的，首先是司波克博士（Dr. Benjamin Spock）的《照顾婴儿及小孩》（*Baby and Child Care*，1946）一书，此书的发行量在二次大战之后仅次于《圣经》，影响遍及全美。该书的主要论点是：注意小孩的需要与快乐；要大胆地爱小孩，并与他同欢；要与小孩玩乐，谈话。其次是电视广告、同侪对此一时期的小孩成长产生重大影响。第三是都市下层工人及黑人的影响。第四是摇滚乐，特别是猫王（Elvis Presley）的魅力。青年文化在美国历经抗议、改革、革命等过程，由1960年至1970年告一段落。早期与黑人民权运动相左右，发展至1964年成为大学校园运动，1968年成为反越战运动的主力。

60年代美国新文化思潮以性革命最具叛逆性。美国性思想的转变起于20年代，一些前卫人士将性视为感情的正常表达、相互的欢愉、心理的表述。美国性行为研究专家金赛（Alfred Kinsey）在对1948至1953年的调查报告指出，90%的男性与50%的女性在婚前有性行为；50%的男性与四分之一的女性有婚外情。三分之一以上的成年男子参加过同性恋活动。尽管金赛的报告受到人类学家米得（Margaret Mead）的重视，但并未引起全国惊慌，舆论、电影及社会对性行为还是有相当的约束，特别是女孩子。但是到了60年代，随着婴儿潮的降临[01]，政府通过控制生育的药丸上市，以及电影开始放映性暴露的影片时[02]，有了改变。此时最热卖的书是由布朗（Gurley Brown）所写的《性与单身女子》(*Sex and the Single Girl*, 1963)。

传播界将60年代视为"性革命"时期，人类学家米得认为，美国在这个时期的道德观是由清教伦理迈向欲望冲动。1965年一份《时代》周刊杂志的文章也指出，长久以来美国人遵守的清教伦理在60年代即便没有消失，也在消失之中。至于对性行为的看法，此时的风气是，反对将自己的性行为观念强迫别人接受，要学会容忍别人的态度。70年代开始，媒体对性的规范不再，由前卫电影中可以看到裸露及性交的影片，在图书馆也可以借到色情书籍。男女同居不仅普遍，也不太会遭人质疑或指责。影响最大的是，"美国精神协会"（American Psychiatric Association）于1973年不再视同性恋为一种病态行为。

在艺术表现方面，新文化呈现出新气象，完全脱离传统的表现。传统艺术是一种展览艺术，表现出清教精神、维多利亚精神、中产阶级精神。60年代艺术摆脱过去的物质主义，认为过去的艺术所表现的是虚伪、性压抑。艺术在这个时代不是固定的形式，而是任何形式（Art no longer to be something, it could be anything or everything）。

01　60年代新增人口4600万，总人口达1.5亿人，称为婴儿潮时期。

02　主要的指标是美国法院允许劳伦斯（D. H. Lawrence）的作品《查泰莱夫人的情人》(*Lade's Chatterley's Lover*) 改编的电影获准出版。

60年代前期的艺术又称为现代艺术家（modernist）时期，不再将艺术视为提升生命情操、促进道德、具有教育使命意义；艺术家致力摆脱外在约束及限制，当艺术不再是生命的仿本，而是艺术的本身，艺术形式有了新的方向：勇于表达、探索各种现象。此时的艺术家关心前辈对他们作品的看法，强调不哗众取宠，也不在乎钱财，艺术具有一种宗教情操使命感。60年代后期的艺术进入所谓的后现代艺术家时期（postmodernist），但艺术家们想独树一格／离群而居的情形愈来愈难，他们成为年轻人仿效的对象，吸毒、滥交、排斥物质主义（materialism）、拒绝遵从别人。年轻人模仿艺术家表现出吉普赛人（Bohemia）玩世不恭、狂放不羁的风格，在70年代华尔街的证券商也开始留长发、穿着鲜艳的衣服。艺术家为了区别与大众文化的差异，强调批判精神（criticism），认为没有批判，就无法凸显与众不同之所在，其中最具有代表性的作品为凯吉（John Cage）于1952年的"四分三十三秒"纪录。在他的录音中，有四分三十三秒完全静音，让听者享受四周的声音，摆脱过去作曲家对听众的"施暴"。现代艺术从传统的博物馆出走，也不再是贵族的专利，艺术呈现在各处，如运动衫（T-shirt）、甚至水坝上。

三、新文化精神

新文化精神有三大特色：不参与（disengagement），参与政治热情减低；反政府，人民对政府的信心愈来愈低；新个人主义。20世纪下半叶以来，美国人的生命态度由外向转向内在，不愿再与外界、过去，甚至自身以外的事物维持正式、形式的关系，重视自我的实践，满足当下的生活。这种内向的生命态度，带来了一种新的个人主义，一种个人无止境追求的人生。

1. 不参与

内在转向的生命观首先表现在对国家事务的热情上。美国人对公职人员投票的意愿降低，从1968年以来，很少会有超过一半的人在选举时前往投票，较40或50年代约少了三分之一。同时对政党的认同、入党的情形也趋降温。至于对加入地方性的团体或自愿性的团体更是兴趣缺缺。从60年代到90年代参加"学校家长会"（Parent Teacher's Association）及"妇女投票团体"（League of Women Voters）的人数减少40%。1993年美国社会学家普特南（Robert Putnam）在一项研究中发现，美国人打保龄球人数由1980至1993年增加将近10%，而保龄球团体却减少40%。他还发现，1993年一年之内至少有8000万人打一次保龄球，比1994年前往投票选举国会议员的人数多三分之一，与前往教会至少作一次礼拜的人数相当[01]。

此时，美国人对婚姻的态度也不如前，在1980年代，有一半以上的婚姻以离婚收场，而在1890年代只有十分之一离婚。男女同居或一夜情的人比以往多。在工作方面也有所不同，办公室的摆设出现重大改变，50年代及60年代，讲究无阻隔的室内空间，到了80年代及90年代则改为小隔间的办公室。公司有最低业务量要求，对工人的态度改变，即使有才干或对公司忠心耿耿的人，也很难在公司老死一生。白领阶级的员工也缺乏安全感，多关心自己的财富，不热衷社会的事务。即使参加团体，有共同的兴趣，但也鲜有往来，即便是网络大肆推广建立虚拟小区（Virtual Communities），但根据1998年的一项调查，每周上网时间多的人，其寂寞感较上网时间少的人更强烈。

2. 反政府

在缺乏团体互动的情形之下，人与人之间的信任感（trust）自然无法产生，特别是对政府方面。根据调查，在1964年间，77%的人"经常"或"多半"相信政府施政。但到1980年却只剩下25%。调查数字并显示，人们对律师、医生、老师、教士、记者、老板的信任感相对减低。当被问到人们之间的可信度时，答案由60年代的58%减至90年代不到40%。随着对政府的不信任，美国人再度走回保守主义。民

01　Benjamin G. Rader, *American Ways*, New York, Harcourt College Publishers, 2001，p. 255.

主党的"新政"及"大社会"计划时代不再,人民在 1980 年选出里根总统是最佳的说明。里根在首任就职演说指出,"政府不是在解决我们的问题,政府就是问题。"他拒绝对妇女及弱势团体采取任何积极的行动,实施大幅减税,缩小福利支出,取悦富人。至 90 年代,全国最富有的 1% 的家庭,握有全国 40% 的财富。这个数字较二十年前高出一倍。很少人再像过去的人一样关心美国立国的平等精神。"反对大政府"(oppose big government)成为政治家的口号,民主党总统克林顿也不免从俗,表示"大政府的时代过时"。地方政府税金不再用于教育,使得教育工作不再是公共事务,成为私人的领域。影响最大莫过于激起一群自称爱国的人士,包括自由斗士,规避政府的权威。广告牌上写着"权势归人民"(All authority belongs to the people),充分刻划出美国人的反政府心态。

最能代表本时期反政府意识的诉求为"自由企业"(free enterprise),用简单的概念来说,就是"市场"(the market)论。自 1989 年苏联瓦解之后,以及 90 年代股票市场的活络开始,"市场"成为新世代发展的动力方向盘。支持者甚至认为,政府不应采取任何措施来解决贫穷、贫户、暴力、种族、性别歧视、教育、环境污染等问题。从市场的角度来看,任何政府的措施不仅无效,而且违反一般福利,甚至违反民主。

3. 新个人主义

新个人主义是由于追求市场消费,反对大政府,对国事冷漠而形成。新个人主义与以往的个人主义不同,以往尽管追求个人自由但却无时不在限制个人自由。譬如,美国政府宣称为人民争取自由,但却要求人民服从政府。宗教协助人争取自由,却要求人民服从十戒。新个人主义要免除外在的约束,争取内在的自主,重视自我,反对家庭、宗教及过去。

美国的现代化让美国人逐渐摆脱过去对个人的束缚,重视:文化多元主义(cultural pluralism)、世俗化(secularization)、消费至上经济（consumer-centered economy），促使美国人重新审视社会的不平等、超越的道德权威，以及维多利亚中产阶级对自我的约束。60年代的权利革命，对文化威权形式的反抗，再加上消费资本主义的驱使，使得个人获得较多的自由与空间，以个体性来强化个人主义（individualism with individuality），或者说是表现一个人真正的内在。70年代，美国人在新经济及新企业的激励之下，更朝个人主义推进，美国人逐渐远离小区或社会，追求自我，美国作家渥尔夫（Tom Wolfe）将之称为"我"（Me）的年代，拉煦（Christopher Lasch）则认为这是个"自恋"（narcissism）的时代，多数美国白领阶级追求个人的自我表现超过对工作的肯定及对社会的投入，他们加入狂热的教会、接受素食、吸迷幻药、讲究心理治疗，重视身体健康。80及90年代，股市上扬，人们赚钱之余，开始追求更多的自我，而美国主流文化也顺势而为，强调"贪图并不是坏事、不应有罪恶感"（Greed is not a bad thing），华尔街年轻的理财经理成为大众文化下的英雄，玛丹娜（Madonna）的打扮成为流行音乐的典范，媒体将努力赚钱的年轻人称为雅痞（Yuppies），个人的成就与赚钱和奢华消费结合在一起。至20世纪末，消费资本主义已与60年代的叛逆文化合而为一，不可分离。

四、新时代的多元文化表现

20世纪后期美国文化呈现多元文化并列的现象，尽管新文化的个人主义在气势上取得优势，但许多美国人仍认同团体。这些人投票、参加社会团体以及增进地方福利的活动。他们到教堂礼拜，并欣赏球赛和各种表演。

在各种团体生活中，美国人非常重视家庭，他们寻根，并将之列为一生中最重要的一环。婚姻美满情形虽然不比过去，但仍是生活中重要的一部分，从1960至1990年，15岁以上女人结婚比率，以千人为单位计算，下降了43%。在现代的家庭生活中，每个人都有自己的个人想法，因此离婚的情形比较多，不婚同居大有人在。根据调查显示，1996年25岁至40岁之间，有近一半的人与婚外的异性合住在一起。

电视节目所播出的家庭剧，也多半是不同家庭成员的组合，而不是像 50 年代一样，一个完整的家庭。

教会活动也是美国人过团体生活重要的一部分，尽管与 50 年代相比，有相当的落差，但 60 年代上教堂的人数仍不少。此时各教会情况不一，传统的基督教会、天主教教友人数减少，一些新兴比较狂热的教会吸引许多人（如 Zen、Hare Krishna、Transcendental Meditation、Scientology 等），以前信教想知道宇宙的奥秘，如今信教则为了自身或找朋友。

60 年代之后，美国社会出现了种族认同的风气。这种风气来自亚洲及拉丁美洲人数增加后所带来的种族自觉，经各大学研究计划的推波助澜，愈演愈盛。大学设有专门研究机构，如印第安研究、华人族裔研究（Chicano Studies）、非裔美人研究（African American Studies）、女性研究（women's studies）等。族群研究促成了多元文化（multiculturalism），由 80 至 90 年代它成为美国教育的主流，进而重视到女人、黑人、拉丁裔美人在美国历史上的地位及其贡献，反省过去美国历史的疏失，影响今日世界的思潮。

第4章
思想模式

思想是文化指标，想要了解一个国家的国民行为，必须先从其国民思想谈起，国民思想塑造了"国民性格"。能了解美国人的性格，距离认识美国就相去不远。美国思想主要有三：潜存在心底无意识的是新英格兰地区所遗留的清教主义，诉诸在理论的前意识是每个人追求的个人主义，表现在现实生活中是出自意识的实用主义（pragmatism），这三种思想塑造了美国人的性格。因此我们可以看到美国人的政争，但是却不见美国分裂，他们虽然标榜个人主义、采用实用主义，但在内心中却是清教主义的精神。要了解这三种思想，可以从其历史进展的过程中窥豹一斑。

布尔斯廷（Daniel Boorstin）在《美国人》（*The Americans*）一书中提到，美国人的思想来自需求，当欧人抵达新大陆后，所遭遇到的新鲜事物不只是气候或动植物，更重要的是新的知识与概念。[01] 它不同于先前所信仰的知识，开辟了从未梦想过的王国。美国人从生活经历中产生的知识概念与欧洲不同，欧洲统治者和教士们是"诠释"阶级，而美国人热衷经验而非事物真理；美国人顺从"自明之理"，认为最佳现存事物的背后一定会有一套精密的思想，构成大众知识。

美国思想可由美国哲学见其一二。美国哲学主要是处理意外情况的哲学，是一种没有哲学家的哲学，人们为其行动提出的理由远不如行动本身重要，任何经验必须自由地融入人们的思想。在美国的认知

01　Daniel Boorstin, *The Americans*, p. 198.

中，一个人的头脑好坏，不在于它掌握了剖析和整理各种知识的最精致工具，而在于它对周遭环境可以敏感地察觉。学问渊博和思维精细不会比豁达开通、毫无约束重要。

美国人认为真理是不言自明的。富兰克林说过，"争论容易使人脾气乖张，干扰平静"、"透过经验来引导大众，比透过空发议论来使他们避免错误"更好。欧洲思想的进步只不过是改头换貌的信仰，在美洲，使人们获得解放的并不是以现代的哲学体系对抗古代和错误的哲学体系的机会。"对真理最好的考验，是让这种思想能在市场中被接受。"[01] 美国人相信，基本问题须从经验，而非论争或学术的领域内解决。在英国，进步似乎来自漫长而相对平静的过去，似乎是过去滞缓和平淡的产物；在法国，进步似乎是一种唯有将来才能充分证实的希望。然而在美洲，人们既不必是历史家，也不必是预言家，进步是由日常经验得到证实。美国人的思考习惯是接受那些本身可以被经验证明的观念，他们把事物当作衡量事物究竟应当如何的标准，在美洲"是"成为"应当"的量尺，真实可信的知识，出于为了特殊的、实际的目的而从事探讨的副产品。欧洲人研究自然时善于"分类"，美洲人则不然，他们只探索和发现自然，因此美国人最丰富的典藏为博物馆。

第一节　思维模式

研究美国思想不能不对美国人思维模式有所了解，美国人来源不一，历史不同，思想及行为方式也不尽然相同，试图描绘出一个统一的美国人，实在困难。不同学者对美国人凝聚的条件有不同的看法，但普遍被接受的是语言；美国有众多的人种，但他们之间却使用共同的话语，由新英格兰到加州，从佛罗里达州到华盛顿州，来往过客讲的是共同的语言：英语。与欧洲不同，欧洲各地因语言不通，而形成许多国家，所以某派历史学家认为，真正促成美国统一的不是宪法，

01　Daniel Boorstin, *The Americans*, p. 204.

也不是制度，而是语言，美语将来自不同地区的人转化为美国人。除了语言之外，促使美国人凝聚的另一个重要因素为宗教信仰，它不是教派的隶属，而是道德的依皈。美国人尽管政争不断，但是在道德上却有其认同，都向《圣经》宣誓。美国是一个政教分离的国家，也因如此使宗教得以超越政治，四处散播，并成为美国统一的动力。

美国学者斯图尔特与贝内特（Edward C. Steward & Milton J. Bennett）两人合著了《美国文化模式》（*American Cultural Patterns*）一书，从比较文化的角度进行分析，提供了解美国人的管道。作者由日本人、欧洲人与美国人三种不同思维方式，探讨美国人的特色：日本人比较倾向于具体的描述，欧洲人强调抽象的理论，美国人则注重思维的功能性与实用性。[01] 作者认为，日本人对非语言行为要比美国人敏感，拥有一套探寻知觉，关注人的外表，注意他们做什么及如何做。而美国人多依赖数字和语言信息，关心如何解决问题，对谁做不感兴趣。他从三方面来探讨美国人的特性：

一、思维模式

美国人采用以归纳式和操作主义的思维模式，根据客观事实作出合理反应的管理方针，重视效率，不大关心个人行动所处的外在总体结构。美国人所理解的客观事实是根据一整套先决操作主义原则下的事实，而不是短暂形式的直接知觉。所有的事实具有感知内容，可以经验，也可以测量，尽管是不同的观察者，但都有同样的看法。事实不存在个人脑中，不受个人感情影响，而是客观存在外部世界中。

这种介于内在思想与外在行动的思维方式，以行动的结果作为衡量成功的标准，关心解决问题之道，重视抉择或判断，重视问题的解决和任务的完成，努力在工作中取得成效，致力寻找关于如何解决问题，如何决策及消除冲突的可行办法。这是一种未来思维，以预测行动结果的形式出现，重抽象、分析、实用，与重视理论和有机概念的

01　Edward C. Steward & Milton J. Bennett, *American Cultural Patterns*, p. 37.

欧洲风格不同，也和重视模拟、隐喻、明喻的日本和中国的思维不同。

二、自我认识

美国人具有强烈的自我中心概念，以实干为基础，把自我作为社会的文化构成要素，工作中大部分的决策是为了自身的利益和其他方面的个人成就。个人是一个独立的生物体，而且也是具有独特心理的生命及社会成员的一分子。美国人意识到自我的主观性，赋予个体独特的认识力，因此讲究依靠自己，并重视个人的爱好、意见、选择与创造。自我的个人主观性将他人视为另一个自我，并承认他者的行为带有自己主观的属性。这种个人主义与德国人不同，德国人重视历史，较注意社会现实状况，政治、社会、经济以及人文的态度构成了个体的部分特性，个人仰赖与外界的沟通。美国人则不然，较不注意群体与传统的概念，缺乏共享意义。自我是个单数的概念，需要靠自我体现或者自我实现来满足自我。美国人的自我不是作为社会一个成员来实现，而是必须取得成就来证明；与中国人不同，中国人的自我是深植于社会阶层的观念之中，必须经由家族来建构自我。

美国人的个人主义在理论方面，有来自洛克（John Locke）的学说，个体的存在先于社会的秩序，自身的利益即是个体行为的目的，社会制度起源于个体间的互动之中；以及富兰克林的启发：自助者天助的观点。在生活方面，美国小孩自幼即接受选择的教育，父母鼓励孩子自己拿主意，有自己的看法，处理自己的问题，拥有自己的属物。社会方面，西部神话的影响，西部边疆勇敢的拓荒者在没有外界的帮助下，独自创立了新生活。牛仔的故事说明了"依靠自己"的重要性。

三、对世界的认识

包括人与自然两部分。对人方面，将人视为善与恶的混合体，是环境与经验的产物。人性透过宗教信仰、理性的手段、教育的方式，达到完美的境界。基本上人是受环境影响的，人可以改造和控制环境。

在美国人看来，一个理性的人应与自然分离，独立于所处的社会秩序，生活在一个客观的世界，强调事实、逻辑分析与实际结果。美国人认为，自然与物质世界应受人的控制，并服务于人，因此必须极力寻求支配物质世界。在美国人的心目中，自然与物质世界是文化与历史关注的焦点。美国人重视物质主义和私有财产，认为私有财产是不可侵犯的。美国人认为成功来自个人的努力、能力和独创力，失败不能归于生理因素，人应控制各种情绪、疲劳、健康等因素，对未来保持乐观的态度。喜好从量化的角度来检视问题。关心疾病，喜欢看医生。

第二节　清教思想

美国为多元文化国家，前往美国移民的国度不同，落居地点不一，思想自然不同。由区域间的不同文化迈向认同，是美国文化的特色，了解殖民时期的思想，是认识美国文化的前提，有关此一时期的思想以宗教为主，主要为清教主义思想，盛行于新英格兰地区。

清教思想来自卡尔文教义。早先赴美移民的人士中有一批重要的成员是清教徒，这批不满英国宗教改革的异议人士多为公理会成员，他们在美建立了公理教会，允许各地方教会自理，由选举产生牧师，实行神权民主政治，视公理会为上帝唯一许可的教会，其主要的思想基础为17世纪卡尔文教派（Calvinists）思想。英国辉格（Whig）派历史学者将清教思想重视个人得救的经验，视为自由主义思想的前提，也是今日自由主义的前身；德国社会学家韦伯将清教思想视为资本主义的先驱，将清教徒的工作伦理视为资本主义的动力。

卡尔文教派是1541年由法国人卡尔文（Calvin）在日内瓦所建立的改革宗派，拒绝教皇制，实行长老制，由信徒议会推选长老12人与牧师5人，以下还有教师及执事，故又称为长老会。卡尔文在1541年拟订了《教会宪章》，确立了教会以长老为中心的组织领导体制，宗教法庭审理一切事物，监督信徒宗教生活。

卡尔文派教义的信纲，可以由《基督教原理》（*The Institutes of*

Christian Religion）中之《论自由意志》、《论上帝永恒天命》、《论有效的神召》、《论天命》篇章看出其基本信念。其主要的精神在恩宠来自外在力量与绝对感觉，它是一种外在产物而非个人价值，这种看法与路德派不同；路德相信，上帝的恩赐是可以取消的，也可以通过悔悟后的谦卑和绝对信赖上帝的旨意及圣示而重新赢得的。对卡尔文来说，教义是从宗教经验中发展而来，出于自己的思想逻辑需要，并不断发展，其全部意义在上帝而不在于人。上帝不是为了人而存在，但人类存在完全为了上帝，人是要服务于上帝的荣耀与最高权威。[01]

卡尔文教义的启发在其对"预选论"的看法。卡尔文在其《基督教原理》一书中指出，"上帝以其绝对的、不可改变的最高意志对世人拣选，被选中者是上帝的选民，即义人，否则就是弃民，要受永罚；选民与个人的祈祷和善行无关，完全在上帝的恩惠。"[02] 预选论是针对天主教会自视为神的代表，以及教会之外没有救恩的言论的一种挑战。预选论认为救恩纯然是神的赏赐，神早已预定谁会得救。教会无法知道谁会得救，人对自己是否得救也无从晓；既然教会不知道谁会得救，人也无从得知，得救即成为一种"共识"，在"聚会"过程中，由教友观其表现，公认其获救，成为"选民"。这种公理制度奠定了美国的民主制度精神，因此可见卡尔文信徒信奉神，在追求个人得救之余，彰显神的地位。他高于个人及教会，成为小区的凝聚力所在。预选论要求完全的忘我奉献，改变了以前重视的谦卑，而走向自信的道路。为了获得这种自信，紧张的世俗活动是最适合的途径。

新教除了强调苦行主义之外，更面临教会组织挣扎生存的挑战。在西方，宗教必须依附在组织之下，卡尔文教派尽管否定了有形的教会组织，但预选论没有教会也是不可能存在的，它必须在保存教会组织的压力下才能衍生出那种证实自己是合理，而可能建立自己的事业，并且监督自己行为，以使自己获得恩宠的人。因此清教在美国发展成神权政治，但这种政治因着教友人数的减少而不得不从冷峻的讲道走

01　卡尔文著：《基督教原理》费城版，第二卷第 80 页。
02　同上书，第 926 页。

向情感的认同。

　　清教主义在美国历史上最大的启发是它与资本主义的关系。有关这方面的解说，主要的代表人士是韦伯（Max Weber），他所要探讨的问题是：有节制的资产阶级之资本主义起源问题，也就是西方资产阶级的起源及其特点的问题。一般的资本经济行为是依赖交换机会，谋取利润的行为，也就是依赖形式上公平的获利机会，在世界各地都出现过；但西方资本主义不同，它是自由劳动之理性的资本主义组织方式，这种理性的工业组织，只存在于固定的市场相协调。其发展有两个重要因素：事务与家务分离开来，采用理性的簿记方式。换言之，这是一种理性的商业簿记方式，将我们的公有财产与私有财产在法律上分离[01]。他认为构成西方资本主义其它特点还有"公民"概念、现代科学，特别是以数学和精确的理性实验为基础的自然科学的特点。

　　韦伯的理性观建立在比较文化的基础之上，他将西方的各项表现与东方比较，并提出不同之处。艺术方面：三和弦、弦乐四重奏、记谱系统；建筑方面：拱门和圆顶；高等教育：大学的训练；政治组织及经济活动。理性化与非理性化往往是一把两面刃，在坚持理性化的反面就是非理性化的执着。韦伯的学说奠定了文化因素影响了社会发展的立论，说明了文化与经济互为因果的现象，处理了近代经济生活的精神与禁欲的新教伦理之间的关系。有人认为韦伯的《新教伦理与资本主义的关系》是以唯心论来取代马克思的唯物论学说，尽管两者有其相似之处，但亦有不同所在。韦伯重视的是资本主义的精神，马克思重视的是资本主义与政治和经济的关系。韦伯认为资本主义精神在于将追逐利润的活动作为一种富于意义的使命，而不是作为享受的手段，一种既要拼命赚钱又不为金钱所动的道德气节。这种精神既有理性的一面，亦有非理性的一面，引用他的话："这种观念从纯粹幸福论所强调的个人利益来看是非理性的，但也是资本主义最大的特色。"可见，理性将赚钱视为一种职责，个人的喜好被排除，但将个人利益

01　Max Weber, *The Protestant Ethic and The Spirit of Capitalism*，于晓等译，韦伯著《新教伦理与资本主义精神》，中国台北：唐山出版社，1991年版，第12页。

除外却是超乎理性。

沃兹尔（Walzer）认为，辉格派史家主张清教徒重视个人与上帝的关系，强调自愿结合，互相的同意，每个人都可以解释《圣经》，具有自由心灵，清教徒与国会的结合构成了自由社会（liberal society）。他们将清教思想重视个人得救的经验，视为自由主义思想的前提，也是今日自由主义的前身。

韦伯[01]对清教徒的看法与辉格不同，韦伯将清教思想视为资本主义的先驱，将清教徒的工作伦理视为资本主义的动力。清教徒重视行为的合理性，除了理性之外，也鼓励追求个人利益。马克思学派认为宗教、政治、经济之间有一种关联，形成一条折衷之道，将清教主义视为资产阶级的一种反映。

第三节 实用主义

对美国人来说，理论的目的在实际的操作，任何无法经验的事务都不具有意义。当欧洲人忙于意识形态的争辩时，美国人则须面对现实的挑战：殖民的拓展、西向的进展。为了解决困难，美国人根据英国的经验主义，提出了"实用主义"，强调"有用的就是好的"，抛弃"好的才是有用的"的形上哲学思考。

实用主义这个词来自希腊文，意思是行动，含有"实践"（practice）的意味，其主要目的在解决形上学的争论。法国社会学家涂尔干（Emile Durkheim）认为，实用主义观念最早来自尼采，因为尼采拒绝任何有绝对性质和普遍真理的道德观念。尼采要将行为和思维完全由形上学的逻辑和道德范围中解放出来。在一般的认知中，实用主义主要代表人士是皮尔斯（Charles Sanders Peirce）、威廉·詹姆斯（William James）及杜威（John Dewey）。皮尔斯最早将实用主义这个

---

01 韦伯是当代西方重要社会科学家之一，一生致力考察世界宗教的经济伦理观，从比较的角度探讨世界诸主要民族的精神气质与该民族的社会经济发展之间的内在关系。

名词用于哲学，他在一篇名为〈如何让我们的观念清晰〉[01]的文章中指出，行动是经由怀疑刺激而发生。怀疑带来了观念，观念引发了行动，并产生信念，而且通过有组织的活动，把观念表达出来。行动是思想唯一的意义，要弄清一个思想的意义，只需要断定这思想会引起什么行动。要想完全明白事物的究竟，只需考虑它有什么样可能的效果。这篇于1878年在《通俗科学月刊》(Popular Sciences Monthly) 发表的文章，促成实用主义学说的诞生。皮尔斯强调，要明白一个思想的意义，只需知道这个思想会引起什么行动。人们思考事物时，如果要把它完全弄明白，只需考虑它含有什么样的实际效果。所有实在都影响实践，影响就是实在的意思。两个意见的争执，指的常是同样的东西，其中的分别在实践[02]。

　　威廉·詹姆斯被认为是实用主义的创始者，他在《实用主义》(Pragmatism：a New Name For Some Old Ways of Thinking) 一书中表示，实用主义不代表任何特别的结果，只是一种方法。这种方法绝对没有什么新鲜之处，而是人们熟悉的哲学态度：经验主义的态度。他抛弃了哲学家的许多积习，避开抽象与不适当之处，不从字面上来解决问题，摆脱了固定的原则与封闭的体系以及妄想的绝对，重视的不是什么特别的结果，而是一种确定方向的态度，这种态度不是去看最先的事物、原则、范畴和假定是必需的东西，而是去看最后的事物、收获、效果和事实。除了与具体的客观实在相符合的一切之外，没有什么其他的真理。詹姆斯的经验主义是把事物之间的关系当作经验对象，把零碎的、散乱的经验串联成一个统一的整体，使整个世界成了一个统一的、纯粹的经验的世界，把人的认识、信仰、意欲所及的一切都归结为经验，因此他的经验主义与英国不同，所经验的不只是对象，而是一种意识流 (the stream of thought)，故又称为"彻底经验论"。按照这种理论，真理是对确定人们的信念有实际效果的观念，有效、有用、成功是真理的根本标志。他主张"一个观念，是有用的。

01　这篇文章于1878年1月在《通俗科学月刊》(Popular Science Monthly) 刊出。
02　涂尔干著：《实用主义与社会学》，上海：上海人民出版社，2000年版，第8页。

因为是真的",或者说"是真的,因为是有用的"。

　　实用主义面对的难题是有关"真理"的问题。西方思想执着的真理与信仰有关,基督是唯一也是绝对的,是上帝在世间的代表,也是真理的化身。实用主义要否定过去所遵循的真理就必须提出新的真理观,因此詹姆斯的《实用主义》一书用了大量篇幅说明实用主义真理。他认为,知识来自人的不适感,如何取得平衡,并获得满足感是知识的目的,它不仅需要与外界取得一致,更要与自己取得一致,建立一个思辨秩序,将当下的观念与其他,包括感觉、知觉与传统取得一致。这种新观念必须符合心灵中已经存在的观念才是真实的。真理不是毫无生气的实在摹本,而是活生生的,能够增加和丰富我们的存在,真实的观念可以使我们在事物中游刃有余,行动也会因此而更加确定,唯有如此,真实的观念才会为我们带来内在及外在的和平,可以使我们生活、思考和行动平顺。真理所指的是"能够将经验原来的部分与新的部分结合起来"[01]。在说明实用主义之差异时,詹姆斯用可证真性大于证真性,说明实用主义的精神。

　　实用主义另一位重要的代表人物为杜威。詹姆斯为实用主义理论提出解说,杜威则将实用主义应用于"生活与教育"之中。杜威思想广博,治学严谨,他从实用主义的基础上建构民主主义的教育理论。杜威的主要著作有《我的教育信条》(*My Pedagogic Creed*)、《学校与社会》(*The School and Society*)、《民主主义与教育》(*Democracy and Education*)、《经验与教育》(*Experience and Education*)、《儿童与课程》(*The Child and Curriculum*)、《从绝对主义到经验主义》(*From absolutism and Experimentalism*)等。杜威承续了詹姆斯的基本思想,但加以改变与创新,提出"工具主义"(Instrumentalism)理论,认为思想、观念、理论是人的行为工具。真理的标准在于这些思想、观念、理论是否能引领人们行动,并获得成功。他所强调的工具主义不是对个人的有用或有效,而是具有普遍和公众的特色。真理的效用是将可行的思想或学说,从事另一种改造,并获得效用。杜威一生致力教育

01　詹姆斯著:《实用主义》,上海:商务印书馆,1930年版,第64页。

活动，他将实用主义与教育理论结合，构成了实用主义的教育哲学，对美国人的思想与生活带来重大的影响[01]。

发展至20世纪下半叶，实用主义进入新的阶段，代表人物为罗蒂（Richard Rorty），这位被誉为美国新实用主义哲学家于1931年出生，主要代表作为《哲学和自然之镜》（Philosophy and the Mirror of? Nature, 1979）、《偶然、反讽与团结》（Contingency, Irony and Solidarity, 1989）。

罗蒂主张一种无根基的、无中心的、无学科的多元文化。他认为哲学史是一部发现谬误的历史，而不是一部发现真理的历史。[02] 针对当代西方哲学的贫困，以及无效性，他试图找出一个新的活水源头。他认为西方哲学是以认识论为基础开展出来的系统理论，由古希腊柏拉图的理念论到近代笛卡儿二元论、康德的批判哲学以及现代维特根斯坦的语言分析哲学都是在设法将公共和私人融为一体，强调人类拥有共同人性。早期思想家藉此建立了神学与形上学体系，发展至黑格尔时期，开始跳脱形上学"人性"的思考，改以社会化或历史环境为主，主张在社会化背后，没有任何先于历史的东西，可以用来定义人性，并据此建立了以"自由"为基础的思想，但并未能解决私人与公共之间的张力。罗蒂认为这种等级哲学已失败了，要求放弃将万事万物归结为第一原理，并寻求自然等级的观念。他认为在文化整体中，每一学科都有自己的目标，不可互相替代。因此主张取消认识论及系统哲学，提出"教化哲学"（edificational philosophy）取代系统哲学，宣称这是一个新的文化时代，这种"后哲学文化"（post-philosophical culture）是一个"新实用主义"（new-pragmatism），关切社会问题。在没有系统的引导之下，"实践先于理论"、"民主先于哲学"，透过对话、协商，让不同团体和睦相处。

罗蒂以"偶然"作为其立论的基础。在《偶然、反讽及团结》一书中他指出，真理是被创造出来的，而不是被发现的。真理不能独立于人类心灵而存在，语句不能独立于人类心灵而存在，只有对世界的

01　参阅张从汝著：《杜威教育思想之研究》硕士论文，2003年6月，第35—36页。
02　张国治著：《罗蒂》，中国台北：生智出版社，1995年版，第11页。

描述才可能有真或假,若单独来看,罗蒂由语言哲学入手,主张只有语句才有真假,世界不可能有真或假。"世界不说话,只有我们说话"。人类利用他们所制造的语言来构成语句,从而制造了真理。但语言不是一种判准,而是一种游戏。将语言神化,就只是观念论把意识加以神化的翻版而已。

在这种新实用主义之下,人类社会如何形成令人感到好奇,罗蒂提出其看法。他认为人类团结来自"我们之一"的认同,而不是对人类的认同。当"我们"表现出一种地方性意义时,"我们"的团结感才最强烈。我们应该尝试"我们"意识扩大到我们过去视为"他们"的人身上,将与我们不同的人包含在我们的范围之内。我们对他人的责任,仅仅是我们生活中公共的部分而已,它必须与我们私人的情感和自我创造的努力共同竞争。

第四节 美国主义

在美国思想之中,"美国主义"最具代表性。美国是以"主义"立国的国家,与其他的国家不同。大半的国家认同感来自历史和传统,美国则建立在观念上,是世上唯一建立在教条上的国家。这个教条思想叫自由、平等、个人主义、民粹主义和有限政府。美国人确信自己的理念比别人好,当受到外力攻击时,美国人会说:"自由受到攻击"。美国人相信,每一个人都是潜在的美国人[01],并自认为替别人指引明路,世人要见贤思齐;美国领袖承诺要促进全世界自由的时候,心里想到的是美国主义。

美国主义最吸引人的是平等,这不是社会地位或报酬的平等,而是机会的平等。在美国历史上,前往美国移民的人多希望以其才情、手腕和辛劳获得公平机会。这种机会平等精神导致美国就是机会、新观念和各行各业明星所在。美国人才济济,财富、科技、医学、艺术

---

01 Clyde Prestowitz Rogue Nation: *American Unilateralism and the Failure of Good Intentions*,杜默译:《美国游戏》,中国台北:大块文化,2004年版,第45页。

和大学教育蓬勃发展,使得美国人认为自己就是唯一够分量的世界,境外一切都被定义为"边缘"。美国人的这种认知,使得美国陷入单边主义全球化的处境,不再是"一起来讲理"的国家,而是自以为是的国家,总以为自己是站在"历史正确的一边",而与美国对立的国家是站在错误的一边。这种观念遭别人猜疑,也猜疑别人,使得外国开始加速疏离美国。

美国之强大在于四方面:核武、科技、企业管理、流行文化。[01]这些成就固然让外国人害怕,但最让外国人惶惶不安的是美国的民主观念,这种来自"制衡"观念的政治模式颠覆了许多国家的统治。美国不同于许多国家,不是靠"枪杆子出政权"而是以"文献"立国,独立宣言及美国宪法催生了美国。独立宣言标榜"生命、自由及追求幸福"的理念孕育了美国精神;宪法的"制衡"建构了美国社会秩序。美国民主政治之奠定不只是制度的设计,更重要的是地理环境得天独厚,法国学者托克维尔(Alexis de Tocqueville)曾说过,当法国人在捍卫民主时,美国人正在享受民主,这或许可以说明,美国所以令别国不快的原因。

第五节 个人主义

美国个人主义不是一种理念而是一种经验,由移民的过程中获得。移民的现实需求,构成美国思想的重要一环。美国是由移民所建立的国家,移民有两波:第一波由欧洲赴美,另一波是由美东往美西。第一波移民主要来自欧洲,对欧洲有强烈的归属感,尽管在政治上有独立的意愿,但在生活或习惯上,仍以欧洲马首是瞻。第二波移民西进运动就不一样了,这一波移民孕育了美国的独特性,从地理的角度来看,美国的西方正是欧洲的东方,这或许可以说明美国的精神与欧洲国家不同。西部垦区是美国人意志上的平等理想之地,它塑造美国人

---

01 Clyde Prestowitz Rogue Nation : *American Unilateralism and the Failure of Good Intentions*,杜默译:《美国游戏》,中国台北:大块文化,2004年版,第56页。

垦荒的个性，视移动为一种美德，认为稳定将受人鄙视，喜欢以命运为赌博、助人成功，不重视过去，好冒险、抱着再试试机会的梦想个性。美国人认为，在西部，一个人要想成功，就不能享有真正的稳定和真正的安全的念头，一定要有竞争性，必须有适应的能力，坚强的毅力。

美国作家梭罗（Henry D. Thoreau）对西部有深刻的感受，他曾提到"我只有在受到逼迫的情形下才往东走，否则总是随心所欲地往西走。我并不是有所为而往西，只是不相信自己还可以在东面的地区寻到美丽的风景和广阔的山野与自由；我往西走绝不是自己会遇到奇特的事件，而完全是为了西面的森林一直延伸到落日的尽头，没有任何城市的烦嚣来打破我内心的宁静，让我自由选择居留的地区。这一边是城市，那一边是旷野，我越来越远离城市而坠入旷野了。"这一段话充分暴露了美国人对西部的向往。

西向精神是美国人的核心思想：个人主义的孕育所在。森林是西部拓荒者的敌人，早期移民过的是半游牧民族的生活，渔猎时间多，稳定地耕种时间少，一旦森林渔猎收获减少，即开始迁移。继牧人之后，农民随后而到，尽管这些农民水平不高，但却开始定居下来。他们多携伴而来，妇女成为西部人生活安定的支柱，接受传教士的教诲，约束男人行动，劝阻男人饮酒。西部人生活单调，政治活动成为受人欢迎的消遣。西部开发少有外力干涉，政治组织都是自行组成的，治安由自己来维持，警长的权力由地方人士来决定。法律奠基于人民的自由选择，人民的选择是最有效的权力，人民的意志构成政治上的平等。

美国历史上对西部的探讨以威斯康星大学教授特纳（Frederick J. Turner）最受瞩目。特纳于1861年生于威斯康星，在威斯康星大学受教，后赴约翰霍普金斯大学攻读博士，再返乡任教，后转赴哈佛大学工作，1893年发表《边疆在美国历史上的重要性》（*The Significance of the Frontier in American History*）一文，一举成名。该文主要的论述是"美国历史在较大层面上是一部西部开拓史"，其学说主要是建构在"边疆假设"之上而延伸的。"边疆"学说在当时是一种反潮流的理论，此时美国历史以"生源论"（germ theory）为主，边疆论开启了一个新的面向:"美国的民主来自美国的森林",边疆意味着美国逐渐脱离欧洲的影响,而不是否认这种影响。特纳的理论促进了美国不同移民之间的认同,减少了对英国的依赖,建构了美国的制度基础。尽管特纳的学说有不少不周延之处,但为美国找到历史的定位,是能享盛名之理。

按特纳的理论,西部是美国的新生地,西部的精神是一种"边疆"和"地域"的结合。中国大陆学者何国顺在《美国边疆史》一书批评特纳的论点是一种环境决定论,从形上学的角度,而非从辩证论的立场来解释历史,使得他的历史解释陷入许多矛盾之处。[01]

第六节　资本主义

论及资本主义,世人多以美国为典范,将美国视为资本主义的领导。在美国思想中,不论学者同意与否,资本主义对美国人生活直接或间接所造成的重大影响,是毋庸置疑的。对资本主义的认识,马克思是第一人,他从经济学观点,以历史辩证的方式,分析资本主义的形构,以后德国学者宋巴特(Werner Sombart)从人的奢侈浮华本性,探讨资本主义的本质,韦伯由宗教理念及社会分析,对资本主义的形成,提出供人思考的见解。虽然这三人对资本主义的解释有其学术地位及价值,但从美国资本主义的发展角度来看,另有一种解释。

美国不是资本主义的原生地,但却是发展的园地。在美国历史中对资本家的描述可以分为正反两面,正面将资本家的发迹,由白手起家到百万富豪,视为个人努力的成果,特别是对石油巨子洛克菲勒(John D. Rockefeller)、钢铁大王卡内基(Andrew Carnegie)、金融家摩根(John P. Morgan)的推崇;但从反面来看,小说家如辛克莱、刘易斯等人将这些资本家视为"强盗大亨"(Robber Barons),是邪恶与罪孽的祸手,要防止他们垄断,破坏民主。美国经济学教授钱德勒(Alfred D. Chandler, Jr.)认为,美国的经济发展已脱离马克思、韦伯

01　何国顺著:《美国边疆史》,北京:北京大学出版社,2000年版,第12页。

的论述阶段，它不是贪婪的，也不是宗教的，而是管理的，称为"管理的革命"（Managerial Revolution）。他将资本主义发展由"看不见的手"转变为"看得见的手"，他在名为《看得见的手：美国经济的管理革命》一书中，将资本主义中"人"的因素变成"机构"的因素，以往古典资本主义所强调的自由竞争、市场调节，翻转为大公司的管理。这正说明了美国的资本主义，由自由资本主义走向管理资本主义（Managerial Capitalism），跨企业集团或跨国公司的复合企业取代中小企业公司，它们不受市场控制，拥有自主性，可以自身的能力干预经济发展，拥有专门经验与具有科学见解的管理阶层逐步掌控了大企业。资本家无法靠个人垄断和中层协调来控制，必须以高酬重金聘请各方专家进行高层管理，这才是美国资本主义：资本知识化、经理人员资本化。美国社会学家丹尼尔·贝尔（Daniel Bell）在《资本主义的文化矛盾》中指出，资本主义经过科技革命与管理革命后，已发展为具严密等级、精细分工的自律体系，一切朝效益取向（efficiency），以利益为目标。人的整体角色被撕裂了，人丧失了"个性化"与"独特性"。资本主义下的人以理性创造了进步，但在文化上却以"反理性"作为存在的诉求。这是美国现代资本主义的反差，也是资本主义难解之痛。

第5章
政治体制

　　政治涉及统治者与被统治者间的关系，讲究权力与权利的结合和运用。统治者重视权力的运作，被统治者要求权利的分享，如何让权力运作恰如其分，或让权利惠及大众，即成为政治成败得失的关键。政治可略分为政治学及政治史两类，政治学属于社会科学的一支，讨论人与人的关系，将人放在理性的秤盘上，从法理的角度规范人的行为。这种"求常"的心理与行为虽然为人类发展厘定了许多制度，并且维系了社群的互动，但对许多冲突却无法释怀。政治史不然，属于生命科学的一支，重视人的内在需求，感官满足，将人放在情欲的角度，洞悉其本能，探讨其究竟。这种"寻变"的研究使人更易明白政治的无常，察觉政治学的不足。

　　综观人类历史发展，政治似乎是最早探讨己群关系的篇章，讨论治者与被治者间的来往，强调权力的分际，重视权利的争取，在权力无望之际如何进行权利的要求。政治学所涵盖的领域，大致说来可以包括政府、政治及公共政策三大主题，以及两大问题：政府如何统治以及政府有哪些权力。

第一节　特色

　　美国被称为理想的民主国家（ideal democracy），又称为联邦政府，不禁让人联想到，美国政府与其他国家政府有何不同？政府权力为何？人民如何影响政府的政策，各级政府应如何协调？政府如何为人民服务。翻阅历史，可以发现自古以来人类的国家组织依其结构性质可以分为城邦国家（city-state）、封建国家（federal-state）、民族国家（nation-state）以及联邦国家（united -states）。美国被誉为民主政府是由于美国政府之架构，由地方到中央。中央之权力来自地方的释放，任何未被让渡的权力保留在地方手中，因此被称为联邦政府。美国的体制以联邦开始为基础，据此享誉寰宇，并成为民主政治中总统制的典范，但联邦的精神不是文献，也不是学说，而是由地方到中央的架构。

美国是一个由移民所形成的国家，除了印第安人占全部总人口的0.85%之外，其余均为移民。早期的移民散居各地，以后才团结在"大陆会议"之下，反对英国而建立了美国。因此就美国制度而言是先有乡镇，再有国家。一种由地方到中央的认同，而不是由中央到地方的认可。大致说来，在美国2500人以下居住的地区被划为乡镇，2.5万人以上被划归为大都市。按统计，37%的美国人住在乡镇，约20%的人住在2.5万人以下的小都市，约41%的人住大都市。乡镇是美国政治的源头。从清教徒乘"五月花轮"号赴美，抵普里茅斯，签订自治公约之后，就奠定了美国自治的政治精神：忠于原则而非忠于人。

美国政治依自治精神，循序分由乡镇、到郡、到州，再到联邦。乡镇采直接民主，郡以上则采间接民主，由下而上，逐层授权，乡镇无法处理的交由县郡，再授权州处理，最后归于联邦，因此联邦政府的权力是由人民授予的。

乡镇是美国民主的基石，美国乡镇的权力展现各地不同，以新英格兰地区最为贯彻。东北地区早期为清教徒，反对政府干预，倾向地方自治。乡镇采直接民主，乡镇的事务由镇民处理，行政官员由人民轮流担任，为了减少让执政者扩权，出现许多自愿团体处理地方事务。郡是高于乡镇的机构，郡的权力在解决各乡镇间的纷争，因此多为司法方面的权力，而非行政权。在中部与西部各州，缺少乡镇制度，郡是原始单位。州所拥有的是乡镇所让渡的权力，所辖范围较广，人民彼此少有来往，采用间接代议民主制，而非直接民主制，由人民选出代表，行使权力。早先州是由州议会（Provincial Assembly）治理事务，每两年开会几个月，议员只领车马费，除了开会的时间，其余都在经营个人的事业。州设有州政府管理委员会（Council of State Government），管理本州岛的事务，维持州与州之间的友好与合作。后来由于联邦政府征税权扩大，州的许多工作归由联邦政府负担经费，管理则由州政府自己负责。

第二节 政治体制

美国为一联邦政府，实行民主制度，实行总统制，与内阁制、双首长制不同。内阁制是国会的议员可以出任政府的官员，总统制是国会的议员不可以出任政府官员。内阁制是单轨的政治运作，由人民选出议员，再由胜选的政党组阁，胜选的政党党揆出任内阁的阁揆，部分议员担任阁员。如果胜选政党席位未过半，则由获得较多数席位的政党组成联合内阁。一旦内阁法案未获过半同意则解散国会，重新改选。至于总统制，由人民选出国会议员，也由人民选出总统。议员监督总统，采制衡的方式维护政治运作。至于双首长制是由人民选出总统，也由人民选出总理，如果两位首长同属一党较无争议，一旦分隶不同政党，则出现内阁效忠问题。美国为总统制国家，与法国、英国不同，美国人所有的是一个联邦政府，法国人则为全国政府。在美国，主权由联邦与各州分享；在法国，主权是一个整体，不能分割。在美国，主权是有限的和例外的；在法国，行政权可以扩及一切事务。在法国，国王是主权的化身，法律未经他批准就不能生效，他是法律的执行者。美国总统虽然是法律的执行者，但并不实际参加立法工作，因此不是国家主权的化身，只是国家主权的代理人。美国总统不参加立法机构的组建工作，也不能解散立法机构。

美国政府的组成与历史的发展有关，北美13州早先只是英国的海外殖民地。由于移民的成员、性质、动机不同，因此从一开始就各自为政，英王拥有所有权，但无实际管辖权。当殖民地人士走向统一时，出现两个互相对立的趋势：一个把他们推向联合，一个把他们推向分裂。因此美国所面临的难题是：既要让各州在与繁荣有关的事务上管理自己，又要使联邦政府可以满足全国性的需要，导致乡镇、郡、州、联邦既联合又分离的民主制度。

美国联邦政府权力主要依据联邦宪法取得。依照美国宪法，它来自人民同意及各州让渡的，采正面列举授予，凡未经列举的权利则保留给各州或人民。联邦政府的统治者对于宪法的态度是执行而非规避。美国宪法长久以来获得尊重，在于它是一部成文宪法，富有弹性、伸缩性，可以适应新环境，让这个复杂的民族团结起来。三权分立的原则解决了权力与自由的问题，司法复检权使法官可以根据宪法发表他的意见，而不必依据法律。它让联邦政府对公民行使直接权力。州拥有独立且平行的权力。最高法院可以在仲裁与判决上，表达有力意见。

联邦宪法源于美国独立革命。它不同于1789年的法国大革命，1917年的俄国革命，不是发生在本土的革命，而是出现在外地的革命，因此没有历史的包袱，不必受旧制度的掣肘，可以随心所欲地提出新的看法与观念。由于抵美的移民中，部分领导人士具有一定的政治素养与人文条件，因此在草创新宪法之际，具备一些法学基础，使得这部宪法成为人类的经典之作。

联邦宪法之制作沿承1776年由杰弗逊执笔的独立宣言精神，主要为英国学者洛克的理论："治者基于被治者的同意"，强调人民有"生命、自由及追求幸福的权利"。这种以"平等"为理念的政治哲学，所强调是平等的精神，而不是平等的结果，不是身份、财富的平等，而是能力表现机会的平等。1776年美国据此展开革命，1781年战争结束，1783年美英签署《巴黎和约》，美国获得独立。由1781至1787年美国政治在邦联政府的运作之下，政局不安；为改善局势，1787年各州代表在费城集会，举行制宪大会，55位代表在热烈争辩下，接受了麦迪逊的制衡原理（checks and balance），采用三权分立原则（separation of powers），将美国的政治结构建立在行政、立法、司法的分权运作之中。换言之，美国应被视为三权分立的国家更胜于总统制的国家，而政府权力的有效运作主要是视司法的释宪态度而定，因为行政权与立法权往往是对立的，唯有司法可以视时代环境解释其精神。宪法虽经草定，但须交各州批准才能生效，此时各州对联邦集权仍有疑虑，幸赖麦迪逊、汉密尔顿等人撰写《联邦论文集》(*Federalist Papers*)，为联邦宪法的正当性作了详尽的解说，并在《纽约时报》刊出，得到了广泛的回响，使得宪法获得大部分州的同意，于1789年3月4日正式通过。美国宪法被称为"不朽的宪法"(Living Constitution)，在宪法中主文只有七条，但却有27条修正文，主文说明了美国的政治架构，包括立法、行政、司法、中央与地方的关系、宪法修正条款提出与通过的条件等。27条修正条款是随着时代的转变，为美国政治保留活力，并添入的新精神，第1条至第10条（1789）是有关美国人的基本权利，第11条（1789）规定一州普通法不受他州公民的控诉，第12条（1804）规定总统、副总统分开竞选，第13条（1865）解放黑人的奴隶地位，第14条（1868）给予黑人公民权，第15条（1870）给予黑人政治投票权，第16条（1913）征收所得税，第17条（1913）参议员改为直接选举，第18条（1919）全国禁酒，第21条（1933）取消18条规定，第19条（1920）给予妇女投票权，第20条（1933）将总统的就职日由3月4日改为1月20日，第22条（1951）规定总统连任以两任八年为原则，第23条（1961）是允许哥伦比亚特区选出三名总统选举人，第24条（1964）废止选举税，第25条（1967）是总统、副总统离职，接任人选资格，第26条（1971）将投票年龄降为18岁，第27条（1992）是有关国会议员薪俸。大法官的释宪是美国宪法新的活力与动力所在，也是美国民主的神髓。

兹就各权作一简要说明：

一、行政权

探讨美国联邦政府的权力，必须由这项权力的来源着手，联邦政府采总统制，总统由人民间接选举产生，以州作为计算单位。这种制度尽管受到许多质疑，但迄今仍无法找到更好的方式取代。按美国宪法规定，美国的总统由选举人团选出，选举人团系按各州的参众议员人数总合计算，各州均有参议员二人，众议员则依州人口多寡而不等，早先每三万人选一名，以后人口增加，将议员上限定为435人，以免代表人数过多。总统选举人则依美国50州共100名参议员加上435名众议员，以及哥伦比亚特区三名代表，共选出五百三十八人。其选举方式系以州为单位计算，如纽约州有参议员二人、众议员31人，则共选出代表33人。因此只要在该州过半获胜，即拥有全州33票。经各州票数统计，得票过半，即270票即宣告当选，如未有候选人达到此数，则将得票前三名送交众院，依每州一票，获多数者当选总统。至于副总统，早先由参院就得票较多的两名选一人，以后则改为与总统搭挡竞选。依宪法规定，总统因故不能行事时，由副总统递补，1947年"总统继任法"规定，如副总统因故不能继任，依序由众议院议长、参议院临时议长、国务卿等继任。

行政权以总统为代表，故又称为总统制。总统的权力系由人民让渡出来的，因此美国的政权是在人民手中，其次是在州政府手中，最后才在总统手中；换言之，总统的权力是在人民及州无法行使时而产生，因此他所拥有的是有限的，在正面列表18项权力，主要有三：一为人事任免权，选任所有部、院、署、局等机关首长（须经参议院认可）以及其他高级联邦官员；二为军事统帅权，可以召集各州的国民警卫队，以及在战争期间拥有国会所授予的权力；三为对外代表国家，负责处理对外关系，任命驻外大使、公使和领事，接见外国大使及其他公务官员，可与外国缔结条约及行政协议，唯缔约须经参议院三分之二多数同意。

总统的权力受制立法机构，国会有弹劾总统的权力，但总统可以否决国会所通过的任何法案，除非两院中各有三分之二多数票推翻他的否决。总统可以向国会提出各种咨文，包括国情咨文、预算咨文、特别咨文等。此外，总统有权任命联邦高级司法官员，提名任命联邦官员，包括最高法院法官在内，但须获得参议院同意，并有赦免权，赦免被判处破坏联邦法律的人。

所有总统的重要幕僚皆称为秘书（secretary），以后因业务增加，幕僚扩大，但秘书头衔未变，此由美国部会首长头衔如国务卿（Secretary of State）等可知。联邦政府之运作系采自上而下的官僚组织,至20世纪末联邦聘雇非军事人员将近280万人,年预算1兆7千5百亿美元。政府组织除了白宫方面的机构(预算局、国安会、经济顾问委员会、白宫高级顾问等),设有14个行政部门(国务院、财政部、国防部、司法部、农业部、商业部、劳工部、健康与社会服务部、住宅与都市计划发展部、交通部、能源部、教育部、退伍军人事务部),以及40个以上独立的委员会。

二、立法权

美国国会采两院制,一为代表各州的参议院(Senate),一为代表人民的众议院(House of Representative),参议员任期六年,每两年改选三分之一;众议员任期两年,两年全部改选。参院代表各州对联邦的认同,各州不分大小皆有两名参议员;众院代表民意,按选民人数计算选出代表,早先每三万人选出一名代表,后因人口成长快速,代表无法相对增加,乃将上限定为435人,即不论人口多少,众议员只有435名。参选众议员的候选人必须年满25岁,有七年以上的公民权,而且必须为其参选选区的居民;参议员代表州,任期六年,每两年改选三分之一,以便保持三分之二的稳定多数,使国家运作不致动乱。参议员候选人必须年满30岁,有九年以上公民权,必须为其参选州的居民。目前美国国会议员535人,包括参议员100人、众议员435人。

立法机构的权限主要是让法案经由立法程序成为法律,再谘请总统公布实施。两院均有提案权,但参议院为外交提案的原始机构,众院为其余提案的原始机构。法案之通过采三读制,首先在某院经程序委员会安排纳入议程,再交委员会审议,进行一读,获通过后,送全院会议,二读表决,通过后三读修订文字,并转往另一院作相同审议,待两院一致同意,则送请总统颁布。总统可以否决,或者在十天之内公布,但遇到休会,十天之内未公布,即等同搁置。唯国会可以反否决,届时法律则生效。

三、司法权

美国政治系奠定在"制衡"的基础之上,立法行政各执一端,各有所司,唯两者发生争执时,应如何解决,考验了立宪先贤。宪法虽未对司法机构的组织有详尽的说明,但却确定了联邦最高法院的地位以及将最高法院以下的次等法院,交由国会立法规范。1791年美国国会通过司法条例,将美国司法组织分为三级制:联邦最高法院(supreme court)、联邦巡回法院(courts of appeal)、联邦地方法院(district court)。此外,各州亦设有州地方法院、州上诉法院、州最高法院,而联邦最高法院为最后的上诉机构。目前美国有91个联邦地方法院,各州至少一个、华府一个、波多黎克(Puerto Rico)一个,另外加关岛(Guam)、维京群岛(Virgin Islands)及北马里亚纳群岛(Northern Mariana Island)各一个,共计94个;12个联邦巡回上诉法院,每一个巡回上诉法院处理一至二州的事务;最高法院有一名大法官以及八名助理大法官,负责有关宪法解释的问题。由于美国采制衡政治,行政与立法冲突难免,而如何调解两者矛盾,化解其间的困难,司法扮演积极的功能,而美国也因此成为民主的国家。

美国司法权地位的建立应归功大法官约翰·马歇尔(John Marshall)。马歇尔于1801至1835年间担任美国最高法院大法官,对美国国家主义的释宪有重大的贡献,其中较有名的案件有:1803年的"马布里控麦迪逊案"(Marbury v. Madison),该案源于美国第二任总统亚当斯于卸职前,任命了一群法官,而继任的杰弗逊总统对亚当斯试图藉此控制司法权不满,指示国务卿麦迪逊拒绝发布马布里任命状,马布里向最高法院提出诉讼。马歇尔的判决是,法官要求国务卿发布任命状,是依据1789年的司法条例,但宪法并未赋予司法条例这项权限,因此最高法院无权要求国务卿发出委任状。此外还有1819年的"麦洛克控马里兰州政府案"(McCulloch v. Maryland),此案是马里兰州试图向美国银行设在该州的巴尔的摩分行征收所得税而起。马歇尔的判决是,美国银行是依据美国宪法解释所设立的机构,宪法地位高于各州的法律,因此马里兰州无权向联邦政府机构征税。1819年的

"达莫斯学院控伍德沃德案"（Dartmouth v. Woodward），此案系美国新罕布什尔州议会于 1815 年通过法律，变更英王乔治三世颁发给达莫斯学院的特许状。马歇尔认为特许状是一份合同，州无权过问，确保了公司财产不受州议会控制。1824 年"吉本斯控奥格登案"（Gibbons v. Ogden），此案系纽约州给与富尔顿（Robert Fulton）及其合伙人，哈得逊（Hudson）河由纽约至新泽西段，以及其他纽约州河流航运的专利权。马歇尔认为此举侵犯联邦政府对州际间的贸易管辖权。马歇尔的判决确保了美国宪法的最高地位以及宪法的弹性解释，使美国宪法成为一部"不朽的宪法"。

美国是一个法治国家，一切依法办理，大致说来，法律诉讼可以区分为两类：刑法与民法，刑法是违背政府所制订的法律，民法是个人之间的诉讼。根据调查，60 年代美国全国有律师十万人，至 90 年代有 75 万名律师，平均每 360 位美国人即有一名律师。

第三节　民主精神

美国民主政治最主要的精神在其对民意的重视。民意是民主政治的精神，源起于 1932 年，爱荷华州一位名叫盖洛普的年轻人为其姑妈竞选所设计的方式，结果非常成功，为后人沿用，即俗称之"盖洛普民意调查"。民意采用随机抽样的方式进行，以 1500 至 2000 人最适合，抽样的误差在 3% 上下。对民意的认知有正反两面，正面认为有助民主，反面认为影响统治者走在民众之后，而非走在民众之前。对民意的顾虑在于人民对问题的认知究竟有多少，对问题的了解不够又如何反映出真正的关键。

美国人参与民主的方式有两种，一种是循常规方式进行，另一种是非常规方式进行。常规指的是参加选举、沟通与谈判、参加公职等；非常规是游行、抗议。在美国政治投票过程中有一个值得注意的现象是，白种下层人士对政治的冷漠，以及有色人种对政治的热衷，反映出美国政治的转型，或许假以时日，美国的有色人种在政治上有另一种表现。随着科技的进步，政治行为亦受到重大影响，特别是电视的冲击。现在的政治活动不在统治者与被统治者间的互动，而在电视的居中角色。一位候选人之所以引人注目，不在与选民握了多少次手，而在于电视播出他与选民握手的镜头，这代表了他与所有的选民握手。

第四节 政党政治

美国政治最具代表性的特征是其政党政治。美国的政党与其他国家不同之处在于其政党的属性不在意识形态而在公共政策。欧洲或亚洲国家的政党是依附在夺权的对立中形成，因此他们的政党存在于执政党与反对党的敌对状态；美国不然，其政党的形成不是在夺权的得失，而是对公共政策的不同态度，因此没有反对党，只有执政党与在野党。当华盛顿于1796年离职时，美国尚未有政党出现，华盛顿也告诫美国人不可有党同伐异的情事，但在华盛顿身边的财政部长汉密尔顿以及国务卿杰弗逊，却因大政府与小政府的理念不同，而有了附和者，进而形成了党派。

美国的政党政治运作始终在两党替换过程，尽管其间不时有第三势力或党派出现，但都不构成气候。这也是美国的政党不是夺权而是政策是否为民众接受的证明。最早的两党为联邦党和反联邦党，联邦党多为保守派人士，主张强而有力的中央政府，支持宪法；反联邦党又称为民主共和党，主张维护美国人的独立、自由、平等，反对专制，减少总统与中央政府权限。在1796年的大选中，两党首次呈现对立态势，各提出总统候选人，结果联邦党的亚当斯当选，被称为联邦党主政时代。1800年，反联邦党的杰弗逊当选美国总统，开启美国民主共和党的时代，而联邦党也因汉密尔顿与副总统布尔（Aaron Burr）的决斗而式微，在杰弗逊之后就未再提名候选人，从此美国一党的时代来临，称为"好感时代"（The Era of Good Feeling）。

美国一党执政历经了麦迪逊、门罗、昆西·亚当斯等三位总统，至杰克逊因选举纠纷而结束。1837年杰克逊第二任内，反对杰克逊者组成辉格党[01]（Whig），1836年曾推出总统候选人与拥护杰克逊的民主党（Democracy）竞争（此时不再叫民主共和党），但由于内部意见不一，未能成功，此后即进入两党论政的时代。1856年美国出现三党，一为民主党，一为前辉格党与自称"无所知"人士在内组成的"美国党"（American Party），另一个是"共和党"。在三方角逐之下，民主党的布坎南获得胜选。1860年大选，共和党提名林肯获胜，从此美国民主共和两党轮流主政，成为惯例，其间虽然不时也有第三党的出现，但都无法进入白宫。

01　辉格党名字来自英国政党，以反对18世纪英王而来。在美国，他们批评杰克逊为"安德鲁国王"。

第6章
社会写实

当我们探讨美国社会时,首先必须问的是,社会是什么?是一种存在、一种现象还是一种事实?社会学者分别从宏观与微观,或者从功能与结构的角度来看待社会。但不论从什么方面,所有探讨的是,社会是一种独立于人之外的结构,还是一种人的行动。若是结构,则非人所能控制,就像马克思所主张的经济生产理论;若是功能,就是斯宾塞的社会进化论。严格说来,社会是看不见、摸不着的一个结构,它是一种现象,经由教化或强制,培育意识,而予以整合为一个团体。因此在探讨美国社会时得先由其意识着手。

第一节 特色

美国人表现在社会意识上的特色是对公民平等权(civil rights)及公民自由权(civil liberties)的关注。美国人的公民权建构在人权的基础之上,关切政治自由及司法审判公平,特别是对弱势团体的权益:如种族歧视、性别歧视等,尽管在建国之初未能普及各色人种,但随着历史的进展,民权却有长足的进步。至于公民自由权则强调尊重个人的隐私权。兹分别说明如下:

一、自由权

　　自由是美国人的立国精神，也是美国人引以为傲之处。早期的自由属于抗争的自由，强调免于被迫害的权利，待立国之后，则提升为人身的自在与自处。从美国历史进展来看，美国人的自由建立在宪法的保障范围内。1789年美国宪法通过实施时，有心人士即发觉到未将人权条款列入，于是展开补救。在开国诸贤的努力之下，1791年通过宪法修正条款，将人权条款列为美国宪法的一部分。第1条修正案对美国人的公民自由权有确切的规范：人民有言论、集会、宗教及结社的自由。美国人从此享有宪法对自由的保障。随着历史的成长，自由权的观念亦随之进步，特别是个人隐私的自由。美国立宪之际，代表在草拟宪法之际未曾料到人权条款会造成有关隐私权的争议，如窃听、代理孕母、色情等问题。而美国宪法中亦未提及隐私权，只是提到人有信仰的自由等，一直到1928年美国法官布朗得斯（Brandeis）才对隐私加以定义，他认为人有权自处，这是文明至高无上的权利，因此必须尊重个人的隐私。自由的尺度在个人与社会之间，一直存在矛盾与冲突，个人的自由往往造成社会的动乱，究竟社会或国家的自由大于个人的自由，还是个人的自由重于国家的自由，是维持社会秩序与保障个人自由间的两难。美国以宪法来保障其精神，以司法来作判决，保障了自由的精神。

二、平等权

　　平等是作为美国人的另一项骄傲。美国人的平等不是结果的平等，也不是被给予的平等，而是机会的平等，创造的平等，人人都有机会。法国政治学者托克维尔对美国平等作了深入的观察。他在《美国的民主》（*Democracy in America*）一书中谈到他对美国印象时指出，最令他感到深刻的是美国人"身份的平等"。杰弗逊在独立宣言中写下"所有的人生而平等"，为美国缔造了平等社会的基础。许多人诟病美国对待非裔美人以及印第安人的不平等态度，但从历史发展过程仍可以看出美国对社会成员地位平等所做的努力。在宪法的原稿中，并未见到平等一词。立宪会议代表关心建立一个政府，未提到保障人权平等，即使在人权条款（Bill of Rights）里，也未提到平等权。但在以后的社会发展中，解释宪法的学者却强调，未指明保障少数人是暗示了平等的往来，并经由宪法修正案，促成社会的平等。

美国人的平等理念可以由其授予非裔美人及女人的公民权中见其进步状况。宪法第14条修正案禁止各州拒绝给予任何人"法律上的平等保护权"。第19条修正案，"不得因性别缘故"剥夺其选举权，让美国的黑人及女人获得政治的平等权，让美国以宪法来规范美国人之间的"平等"往来。第14条虽未说明"各州必须公平对待每一个人"，或者各州必须要促进人民平等这些字眼，但法官的判例却建立了平等的对待。平等的困难在其区分（classifications）的态度，区分有合理的和独断的两种，例如州可以规定18岁以上的人才有选举权，以年龄来区分是一种合理的区分。但如果对红头发或蓝眼睛做区隔就不合理了。美国的平等权精神可以由其"审判"犯人过程中看出。在美国，罪犯审讯必须经过下述几个过程：逮捕（arrest）、起诉（prosecution）、审讯（trial）、判决（verdict），以确保人身安全。首先是，警察逮人必须要有理由，法庭审判讲求证据，第4条修正案禁止不合理的搜寻及逮捕。检方在发出搜捕令时必须有充分的怀疑，警方搜捕亦必须在规定的范围内。因此纵然在美国社会上可以看到许多不平等现象，但可贵的是，它是可以改进的，因为这个社会所标榜的是一个"机会的平等"。

第二节　结　构

社会是一个活的而不是抽象的东西，调和人与人的需要，使人透过所参加与所服务的团体扩大了自己。大多数美国人透过家庭、教会、同学会、邻里、职业与同事往来，他们觉得，一个民主社会所需要的调和性来自差异，而非得自相同、社会团体的多元主义、不同单位的分权。它是有力的,是阳性的,表现在行动中。

　　社会包括的范围广泛,有家庭、学校、工厂、社团,林林总总,一言难尽,唯社会的成员是探讨社会成长的重心,由此回溯家庭、学校,则整体社会运作也就昭然若揭。

　　美国社会与其他国家社会不同。美国是移民社会,移民有先来、后到,又有公民与侨民之分,使得社会变得复杂。美国社会没有共同的血统、语言、宗教信仰。倘若按孙中山先生的说法,其构成的要件只有主权及领土,是无法成为一个国家的。在这个社会中,最简单分辨的准则是肤色。美国是一个移民社会,西欧白人最早抵达,其次黑人,然后才出现东欧白人以及其他有色人种,因此有种族问题以及移民问题。种族问题通常指的是黑人问题,移民问题指的是外国后裔,这些人最大的困扰是认同对象。

　　美国社会虽被视为平等社会,但只是相对欧洲社会的贵族与平民的差异,事实上仍有阶级区隔,但不是以血缘为基础,而是视才能而定。旧社会平民可以通过与贵族联姻改变身份,新社会则靠自己努力改变地位,综观美国社会,它重视的不是身份,不是地位,而是才能。所以美国是一个能人社会,没有神话的社会,在这个社会中主要的能人为:

一、牛仔

　　西部提供了美国《伊利亚德》(荷马史诗 *Iliad*)神话的篇章。牛仔是美国神话中的英雄人物,表现出无畏的个人主义。他们英勇的赶牛、抵抗印第安人攻击,在太阳之下决斗。透过报纸、廉价小说、好莱坞电影、电视的介绍、香烟广告的推销,使牛仔进入美国人的心中。牛仔盛行于1867至1887年间,长达20年之久,后来因为牛只被圈养而影响牧牛方式。尽管牛仔时不我与,但其所代表的西部精神迄今仍为人津津乐道。

　　西向开拓非个人能力所能承担,有赖群力的合作。他们制造一些为全体一致遵守的新规定,尽管有南北战争的芥蒂,但西向发展的人却能培养新的情感；西部是一个逃避法律的好地方，不是一个逃避共同责任的地方[01]。

西部养牛是一种特殊的行业。养牛采开放方式，主要的争议是如何区分牛只的所有人。分辨牛只归属最普遍的方法是打烙印，辨认烙印很重要，从这里可以分辨财产的归属。美国牛只是西班牙的后代。得州是美国牛的主要供应地，此地的野牛在开阔的空间、肥沃的野草与清新的空气下自然繁殖。

牛仔身手矫健、体力充沛、勇猛无畏，能躲避印第安人，敢于与来犯者对抗。赶牛是一门大学问，控制牛群行进需要相当的功夫，不能让牛挤成一团，也不能连成一线，在牛群前头是两名经验丰富的牛仔，殿后的是三名果断坚强的牛仔，其余的牛仔在牛群的两边。强壮的牛向前靠边走，正常的情形之下，牛群的宽度为50到60英尺，最窄不能少过十英尺，以免太窄，出现空档。牛绝对不准快跑，到夜间，值班的牛仔唱歌，让牛群不会因受惊而乱窜。一旦受到惊吓乱窜，牛仔就要围住牛群，向内挤压，把圈子愈挤愈小，直到牛群挤在狭小的圈子里打转，最后停止。

西部的赶牛事业随着西部的开发，天候的转变，宵小的增加，渐趋式微。圈养羊只成为新兴的事业，出现了新的斗争与新的争夺：西部养牛人与后来养羊人之间的斗争。在这场斗争过程中，养牛业丧失了原有的优势，牛仔成为历史的篇章。

西部牛仔所处的是一个好的坏人与坏的好人的时代。所谓的忠诚，在于是否能用枪去为朋友报仇，保卫自己的牛群；或者去抢牛，获取一笔财富。在这个好伙伴的时代，枪支是重要的生存工具，能使用精准枪支的人，往往成为维护正义的人。1830年六发左轮枪问世，使得得克萨斯巡逻骑兵队声名大噪。在西部好的坏人与坏的好人之间有数不清的故事与人物，其中最有名气的是"比利小子"（Billy the Kid）。

01　参看 Boorstin 的《美国人》(南北战争以来的经历)。

二、工业巨子

南北战争结束后,美国走向工业化,在工业发展中,石油是火车头,它为美国创造了财富,并促成了美国的霸权地位。石油最早为印第安人所使用,后为白人采用,用于医疗。漂浮在水面上的石油经搜集后可以用来治疗风湿,喝了可以作泻药。从1846年的广告中可以发现,石油对风湿痛、疟疾、牙痛、鸡眼、神经痛、痔疮、泌尿疾病、消化不良、肝病有效。自1854年以后,石油成为照明使用燃料,比基尔和一名合伙人组织了宾夕法尼亚石油公司。1857年开始挖井,从此开始了石油热。石油城市如雨后春笋般出现,提供了新机会。

石油的开采与生产催生了美国的工业巨子（Captains of Industry）,具代表性的人物有石油业的洛克菲勒（John D. Rockefeller）,他将石油开采组织化,促进美国工业生产的系统经营。钢铁业的卡内基（Andrew Carnegie）,将"物种竞争"的原理、"适者生存"的法则运用至公司经营,提出了"财富福音论"作为人生行为的准则。

三、律师

美国被称为是一个民主国家,主要在其司法的独立及超然地位。翻阅历史,被归类为民主的国家有雅典与英国。雅典是全民立法以及全民行政,但未见司法独立;英国是代议民主以及代议行政,亦未见司法独立,唯美国行政、立法皆取自民意,且重视司法独立。正因为如此,美国律师人口众多。美国有一个古老的谚语:"一个城市养不活一名律师,但常常能养活两个。"内战后日益增多的立法机关、日渐增加的立法机构,以及联邦的、州的和市的众多法院,为全国律师提供了许多机会和报酬。到1970年全美国大约有一万名法官和30万名律师。

律师一职在美国所以受到重视,其来有自。殖民时代由于殖民事业需要,西部拓荒时期对远方可靠财政情报的需要,东部的商人想扩大到人们不太了解的西部,内战后重大发明的专利权之争,都靠律师。

美国律师所拥有的与其说是那些堂皇的法学原理，不如说是注重细节、体察事实的新的微妙差别，以及具有谈判和操纵的能力。法律不是有待发现的原理与宝藏，而是一套可以使用的工具。法律教育成为一种新方法，传统的法律被一种新的法律实验室手册代替了。

除了上述三种人才之外，在内战之后，美国各式各样能人辈出，电影明星、运动明星，任何有才华的能人都有发展空间。

第三节　社会生活

美国人的生活以家庭及小区为主，婚姻与学校教育是团结的重要管道。

一、家庭

家庭是社会的重心。探讨社会应由家庭开始。美国人重视家庭生活可由其家居的陈设，以及家庭的内容见其一斑。美国人下班乐于回家，中国人苦于回家，日本人不愿回家，主要区别在于美国人回家是享受家庭生活，一种有别于社会生活的家居生活；中国人标榜"伦理家庭"，家庭是生活重心，以致回家压力太大，而少回家；日本人因居家空间太小，回家不便，因此不想回家。美国虽然是一个信奉基督宗教为主的国家，但是其家庭观念依然很强。

美国盛行小家庭制，每一对新人结婚就有一个小家庭诞生。一个家庭除了一对夫妻和儿女外，父母很少同他们住在一起，也不大会干涉小孩子的新家庭。假如老夫妇之中有一人死亡，生者多半还是一人独居，或到修道院住，或者到老人院去。美国家庭中各分子地位平等，已婚夫妇自组家庭，重视彼此对情感上的需求。夫妻是情侣、玩伴、朋友、终身事业的伙伴，享受亲密的生活。丈夫在名分上是一家之主，女人具有真正的领导权，房子或车子的财产属两人共有，支票是两人签名，每月的账单多半由太太付。美国人热爱他们的家庭，夫妻下班乐于回家,共享生活乐趣,不会将外面的事务带回家。

亲子之间维系亦以平等精神为基础,美国人希望儿女能及早自立自理,孩童时期即给予独立的自由平等训练。孩子有自己的房间、玩具。家庭孩子数目有限,每个人都受到好的教育、好的待遇。一个理想的家庭等于是一个民主国家,每一个分子有权利、有义务,父亲为立法者,母亲主持行政,儿女是选民[01]。美国父母教导小孩自主独立,儿女在五六岁以前,受母亲影响,归母亲管教,不喜欢受祖父母干涉。他们认为独立是应该的,因为在竞争的社会里,独立是孩子所需要的。

60年代以后,家庭结构有了重大变化。由于科技的进步及生活态度的改变,迟婚、不婚的比率上升,同居、同性恋的情形普遍,离婚成为稀疏平常的事,家庭也由核心家庭发展为单亲家庭、同性恋家庭、混合家庭等。

二、小区

美国小区不是一个抽象的概念,而是一个生活的团体,可以调和个人与社会的需要,使个人透过所参加的团体扩大自己的生活圈。美国人对和他们的家庭、教会、乡镇、同学会、职场、同事、社会团体、州、地区、国家所发生的紧密关系,感觉很愉快。家乡小镇是生活中一个重要的象征,虽然不一定是居住的地方,却是来往的地方,是一个象征家庭的机构,乡镇上的领袖代表父兄之爱。一个外地人走进美国小镇,就会发现代表美国精神的扶轮社、俱乐部、狮子会,这些社团旨在为社会服务,如建筑公园、设立娱乐场所等。任何镇都有商业中心,大马路的两旁商店林立,出售各项商品,靠近镇的中心马路有醒目的教堂、公共图书馆和青年会。个人透过小团体与其他的人及团体发生关系。扶轮社的社训是"服务高于自我",礼拜堂倡导的是"爱你的邻居像爱你自己一样",这种互助与服务的精神,让居民了解到自己的地位,满足希望成功的要求,启发安全与互相尊敬的感觉。

01　Bradford Smith,*Why we behave like Americans*, p. 51.

美国人重视小镇及其所孕育的自治精神。在小镇中，不需要警察，大家彼此相知，防止犯罪的方式是提高生活水平，以及办理家庭访问。在大都市，自治精神不见，犯罪的问题变得难以解决，美国人采用小区方式，将每一个邻里建成一个社会核心以解决问题。

三、婚姻：结婚与离婚

婚姻是家庭组成的基本要素。美国人对婚姻的态度随着时代的改变有所不同。各州对结婚的年龄也有不同的规定，大多数的州都规定在 18 岁。目前结婚的年龄有延后趋势，根据调查，在 1997 年，女性平均结婚年龄为 25 岁，男性为 27 岁。在美国社会中，征婚和订婚还是很平常的事，网络、电视、婚姻介绍所都是媒介所在。离婚的现象在美国日益普遍，平均每年有 100 万对离婚事例。究其原因，大致说来是：家庭经济互相依赖程度减低，社会道德约束力减弱，对婚姻的期待过高。罗马天主教将结婚仪式列为七大圣事，就像基督与其教会永远结合在一起，夫妻的有效婚姻永远不能解除。但美国人多信奉基督新教，16 世纪新教改革家马丁·路德认为，结婚不是一件圣礼，而是一种世俗的事情，因此有关结婚与离婚的问题交给律师去办，让世俗的政府去处理，导致美国人接受"离婚"。在殖民时期，新英格兰地区的各殖民地都制订了离婚法，南部殖民地按英国法律行事，但由于缺乏教会法庭，也无法实施。独立后，每一个州制订离婚法都有自由各行其是，从革命到内战，大多数州都放宽了离婚法的限制。至 1867 年的 37 个州中有 33 个州宣布废除由法律规定离婚的作法。在联邦制度之下，结婚与离婚属于州的职权范围，而"迁移离婚"是一种普遍的做法。

第四节　学校与教育

学校教育是美国民主政治的基石，美国学校保留许多希腊学校的本质，不仅负有教学的重责，并让学生相互教导如何在美国生活。美国是一个由移民所形成的国家，移民来源不同，因此所有的学生来此必须学习共同的语言、共同的习惯、共同的容忍、共同的政治与民族的信念。学校是培养"美国主义"的场合，但它所采用的手法不是单纯的政治与爱国，而是美国生活，包括打桥牌，或各种体育活动，这些活动具有团结作用，把学生、家长与社会结为一体，尤其体育，具有强烈的民主精神，不论来自何方的移民子弟，都可以同样得分，而不必像其他活动，有界限之分。一名中学毕业生不过是证明了一个孩子已经学到了许多有关美国生活的知识。

美国教育早先是为了人人可以阅读圣经，不必受制于教会，后来受启蒙运动影响，开始推广知识，希望凭自己的能力改善环境，改良社会。早在1647年新英格兰地区就提倡公立学校的观念，马萨诸塞州教育委员会的秘书曼恩（Horace Mann）致力推动公立学校，培训教师，开启了美国的公立教育。1785年《土地法令》（Land Ordinance）中规定，新的土地加入联邦必须有一部分作为教育使用。当时学校教导的多为语言与算术等基本知识，一年只开课几个月，但却立下了一个大家都享有教育权利的原则。美国的教育发展尽管是地方事务，但联邦政府的支助有相当的贡献：除了1785年的《土地法令》之外，1862年的《毛里土地法案》（Morris Land Grant Act）促进农业与工业学校的发展，一次大战时颁布的《史密斯土地法》（Smith Land Act）乃针对农业与职业学校的资助，1929年经济不景气时对学校加强资助，1958年的《国防教育法》（National Defense Education Act），拨款各州补助教育，发展科学、数学、外语等课程。1965年通过《高等教育法案》（Higher Education Act），建立国家教师团（National Teacher Corps），培训师资，1963年通过《职业教育法案》（Vocational Education Act），扩大师资培训，包括成人教育与专业教育。

美国的教育发展可以南北战争为界，内战之前学校重视文雅教育，内战之后有了不同的面向，大企业的介入使得教育重视实际需求，课程有了改变，如图书馆学、工程学、管理学纷纷出现。19世纪下半叶美国开始重视研究工作，为数庞大的学生前往德国留学，研究生学位仿德国的哲学博士，各个不同的专门研究机构，包括美国历史协会、美国心理协会、密西西比研究协会、美国哲学研究会、美国律师协会等250多个机构在19世纪最后30年出现。此时的私人学校逐渐与商业机构结合。

美国教育思想受杜威影响甚深，他将实用主义引进教育，主张教育应避免抽象思想，而注意具体的实际日常生活，改善社会生活，影响教育更加普及化。一次大战期间，小学人数由1600万增至2000万，学院人数则增加一倍。公立学校容纳学生人数也有显著成长，1900年约53万人，1910增至91万多，1920达220多万人。1930年有440万人。二次世界大战后由于退伍军人就学意愿强烈，美国通过《退伍军人法案》（G. I. Bills），使得美国学生人数快速膨胀。但也因此影响学校的教学素质。

美国教育制度与中国不同，美国联邦政府不管教育，教育署只是卫生教育福利部的一部分，管理联邦政府对于各州的教育补助费，而联邦政府用于教育的经费不到4%。美国宪法将教育交由各州或者人民办理，因此全国有51个教育制度，各州虽然对于教育有各种不同的管理权，但实际的权力在学校委员会及家长手中。学校的经费60%靠地方税，40%由州所得税、汽油税、酒税等抽来的。它使得州教育厅获权控制各地方学校委员会。美国的中小学多半是公立的，只有12%是私立的，大学教育早期多仿自英国，17、18世纪英国教育除了国教徒为他们子女所提供的高等教育之外，非国教徒亦为他们子女建立"异端学院"。美国大学的设置多仿自英国的体制，但在授予学位方面较宽松。英国只有大学才能授学位，在美国，由于法律概念模糊，使得各校都授予了学位。如哈佛大学于1642年颁授了第一批学位，但它本身尚未被合法批准成立。

美国殖民地学院的运作是根据法律实践而非法律理论。在英国，大学与社会两者互相隔离，英文中城镇（town）与学区（gown）是不同的。中世纪的大学是教会机构的部分，由教会管理。17世纪时美洲尚无学校，城镇与学区是一体的。世俗人士管理学校有其必要，第一批美洲学校是由一群小社团所建，由世俗的管理委员会将其与社会保持联系。由于美洲缺少饱学之士，对学校的控制自然就落入社会的代表之中。与欧洲不同的是，领导欧洲教育的多半是德高望重者，但在哈佛，1650年时平均年龄在24岁左右，因此学校的管理往往落入校外团体中。美国学校管理由耶鲁与普林斯顿大学确定，采首长制。美洲最早的大学是为了支持各自殖民地的正统教会而建立的，随着宗教大觉醒，激起宗教热诚，美洲兴起了学院热，试图摆脱竞争者的虚伪说教，并让青年人从教条的束缚获得解脱，到革命时，几乎每个基督教派都有了自己的学院。哈佛大学于1636年成立，耶鲁大学于1710年成立，布朗大学（Brown University）于1764年成立，达莫斯（Dartmouth University）于1769年成立，普林斯顿大学于1764年由长老会设立，国王学院（哥伦比亚大学前身）于1754年由英国国教设立。美国大学的学制有四：小区大学，学制两年，只能授予准学士学位；学院：可授予学士或少许硕士；综合大学可授予博士、硕士、学士等学位；军事学校，由联邦政府开办。

美国一向以教育成就自许，但二次世界大战之后，苏联急起直追，尤其是领先美国发射人造卫星，令美国人忧心。艾森豪威尔总统在内大力提倡国防教育，鼓励科技发展，但美国人的教育表现仍令专家忧虑。1980年后，美国教育机构在一项全国性的调查中发现美国教育的竞争力衰退，掀起教改热潮，克林顿总统在任内大力推动美国教育改革，扩大联邦政府在教育领域中的角色，统一全国教育标准，加强基础教育，提倡家长参与教育工作，注意教育实践效果，重视多元教育与少数民族教育等等。

第五节 社会问题

美国社会与欧洲最大不同在重视社会成员的平等性。美国立国之际承续欧风，受制于时代环境，不平等情况严重，但美国人争取平等的精神未减，特别表现在黑人、女人及弱势团体的平权运动中。

一、黑权问题

习惯上，美国人将黑权问题视为民权问题，解释为黑人取得美国公民权的经过，但在实质上，黑权与民权有所不同。民权的诉求在权利（right），黑权的诉求在权力（power）。权利是一种被统治者的正义呼声，权力是统治者的工具。美国黑人在美国社会所争取的是由民权到黑权的经过，它述说了黑人由不是人到拥有政治人格，再获得社会人格，进而希望真正成为一群有权力的人。

在美国的黑人可以分为两类，一类是由非洲移民至美国的一群人，另一类是在美国本土出生的黑人。据统计，迄至独立革命，在非洲出生的黑人仅占黑人人口的五分之一，进展至内战时期，则不到1%。美洲出生的黑人（Creole：克里欧）不是非洲人也不应被视为非裔美人，他们是地地道道的美国人，就好像不能说白人是英裔美人、德裔美人一样，说非裔美人应是指移民而言，而不应指在美出生的黑人。在美国，我们会常听到美国人夸奖某一位外国人"英文说得很流利"，而这位外国人却已在美国有三代以上的生活历史，这说明了美国人对非白色人种的态度。

今日讨论美国的黑人，理当不是非洲的黑人，他们是本地出生的黑人，受美国文化的影响。但美国人在对待这些人时，仍将他们视为历史性的存在，而不是现实的存在，这是美国文化最令人诟病之处。黑人得以融入美国社会，被白人接受，最主要是基督宗教的贡献。早先黑人并不被基督教接受，但自大觉醒运动之后，美国黑人信教者日众，黑人对教会的虔诚胜于白人。但他们所接受的不是原罪，而是〈出埃及记〉，认为摩西将带领他们获得新生。因此美国黑人文化不应只存在黑人之间，更存在美国人之间，其中以艺术、运动方面的表现最杰出。

黑人在美洲悲惨的历史于1619年第一艘载运黑奴的船只由非洲航抵美国弗吉尼亚州展开。从非洲地区来此的黑人系以买卖的方式入口，并不具有人的身份，因此他们是以财产的身份出现在美洲大陆。而如何由财产转变为人，历经了一场重大的考验。它不是黑人争取来的，而是白人在南北政争中所获得的，因此黑人的黑人身份被解放之后，他们的生活并未获得改善。从历史发展的过程来看，美国南北战争之前，黑人被容许存在，尽管有许多解放奴隶的呼声，如在1750年左右即有反对奴隶声浪，宗教团体贵格会（教友派）于1776年通过不再蓄奴，浸信会于1789年开始反对蓄奴，美国政府于1808年也明令禁止奴隶进口，但并未形成普遍共识。真正对奴隶产生普遍关切是在"奴制"问题。英人移殖美国，分南北两地进行，因理念与背景不同，从一开始即呈对立情势，双方互争国会领导权，各尽所能。北方由于气候不适合棉花、烟草种植，反对"奴制"；南方天候宜种棉花、烟草，主张"奴制"。奴隶乃成为双方政争的工具。

"奴制"在美国引发争论，甚至导致战争，系受美国西向运动影响所致。美国最早只有北美13洲土地，建国之后，依《土地法令》西进，1803年购买了路易斯安那，1819年从西班牙购得佛罗里达州，1836年从墨西哥手中获得得克萨斯，1848年与墨西哥发生战争，夺得新墨西哥与加利福尼亚。至此美国领土扩展告一段落，美国成为一个介于两洋之间的大国，而南北双方的政争也因此更趋严重，南方的人希望加入的新州蓄奴，北部则反对。1830年全美有50个反奴隶团体出现，1831年1月1日美国首份反奴报纸《解放者》（The Liberator）在波士顿发行，由威廉·盖里森（William L. Garrison）主编。1833年，他与其他反奴人士组成"反奴会社"（Anti-Slavery Society），领导废奴运动，此时并出现"地下铁路"（Underground Railroad）组织，协助南方奴隶逃亡。1839年，一群主张采投票方式废奴者，组织自由党（Liberty Party）希望提名候选人竞选总统，影响政策，完成废奴，可惜少有人应合，未能如愿。至于奴制所引的政争，肇于美国向西扩张，新的领土加入联邦，是否可以蓄奴所引起的纷争，由于事关南北势力在国会的消长，因此难以获得共识。从1820年的密苏里折衷案（Missouri Compromise），规定密苏里南界36°30′以北不得蓄奴，但密苏里例外

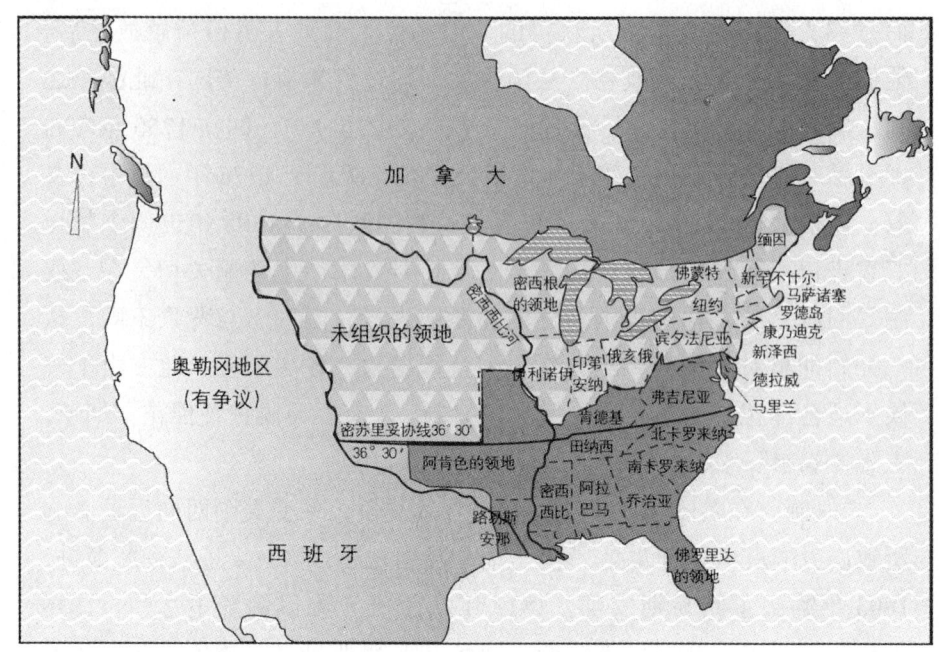

图6-1　1820年妥协案后的奴隶州与反奴隶州分布

＊黑奴问题随着美国领土的扩张，成为南北政权角逐的问题，1820年双方达成密苏里妥协案，以36度30分为界。

（见图6-1），到1850年的妥协案[01]（见图6-2），都没有真正解决奴制是否可以在新增土地内实施的争议。1854年堪萨斯成为美国一州时，即发生蓄奴与反奴人士为争取人口多数，拥有地方行政主导权，产生流血冲突（见图6-3：堪萨斯与内布拉斯加法案），1857史考特（Dred Scott）[02]向最高法院请求释放案被拒，表明了最高法院的态度，黑奴问题归地方处理，由地方政府负责。1859年的布朗（John Brown）领导

01　此案由美国参议员克莱提出，加利福尼亚以自由州身份加入联邦，新墨西哥割让地分为犹他及新墨西哥两地，该地是否可以蓄奴，由当地人公民投票决定。

02　史考特是一名奴隶，他的主人曾将他由蓄奴的密苏里带往自由的伊利诺伊州及威斯康星州，后又回到密苏里州。当他的主人死后，他向最高法院提出释放申请，理由是他曾前往自由州住过，应被释放才对，但最高法院认为他是一名奴隶，不是人，无权提出诉讼。

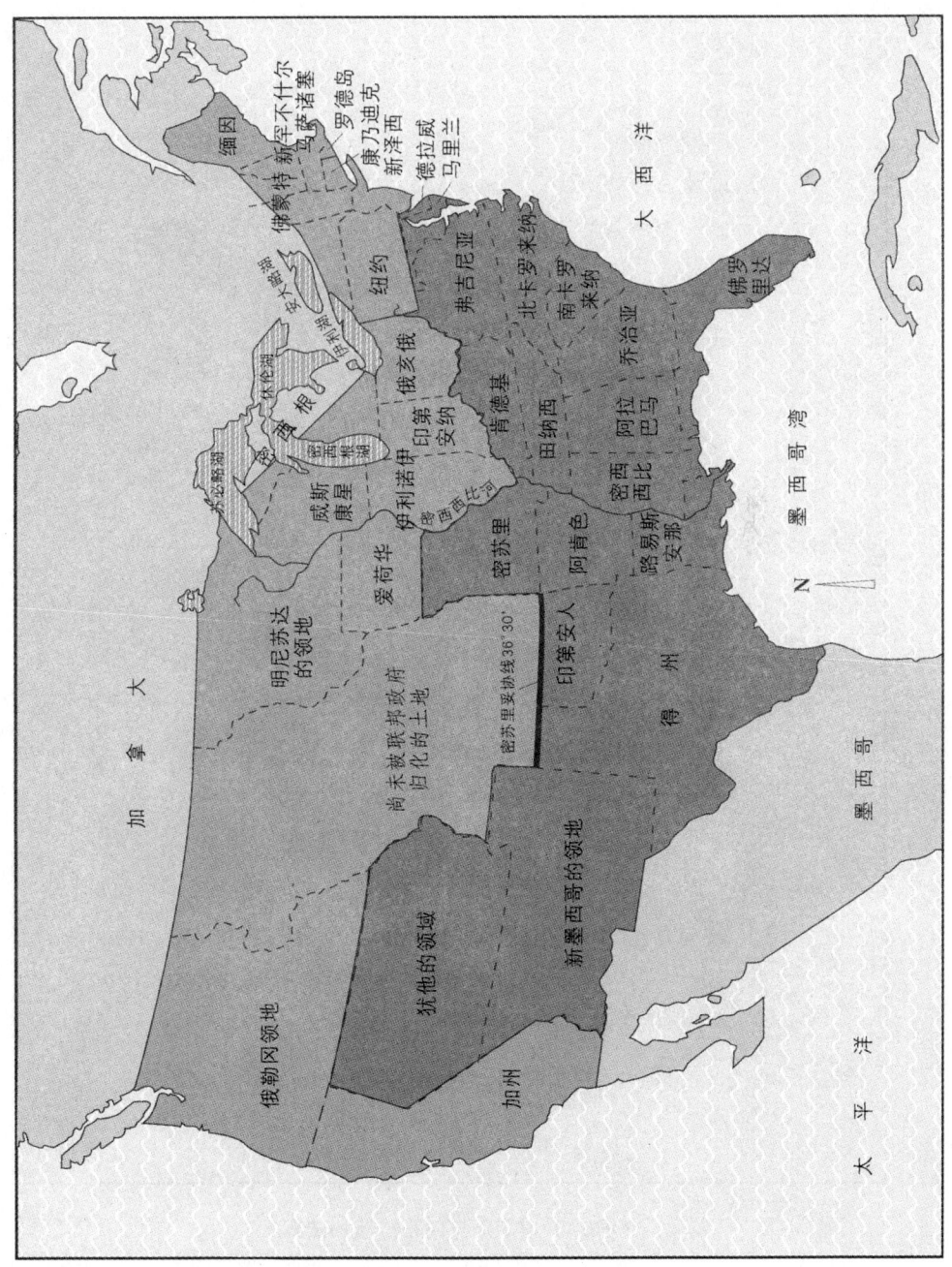

图6-2　1850年妥协案后的奴隶州与反奴隶州分布

*美国黑人问题自1820年后，随着新领土，特别是取自墨西哥的犹他及墨西哥两地是否可蓄奴，又引起争议。1850年的妥协案决定由当地人民自决。

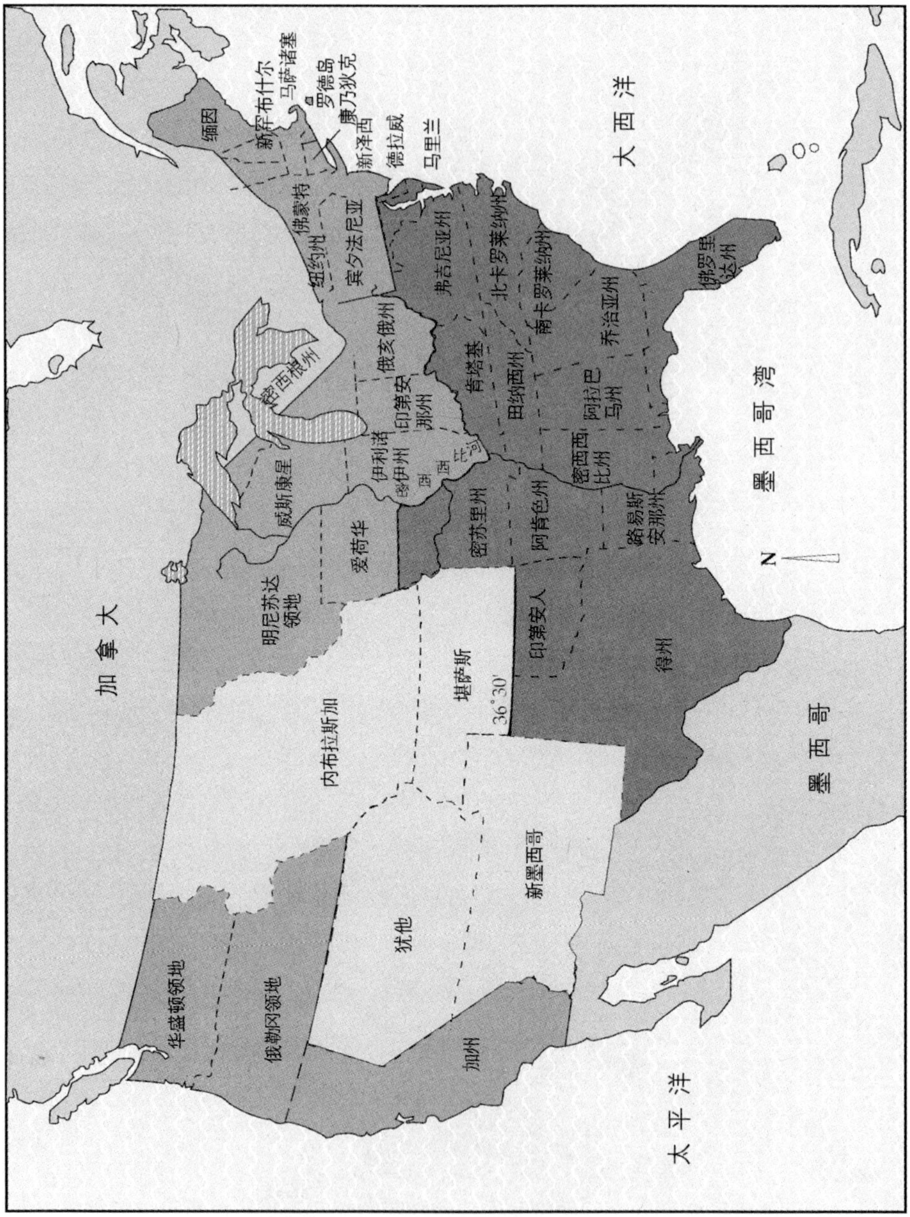

图6-3 堪萨斯与内布拉斯加法案

*1854年密苏里以西的土地,堪萨斯及内布拉斯加加入联邦,依密苏里妥协案,两地都应属于自由州,如今却由当地住民自决,导致堪萨斯发生流血冲突,影响南北两地发生战争。

奴隶叛变，失利被处刑，引发南北对立。1860年林肯当选美国总统，使得黑奴问题愈发难了，走向战争之途。

严格说来南北战争是一场政争，关系着南北势力在国会的主导权，而释奴只是一个口实。因此南北战争虽解放了黑奴，但并未为他们争取社会地位，黑人的生活比以前更差[01]。唯战争之后，美国国会在北方的优势主导之下于1865年通过宪法第13条修正案，规定蓄奴违法；1868年通过宪法第14条修正案，给予黑人拥有生命、自由、财产的权利；1870年通过宪法第15条修正案，给予黑人政治投票权，使得黑人由财产成为人，再由人获得政治人格，拥有参政权，具有投票资格，但仍不具有社会人格，被隔离在白人主流社会之外，使得这场解放奴隶的"圣战"，口惠大于实惠。

黑人争取社会平等权始于南北战争之后，不满南方白人对待黑人的隔离措施。南方尽管战败，但歧视黑人未见和缓，1865年之后，南方各州纷纷提出金·克劳（Jim Crow）[02]法，对黑人采取种族隔离政策，从交通工具到居家、娱乐等，采取黑白分离，三K党更阻挠黑人投票。1875年，美国国会规定公共场合和设施不得有种族歧视，但1896年美国最高法院却对普莱西控佛格森（Plessy v. Ferguson）案做出相反的判决，裁定路易斯安那法律允许当地铁路公司为黑人提供"分离且平等"的车厢是合法的，使得美国黑白之间的种族隔离政策获得法律保障。黑人不甘被隔离，反抗声浪不断，至一次世界大战前出现了两位黑人运动领袖：一位是布克·华盛顿（Booker T. Washington），主张黑人必须努力工作，接受教育，改善地位，争取平等；另一位是杜·波伊斯（W. E. B. Du Bois），组织"全国有色人种促进会"（National Association for the Advancement of Colored People, NAACP）主张采取行动，为黑人争取宪法所保障的权利。二次世界大战黑人赴海外作战，为国捐躯，

01　南北战争究竟是为了统一或是解放黑奴问题，一直是研究南北战争重要的话题。其实林肯总统并未有解放奴隶的意愿，他所反对的只是南方的奴制，并维持美国的统一，所以南北战争一直到1863年，他才提出解放黑奴宣言。

02　Jim Crow 一词起源不清，在南北战争之前，马萨诸塞州的火车上曾以此作为黑人车厢的标记。

表现杰出，战后，富兰克林·罗斯福总统禁止国防工业对黑人员工有所歧视；杜鲁门总统则于1948年禁止联邦政府有种族歧视，要求改善长久以来对黑人的歧视。尽管言者谆谆，但听者藐藐，黑人依然住在城市最杂乱的地区，过着被隔离的生活。60年代是美国黑人振奋的年代，1954年最高法院大法官华伦（Earl Warren）在对布朗控堪萨斯托皮卡教育局案（Brown v. Board of Education of Topeka）中，做出一项重大的裁决，裁定学校对学童采种族隔离政策违宪，此一否定种族隔离的判决，象征黑白之间走向社会平权的起步。它推翻了1896年普莱西控佛格森案的"分离且平等"的理论，激化了60年代的民权运动。美国的教育系由州主导，因此最高法院的判决在未获得州认同之间，其效力是有限的。南方各州并不接受最高法院的规范，101位代表南方的参议员及众议员发表"南方宣言"（Southern Manifesto）决心推翻最高法院判决，并将白人迁往私校就读，以免与黑人同校。尽管南方白人杯葛，黑人已经觉醒，他们不甘屈就为二等公民，开始争取职业、居住及教育的平等权，不仅反对学校、公交车、火车内的隔离，亦反对厕所、饭店、旅馆、图书馆及医院的不平等待遇。

60年代的黑人民权运动于1955年亚拉巴马州的蒙哥马利（Montgomery）地区发生的一起公交车事件点燃。事件源于12月某日，一名黑人女工罗莎·帕克斯（Rosa Parks）下班时，搭乘公交车，坐到白人乘座区，遭司机送警逮捕，并被控违反种族隔离法，引起黑人团体反制。不满人士纷至教堂集会，商定发起拒乘公交车运动，并推金恩（Martin Luther King）为领袖。这项抵制奏效，1956年最高法院判定，在大众交通运输工具采隔离措施违宪。1957年在金恩与其他地区的黑人领袖组织了"南方基督教领袖联合会"（Southern Christian Leadership conference, SCLC）在南方各地展开反歧视活动，黑人学生在学校餐厅及商店静坐，并要求公交车实行"无隔离"措施（Free Rides），从此之后，民权运动愈演愈烈，各类团体纷纷组成，除了先前的"全国有色人种促进会"之外，又出现了"全国都市联盟"（National Urban League）、"种族平等大会"（Congress of Racial Equality, CORE）等组织。

美国民权运动经由民间的抗议，对政府决策形成影响。艾森豪威尔总统时代，美国国会于 1957 年通过《民权法案》（Civil rights Act of 1957），同年阿肯色州发生小石城（Little Rock）事件，源起联邦政府要求小岩城专收白人学生的中央高级中学（Central High School）允许九名黑人学生入学。当地人民不接受，艾森豪威尔派军包围学校，强制让黑人入学。于 1962 年肯尼迪总统以行政命令禁止公家住宅有种族隔离情事，他更延揽黑人加入内阁，1963 年宣布种族隔离非法。尽管肯尼迪总统有心促进黑白平权，但存在历史之间的鸿沟及旧习，却难在短期内改变。1963 年 8 月，20 万名黑人于华府林肯纪念馆附近集会，唱赞美诗及圣歌，马丁·路德·金发表"我有一个梦"（I have a dream），期待一个没有种族偏见的社会来临。他在讲词中说到："我梦想着，有那么一天，我们这个民族将会奋起反抗，并且一直坚持实现它的信条的真谛：我们认为所有的人生来平等，是不言自明的道理。"内容感人肺腑，成为民权运动的重要文献。唯随着约翰逊总统时代越战问题所掀起的社会动荡，影响黑白冲突更形扩大。1966 年，黑人学生在加利福尼亚奥克兰市组织了民族主义团体，称为黑豹党（Black Panthers），主张黑人自由与自决，特别强调在警察暴力镇压之前有武装自卫之权。他们在全国各地设有分支组织，由于他们的活动引起关切，在美国政府的强力压制下，70 年代中期丧失影响力。

黑人的抗争由民权转为黑权的关键人物为马科姆 X（Malcolm X），这位生于内布拉斯加州的黑人领袖，一生坎坷，受父亲传教工作影响，关心黑人问题。与马丁·路德·金采用非暴力方式消除种族隔离的理念不同，他主张以激进、暴力的手段，为黑人争取生存空间，黑人要的不是权利而是权力。黑权争取的是黑人的自尊（self-pride）及自我领导，重新探讨美国黑人所拥有的非洲人遗产，取非洲名字，穿非洲款式衣服，要求学校教黑人历史。这项激进的主张，掀起了黑人的另一种意识，为美国社会带来更大的骚动，也使得黑白之间的冲突更加严重。1965 年 2 月 21 日马科姆 X 在传教会场上被枪杀。同样的，主张和平、理性抗争的马丁·路德·金也在 1968 年 4 月 4 日遭暗杀。继这两位民权运动领袖遇害，黑人问题一度再陷入胶着，但随着黑人人口数增加，受教水平提高，黑白问题也进入和解的时代。至20世纪末，美国黑人的社会经济地位虽然仍无法与白人相比，但已较前有重大改善。1939年，一个中等黑人家庭收入，只有中等白人家庭收入的37%，到1974年进步为61%。1989年，三分之一的黑人家庭收入超过35000美元，而且黑人的职业也愈来愈多脱离过去的低贱行业，进入企业及专业技术领域。此外，经由选举产生的黑人官员也从1970年的1479人增至1987年的6348人[01]。1992年美国国会改选，黑人在众议院获得38个席位，这一切说明了黑人在美国的社会地位已获改善，如今潜存在黑人心中无法消除的只是心理的不平等烙印。这不是立法或教育可以改变的，唯有靠黑人自己释怀。

二、女权问题

在美国社会中，女权运动是弱势团体争取平权的一项重要指标。美国的女权发展由早期宗教关怀，演变成为民权运动，其间有人道主义的理念，更有社会的实际需求。

从宗教方面来说，美国的女权运动最早受惠于基督教的贵格派教会及福音主义（evangelicalism）的平等理念影响，葛兰（Nancy Gove Cram）在纽约边区的布道，轰动一时；安妮·李（Anne Lee）及怀特（Ellen White）组织新教派，也为人津津乐道；福音派建立欧伯林学院（Oberlin College），同时收男生与女生。尽管男性仍然主导教会活动，但女性已热中参与许多互助团体，从事社会改革，提高家庭的道德。在早期的女权意识觉醒过程中，有许多代表性人物，如比彻（Catharine Beecher）[02]扩大了妇女的领域，她认为妇女在现代的中产阶级社会有其一定的地位，因此要受良好的教育。另外还有安吉利亚（Angelina）及莎拉·格林克（Sarah Grimke），对废奴主义运动贡献良多。

---

01 黄兆群著：《美国的民族与民族政策》，中国台北：文津出版社，1993年版，第75页。

02 她是美国福音派教士Lyman Beecher的长女，美国小说《黑奴吁天录》作者Harriet Beecher Stowe的妹妹。

从现实环境来说，美国女性追求平等权，源于移民生活需求。西部拓荒时期，男人缺少休闲，多以饮酒来打发时间，解除苦闷，因此饮酒文化成为美国文化的特色。饮酒为美国家庭生活制造了许多困扰，尤其女人无法忍受男人酗酒，纷纷向教会牧师求援，进而在牧师的引领之下，形成一股争取女权的力量。

美国国内有组织的妇女运动有两波，分别在19世纪及20世纪后半期。

1. 第一波

在19世纪及20世纪，源起于社会边缘的妇女慈善团体，她们推动废奴与禁酒运动，以莫特（Lucretia C. Mott 1793—1880）、斯坦顿（Elizabeth C. Stanton 1815—1902）与安东尼（Susan B. Anthony 1815—1902）三人为代表。1848年，妇女代表在纽约州塞尼卡·福尔斯（Seneca Falls）地区举行"第一届妇女权利会议"（the First Woman's Rights Convention），模仿"独立宣言"，发表"女权宣言"（*The Declaration of Sentiments and Resolutions*），号召妇女组织起来，争取平等。这一波妇女运动以追求政治投票权与社会工作权为主。

(1) 政治投票权方面：从1890至1920年间，一群实务主义及策略专家们认为只有妇女获得投票权，才可能得到平等。在她们积极的努力之下，1918年国会女议员兰金提出妇女投票权修正案，经众议院、参议院分别投票表决，于1920年通过第19条宪法修正案，给予妇女参政权，改变了女性在美国政治上的命运。

(2) 工作权方面：自美国于1877年结束南北战争重建工作，进入工业化都市化社会之后，女性赴外工作情形增加，从1900至1920年间，妇女参与劳动比率达到高峰，但是工作条件并不好，多数未加入工会，薪资微薄。第一次世界大战时，有些人加入收入较佳的工厂工作，然而战争结束后，由于男人重返工作岗位，妇女被迫重返先前收入较差的工作。此后妇女工作条件尽管在客观环境变迁之下获得改善，但仍无法与男人平等。一次大战后由于政府对移民配额的限制，使得妇女就业机会增加，此外新科技的发明、办公室女性化、打字机与电话取代了纺织机与缝纫机，妇女工作条件改善，走入办公室，工作机会大增。1932年，美国总统小罗斯福倡议"新政"，联邦政府有权规定男女工人的工资与工时，使得妇女在社会的工作权获得进一步保障。二次世界大战期间妇女取代男人原先的职位，政府要求工业界雇用600万妇女进入受薪行业，其中200万走进办公室，一半在联邦政府工作，其它到工厂。这些投入职场的女性获得前所未有的好待遇，她们有35%超过35岁，60%已婚，大多数有子女就读中小学或有未入学的小婴儿，这是美国有史以来第一次已婚年长妇女占妇女就业人口的大多数。唯大战过后，男人解甲返乡，女性的工作权面对挑战。妇女被告知，重工业对她们不适合，企业家利用妇女有丈夫养家作为借口，压低妇女的薪资，并指派担任低层工作。[01] 战后的50年代，人们想重返昔日的男女分工社会，美国妇女被教育回家做一名贤妻良母。不愿适应传统妇女角色的妇女，逐渐被视为社会问题的祸根。但中产阶级的妇女在这种变迁过程中，不满声浪逐渐扩大，加上更多的女性进入大学及研究所就读，到了60年代，一股新的女权思潮出现，影响1964年美国通过《民权条款》，不容许有种族及性别的歧视。

2. 第二波

美国女权运动的主要代表人物为贝蒂·傅瑞丹（Betty Friedan），她主张言论自由、权利平等与反对社会歧视，采用反暴力、静坐与示威的方法为女性争取权力。傅瑞丹于1963年出版《女性的奥秘》（*The Feminine Mystique*）一书，为第二波妇运掀起了高潮。这一波妇女运动所关心的不在投票，也不在法院，而是妇女的灵魂。妇权运动者主张，妇女要获得根本解放，必须甩掉女"性"的束缚，婚姻是妇女解放障碍，婚姻让女人终身做别人的寄生虫。傅瑞丹认为女人是传统性的牺牲品，整个社会几乎把女人局限在传统的妻子与母亲这两种性别角色

01　Carl Hymowitz & Wichaele Weissman, *A History of Women in America*，彭婉如译：《美国妇女史话》，中国台北：扬升公司，1993年版，第243页。

上，社会也拒绝承认妇女有性爱感受。《女性的奥秘》运用心理学的背景，分析有关女性心理，并唤醒女性自觉，破灭了美国家庭主妇自足与快乐的迷思，引起广大回响。傅瑞丹敦促妇女开始发展自己的潜能与天赋，回学校读书，为自己找份有意义的工作，强调只有如此，妇女的人生才会充实。

1966 年美国"全国妇女组织"（National Organization for Women, NOW）成立，目标在扩展并加强妇女权益，使妇女能在一向由男人把持的政治、商业及其他专业范畴中，赢得平等地位，该组织提出，女人已分担男人领域，男人也应该分担女人领域。"全国妇女组织"并发表宣言抗议政府及各公司行号训练妇女自我否定，伤害自信心，甚至轻视自己。1967 年该组织举行第二次全国大会，在女性《权利法案》中加入"妇女控有自主生育权"，将"堕胎问题"列为妇运的议题。随着 60 年代黑人民权运动、学生运动的兴起，妇女团体如"妇女平等行动联盟"、"全国妇女政治团体"纷纷出现，为妇女争取权益。她们喊出"女性主义"口号，从此女权运动走向女性主义，目标不再是消极地为女人诉苦、追求政治与社会工作的平等，而是积极唤醒妇女，协助妇女探索自身的经验。她们要求女性"意识觉醒"，察觉女人与男人的不平等，并激起女人的不满，作为自我改变与自我成长的起步。她们经由不断塑造现行女性形象，教育女性了解"性别主义"的弊害。她们从语言学的结构中，为女性主义找出路，尽管距离所期待的平等还有一段路程，但在政治及社会方面也已有了相当的成效。数字显示，1996 年妇女在国会的代表比率为 11%，参院有九席，众院有 51 席；14 名内阁部长中女性有四位；1997 年 50 个大城中有九位女市长。

妇女研究是 20 世纪 60 年代的一门显学，60 到 70 年代全美有关妇女研究问题增加 600 多门，70 年代起妇女研究的重要杂志相继问世，包括《女权研究》、《妇女研究》、《性别角色》等，1977 年"全美妇女研究协会"成立，妇女研究更成为热门议题。妇女研究理论建立在欧洲传统文化思潮与美国妇女运动的基础之上。

从欧洲的文化思潮来说，西方对女性的认知，一是生理方面：希腊时代的亚里士多德首先提出女性的消极被动理论，以后就有学者从受精及脑力来说明女性弱于男子，并将女性的生育视为被保护的前提。二是宗教方面：按《圣经》的说法，上帝安排妇女生育就是要让男人担负起上帝未完成的工作。男人对上帝负责，女人对男人负责。在基督宗教的理念之中，夏娃的行为反映了妇女的道德薄弱；男人若道德强，就要控制妇女的诱惑；男女分工：女人生育，男人生产；男人统治女人。这项理论奠定了男女不平等的由来，无论在个人财产、劳动所得以及生儿育女等，都要听从男人。

在妇女运动方面，19世纪末20世纪初有了重大的变化，妇女走出家门，踏入社会，取得参政权（美国第19条宪法修正文），从此由关怀女性进入关心政治权及对妇女自身的利益。20世纪妇女关心的第一个问题是堕胎及计划生育的问题。1916年玛格丽特·桑格（Margaret Sanger）开办了纽约第一所计划生育诊所，对当时许多家庭和传统社会观念产生重大挑战，但一直到1965年才获得立法承认。第二个是妇女的工作权，反对将妇女的工作视为家庭的"延伸"或收入的"补贴"。第三，妇女权益理论获得重视，这项理论源于欧洲有关平等、自由思想的理论。最后是有关妇女的性别问题，这也是妇女运动的盲点。毕竟，女性的生理问题不是人为的而是天生的，对少数可以突破男女界域的人，并无不是，但对一般受限生理结构的女人而言，这不是件容易的事，也非教育所能奏效，使得女权运动遗憾难免。

对社会运动来说，女权运动与学生运动或黑人运动不同，它不是一个具有共识的团体，女人因所嫁男人不一，对性别的认知不同。由于角色的不同，如做妻子与做母亲，对性别的认知也不同，因此女权运动如何一统则有待厘清。这是女性主义成败的关键。

三、学生问题

在美国社会之中，学生是一股力量，学生权力（student power）与民权、黑权、红权（red power）、女权一样，于20世纪60年代开始其在历史上的定位运动，引起世人注目。有人将60年代的美国历史（1960—1970）称为学生反文化（counter culture）时期。

学生由来已久，唯独在此时声势壮大，这与学生人数大增有关。40年代美国大学生只有150万人，到了60年代增至700万人，学生人数增加，学生在学年限随着教育水平提升而延长，学生自然成为一种阶级，产生新问题，特别是价值与意义等问题。

美国学生问题以大学生为主，其形成原因极其复杂，历史上的解释也不同，不过与美国当时的历史处境有关。后资本主义消费社会的刺激、越战问题、种族问题的僵局等，均导致了学生运动的进行。大致说来他们由50年代沉静的一代（silence generation），经60年代垮掉的一代（beat generation）、反抗的年代（A Decade of Defiance）到批判的年代（A Decade of Critical），反对理性的中心思想，也反对自私的个人主义思想。

美国学运最早源起与黑人民权运动有关。美国在内战之后对黑人采用分离且平等的分治方式。但到了60年代，反对声浪不止。1960年2月，四位学生在北卡罗来纳农工学院福利社只许白人坐的餐桌前坐下来，一直到被捕为止。这项静坐（sit-in）点燃了美国学运。同年4月"学生非暴力支持委员会"（Student Nonviolent Coordination Committee）成立，稍后美国学运的最重要组织"学生民主社会同盟"（Student Democratic Society, SDS）也跟着成立。该同盟成立的主旨是："创造一个对教育和政治持续关心的社团，将自由主义者、激进主义者、行动主义者、学者、学生、职员等联结在一起。"

学生民主社会同盟于1960年底在美国只有八所校园有分支机构，会员不过2500人。到了1968年，已有了350个分支机构，会员也增至十万人。其主要活动目标为批评社会的保守心态、谴责核武、抨击自由主义已告崩溃，主张一种新的激进主义。1962年发表了长达66页的"宣言"，即著名的"休伦港宣言"（The Port Huron statement），这篇宣言用了五分之四的篇幅批评美国的现况，并提出改革的建议；另外五分之一的篇幅说明批评的基础信念及对新一代的召唤。内容强调"参与民主"，反对意识形态的僵化，注重行动的有效性，攻击共产主义与其他种种独断主义和权威主义，期望学生、学术工作者和知识分子参加新左派（New Left），以大学作为根据地和媒介，推动一个改变社会的运动。

美国学生运动是在学生民主社会同盟指导下进行的，在 1965 年以前只属于理论阶段，除了休伦港宣言之外，1964 在加州柏克莱分校所进行的"自由言论行动"最受瞩目。这项行动的兴起是学生想讲什么的冲动，想要为自己生活的社会做些什么。学生在 9 月 14 日宣布，禁止校外的政治活动命令在校内采用。学生所针对的不是美国大学，而是美国的生活方式。

早期的学生运动与校外的黑人运动结合，后转为校园言论运动，1965 年之后成为反越战运动。1965 年 4 月，在"学生社会民主同盟"的策划下，在华府举行了大规模的反战游行，从此学生运动被激化为反抗行动。自 1968 年后更进一步发展为革命，唯自 1970 年后，学生运动逐渐式微，追究其原因，系美国的自由传统得以包容异见、在大学校园进行改革、放宽选举年龄、增加学生就业等促成。

60 年代美国受上个时代麦卡锡恐共流言影响，加上经济发展迈入消费时代，社会风气生变。过去 20 年代的一些思潮再度冲击美国，各式各样的静坐、游行在各地出现。非裔美人对自身权利的要求，象征多元社会的来临。在此一时期，最引人注意的人士是嬉皮，他们敌视一切权威，突破欣赏艺术与表演艺术间的区隔，让台上台下打成一遍。关心"上帝是否死亡了"，强调"新个人主义"（new individualism）：追求个人权利、个人自主（individual autonomy）。他们行为方式不同以往，重视疏离感（alienation），拒绝竞争，不关心阶级斗争，不再延续父母的生活方式；热衷药物、音乐及性生活，以俗称为 pot 的大麻取代酒及香烟。喜欢两类音乐：一是民俗音乐，另一是摇滚乐。民谣歌曲体裁在抗议种族歧视、反越战；摇滚乐由披头（Beatles）首开风气，歌者穿着鲜艳的衣服、蓄长发，唱腔歌词以药物及性为主题，鼓吹爱与和平。

第7章 文学表现

　　文学代表一个民族或国家的灵魂。要了解美国文学，必须从美国的国魂"民主"着手。殖民时代，美国人忙于现实生活，少从事文学创作，一般人所讲的文学都是英国文学，在美国书店中陈列的多半是宗教书籍或政治小册子，待建国之后文学才逐渐发展。

　　法国学者托克维尔（Alexis de Tocqueville）从民主发展角度对美国文学提出看法，有助于了解美国人的文学方向。他认为民主社会是包容不同等级的人于一堂而形成的一个群体。由于缺乏共同的传统与习俗，也没有交换意见的耐性、愿望和时间，作家通常是一群情绪容易激动的人，创作很少依照狭隘的规章书写。在民主社会中，从事文学创作的人不重视形式，文体往往显得杂乱无章，读者不会欣赏文艺之美，也体会不出文笔微妙的差别。阅读市场喜欢价钱便宜、很快就读完和浅近易读的书籍，讲究的美是一看就入迷和可以随时欣赏的浅显的美，要求使人立即冲动起来的感情，使人惊异的妙笔[01]。按托克维尔的看法，美国早期作品嫌弃冗长而啰嗦，表现出热情而奔放，作者只求快速而不求细腻，短小作品多于长篇大论，作家凭才气而不靠实学，富想象而缺乏深度。作品多种多样，产量惊人，其目的与其说是使读者快慰，不如说是使读者惊奇；与其说让人有美的感受，不如说使人兴奋激动。

　　美国文学的发展可以由美国文学评论见其端倪，由一个以清教主

01　托克维尔著：《美国的民主》，香港：今日世界出版社，1985年版，第580页。

义为核心的批评传统到以多元文化为主的衡量，从强调想象和超验发展到强调生活体验，从强调文学自成一体发展到强调文学与社会和历史的关联。它淡化了文学与文化界限，主要文学与次要文学的界限，确立了多元文化批评在文艺界以及人文教育界的地位。所谓的多元文化批评，是强调"似是而非"、"反讽"、"神话"的概念，主张政治力量可渗入文学作品之中，影响美国现代文学作品不再有经典与通俗之分；外来移民与本土的区别，影响文学与文化威权朝多极发展。[01]

美国文学发展依弗斯特（Norman Foerster）的看法，可以分为五期[02]，殖民时期、新古典时期、浪漫运动、写实主义时期、20世纪的新方向。最早的美国作家都是英国人，包括约翰·史密斯（John Smith）、威廉·布莱福特（William Bradford）、约翰·温思罗普（John Winthrop）、罗杰·威廉斯（Roger Williams）、安妮·布拉兹特里特（Anne Bradstreet）等人。这些人生于英国，具英国文化教养，自许为英国人，写作主题多以英国为主，不认为自己是美国人（在当时美国人多半指印第安人），兹就殖民时期的美国文学介绍如下：

第一节　殖民时期文学

欧洲人前往北美洲移民分从南北两地展开，因移民者的成分及移民者的动机不同，使得早期美国文学在南北两地所呈现的亦有差异。

一、南部文学

美国文学第一部作品是由前往弗吉尼亚探险的约翰·史密斯上校，于1608年撰写的《弗吉尼亚见闻录》（*A True Relation of Such Occurrences and Accidents of Noate as Hath Happened in Virginia since the*

01　齐小新著：《美国文化研究导论》，北京市：北京大学，2001年版，第56页。
02　Norman Foerster：*Image of America*，University of Notre Dame Press,1957.

First Planting of that Colony）。史密斯在此书中将个人的见闻与经验公诸于世。根据历史记载，詹姆斯镇之开发所以能顺利进行，受惠于他。他在詹姆斯镇开发时曾遭印第安人逮捕，后为印第安酋长之女解救，进而协助殖民地活动。该书写史记事，虽然不乏夸大之处，但内容有许多新奇之处，无论对当时或后来的史学家都可以算是珍贵的数据。除了他之外，另外还有两位作家：罗勃·贝佛莱（Robert Beverley）及威廉·波尔德（William Byrd），他们对弗吉尼亚殖民地活动有详尽的报导。贝佛莱撰有《弗吉尼亚历史与现状》（*The History and Present State of Virginia*），详细介绍了弗吉尼亚殖民地人士的活动情形，特别是印第安人的生活，书中更对历任总督有尖锐的批评，为后来的移民提供了丰富的数据。波尔德的著作以历史和日记为主，其中最具代表的是《弗吉尼亚与北卡罗来纳》（*The History of the Dividing Line Between Virginia and North Carolina*）。此书论及弗吉尼亚与北卡罗来纳两地的风俗以及生活。波尔德用自己独特的速写方式写日记，暴露了许多政治内幕，具有相当重要的史料价值。

二、北方文学

北方文学以清教徒文学为代表。清教徒重视家庭生活，讲究家人团聚，他们的特质是严肃(sobriety)、正义(justice)、虔诚（piety）。一般人往往将清教徒视为不苟言笑的一群，其实不尽然，他们也有欢乐的一面。基本上说来，清教徒生活可分为务实及宗教两种层面，具有基督神学及希腊古典道德的统合性。在生活上服膺上帝，依靠上帝的恩典度日，既不是理性主义者，亦非浪漫主义者，更非现实主义者。他们重视灵魂，认为人是一种合理的灵魂（rational soul），有感性，也有理性。

清教徒文学以宗教为主要内容，写作重"朴素"(the plain style)，文体具"清楚、简单、正确"三原则，即意思清楚而不含混，用字和章法简单而明了，文体确实、自然。写作的目的以宣扬教义为主，从他们的历史写作、讲道以及诗作三方面，可以把握到其文学的表现。

清教徒的历史写作记载了新英格兰地区所发生的事情，多半属于编年体，作品缺乏今日的客观与科学精神，执着天国的历史（providential history），将上帝视为历史的关键，上帝的意志开展了世界的活动，人们要从事物的表象中找到上帝的意志。他们的作品以日记为重，属于自我检查（self-examination）的纪录，少有对外在世界的活动报导。讲道是由教士主导，当时的教士除了负责教会与国家事务之外，还从事写作。布道主要以逻辑为基础，强调理性，启发人的心智而非人的情绪。至于诗作，作品有限，理由是，清教徒专注宗教，抑制感官表述，诗文偏重情感，恐生误会，因而少有表现，但也是重要的史料。

以下为清教徒作家中较具影响力者：

1. 约翰·温思罗普（John Wintrop, 1588—1649）

普里茅斯第一任总督，代表清教正统派移民的典型例子，在宗教上不满英国当局，政治上依旧是保守派。他的文学作品是留给他夫人的日记。这是一部充满感情的书，除了记载日常生活之外，还有不少史料、神学与政治经济理论。1826年全部出版，名为《新英格兰史》(*The History of New England*)。

2. 威廉·布莱德福德（William Bradford, 1588—1657）

普里茅斯殖民地第二任总督，从1630年起，花了二十年时间写了《普里茅斯历史》(*Of Plymouth Plantation*)，这是研究分离派清教徒的处世态度和新英格兰开发史不可忽略的最早数据。此书除了是一部重要的地方志之外，更让读者对清教徒有一个完整的印象。布莱德福德的作品记述了领袖人物的事迹，证明上帝的力量。

3. 考顿·马瑟（Cotton Mather, 1663—1728）

他是马瑟家族（Mather Dynasty：祖父里查德 Richard Mather，父亲印克里斯 Increase Mather）中最有影响力的一位，马瑟家族在清教徒文学中具有一定的地位，但在一般的介绍中都以考顿为代表。考顿于12岁入哈佛大学就读，生平著作非常多，约450余篇文章。最重要的一部著作是《新英格兰宗教史》(*The Ecclesiastical History of New England*)，共800多页，内容有七部分：新英格兰殖民史；教会领袖人物传记；历任总督的传记；哈佛大学及著名校友之生平；新英格兰教会史；上帝的事迹、教会的变乱；印第安人所带来的灾难。考顿的作品体裁都用清教徒的标准：简洁、确实、采用圣经词句和语调，尽可能适合一般教友和群众。考顿的日记是研究清教徒心理的重要书籍，清教徒的各种特点都在他身上发现。考顿身体不好，有神经质，时常绝食、不眠、体罚自己，自认为可以与神沟通。晚年热中研究巫术，声名大受影响。

4. 乔纳逊·爱德华兹（Jonathan Edwards, 1703—1758）

爱德华兹是有名的布道家，17岁入耶鲁大学，终身奉献清教事业。25岁起担任牧师，20年后因意见不合，到边区从事传教工作。他以逻辑辩论的方法建立神学理论，用激动或恐吓的语言传教。他认为社会上有一些伪君子，口唱赞美诗，心里却忘了神的绝对地位。他一方面用冷静的辩证方法说明人的抉择范围是有限的，一方面用地狱之火来恐吓教友，让他们重生。他认为，相信一个人是美丽的与感觉一个人是美丽的不同，这与相信上帝是伟大的与感觉上帝伟大不同，因为感觉只接触到表面，相信却接触到内心。较具代表性的作品有《罪人在发怒的上帝掌中》(*Sinners in the Heads of Angry God*)、《真正美德的本质》(*The Nature of True Virtue*)、《上帝创世的目的》(*Concerning the End for Which God Created the World*)。

对清教主义的文学批评和影响，有正反两派不同的看法，持正面态度的人认为，"要了解今天的美国，就必须知道新英格兰的父辈"，清教徒思想代表了美国的种种优秀思想，反映了坚强的个人主义，也显现了对社会的认知。持负面认知的人则认为清教徒完全脱离了现实世界，不能充分代表早期的认知。整体说来，美国学者认为清教徒文学的贡献是将"美国的主流意识形态贯穿了一个永不停歇的发展过程，一个将美国自我化与美国神圣化的过程"。

北方殖民文学除了清教徒之外，还有一位家喻户晓的人物——富兰克林（Benjamin Franklin, 1706—1790），富兰克林是一位实用主义哲学家，但他的实用不是自私自利，而是深谋远虑。在富兰克林的世界中，上帝是位慈祥和博爱的老人，而不是爱德华兹所认识的声色俱厉的上帝。他的做人基本原则是"最符合上帝的意思的服务就是为人类谋幸福"。富兰克林重视今生今世，相信善有善报，他认为以正直的方法获得快乐，才是真正的快乐。24岁时在英国成立公共流通图书馆，1744年创立"美国哲学会"（The American Philosophical Society）。作品中最受当时人欢迎的有：《历书》（Poor Richard Almanac）及《自传》（Autobiography）。在《历书》中，他以农夫瑞查·桑德斯（Richard Saunders）的身份，用幽默的口气讽刺世风或劝导世人。该书除了天文农事之外，还包括实用知识、文学佳句、警语和格言。这些格言有些是他自己创作的，有些不是，但在美国却是家喻户晓。例如："凡以愤怒开始的事，必以耻辱结束"、"要想说服别人，应晓之以利，而非以理"、"有知识的傻瓜比没知识的傻瓜更糟"、"财富不属于拥有它的人，而属于享受它的人"、"人的舌头既软又没骨头，但可敲断一个人的脊椎"、"许多人抱怨自己记忆力不佳，少有人说自己判断力差"、"邻居可相爱，篱笆不能拆"。富兰克林的名言是："罪，并不是因为它犯禁而变成为伤人的，是因为它伤人，所以被禁的。本分不是因为它需要而有益，而是因为它有益，所以是必须做。"他将实际生活和形式宗教脱离关系，代表一个旧时代的没落和一个新时代的成熟。[01]

第二节 古典时期文学

这个时期的文学深受欧洲理性主义的影响，希望经由建立理性的

---

01 朱立民著，《美国文学》，中国台北：汉林出版社，1990年版，第76页。

方式，寻找事物的自然本性。哥白尼（Copernicus）的"太阳中心论"、笛卡尔（Descartes）"我思故我在"哲学思维、牛顿（Isaac Newton）"苹果为什么会掉下来"而不是"苹果从哪里来"，冲击了传统对"第一因"（事物形成的第一个原因）的执着，改从"第二因"（事物发展的原因）去了解，换言之，自然而非"神明"成为探索的对象。语言是自然的符号，因此要了解自然就必须了解自然的语言：数学被认为是自然最具代表性的语言，数学是一切知识之母。尽管宗教信仰犹存，但信奉的不是超越的神，而是可以模仿，甚至被认识的自然神（deism），这种自然宗教（natural religion）与基督教不同，基督教是一种启示宗教（revealed religion）。自然神信仰反对三位一体，尽管他们与正统基督信仰有许多近似之处，但信仰的主体不是上帝，而是自然。信奉自然神学的多为知识分子，他们不是无神论者，承认有上帝存在，但不在现世之中，而在人类的经验之外。自然神论相信理性与进步，视培根是先知，希望由科学进步到社会进步，经教育改革改变环境，让人达到完美的境界。这些思想家重视未来，不往后看，只向前看，认为黄金时代不在过去而在未来。

这一时期美国社会的主要争议为"美国革命"。时论文章受到欢迎，报章杂志、宣传文学格外发达，如果说早期的文学为"宗教文学"，那么这个时期的文学可以被称为"政论文学"。代表人物有：詹姆斯·奥蒂斯（James Otis, 1725—1783）、约翰·迪金森（John Dickinson, 1732—1808）、托马斯·潘恩（Thomas Paine, 1737—1809）、托马斯·杰弗逊（Thomas Jefferson, 1743—1826）、亚历山大·汉米尔敦（Alexander Hamilton, 1757—1804）、詹姆斯·麦迪逊（James Madison, 1751—1836）。

除了政论作品之外，美国在此时具有声誉的美国文学作家有：

一、欧文（Washington Irving, 1783—1859）

纽约富商之子，幼年身体虚弱，喜好读书，尤其是游记和故事。21岁后因身体不好赴欧，畅游欧洲各地。他的第一部著作是滑稽、讽刺、夸张的《纽约史》(*A History of New York From the Beginning of the world to the End of the Dutch Dynasty*)。1819年开始，陆续在纽约、伦敦两地以笔名发表，次年出版，即众人所知的《见闻录》(*The Sketch Book*)，其中有一篇叫《李伯大梦》(*Rip Van Winkle*)受到广大的欢迎，此外他的名著还有《索桥大夏》(*Bracebridge Hall*)、《旅人的故事》(*Tales of Traveller*)。

欧文的文笔如他本人，无论取材和改编的方法、人物创造的技巧、气氛的制造等，都对后来的小说家有相当的影响。他一面学习欧洲文风，一面找寻美洲题材，受欧洲出版商认同，被欧洲文化界誉为"美国文学第一人"。

二、霍桑（Nathaniel Hawthorne, 1804—1864）

生于马萨诸塞州，四岁丧父，在母亲与舅舅的照顾下长大，受过大学教育。小说创作以清教徒生活为中心题材，目的不在传教，而是从人性、人的精神价值出发。霍桑个性抑郁孤独，经典之作《红字》(*The Scarlet Letter*)表现出其灵敏的心智，清澈的透视力、独到的技巧。该书描写一位已婚的少妇，从英国前往美国后，久候丈夫不至，以为丈夫已死，而与年轻的牧师坠入情网，发生肉体关系，生下女儿，犯了通奸罪。依波士顿法律，通奸罪应判死刑，但当局鉴于她的丈夫已死，乃判刑数月，并罚以终身穿绣A（Adultery：通奸）的衣服。小说至此，女主角的丈夫现身，发现其妻奸情，经暗中查探，发现为牧师所为，乃进行报复。牧师胆怯，不敢认罪，则为其玩弄于股掌之间，女主角发现欲与牧师逃亡，牧师终无法摆脱心中的折磨，死于远走前刻，而其丈夫也因复仇对象落空，丧失了生命的意义，不久人世，女主角则带了小孩继续活下去。这部小说摆脱一般的书写模式，略去奸情，致力于犯罪心理的探讨。通奸男女本应受世人唾弃，受害的丈夫理应获得同情，但故事却出现反差，受害的丈夫成为报复的恶魔，这说明了清教徒的精神，认罪者可得到宽恕，心存报复者将受折磨。该书出版后，销路长红，霍桑声名大噪。

霍桑的文字保守、严正、冷静，大部分的故事资料和灵感来自历史，尤其是新英格兰的历史，从遥远的过去找写作的题材，加以理想的处理。霍桑关心罪犯的心理活动，并加以分析，故有"心理写实家"之称。

三、爱伦坡（Edgar Allan Poe, 1809—1849）

生于波士顿，从小遭人遗弃，后为一富人收养，读书不成，好赌博、酗酒，但有文学天才。个人缺乏自我控制的意志，但在文字的表达中，却可以产生强劲的力量，他不在诗文中说教，所提供的是由死亡、古屋、幽灵、乌鸦、黑猫等构成的幻想世界，让读者进入他的怪异世界，分享那份奇特的美感。

爱伦坡被视为文坛奇才，兼诗人、小说家、文学批评家于一身。19岁开始创作，着有四本诗集，70多篇小说，主要的作品为散文，代表作有《南冰洋奇遇》（*The Naratives of Arthur Gordon Pym*）、《怪异故事集》（*Tales of The Grotesque and Arabesque*）、《散文传奇》（*Prose Romances*）、《大鸦》（*The Raven*）等。他是位精益求精的作家，作品往往一挥而就，再慢慢地仔细修改。文坛对他的评价是："一位深思、辨别力最强、说话大胆的文学批评家，有独立的思想。敢说敢言，分析能力强，并且有灵奇而丰盛的想象力。"他认为文学语言并不是"像"一种意境，而是实境。文学必须完全放弃道德劝说，因而提出纯文学、纯艺术主张。不过，他心目中的美总是与死亡、恐怖、黑夜、悲伤一起，悲伤不是结果而是目的。他不逃避现实去减轻痛苦，而是创造一个比现实更为痛苦可怕的世界。

四、麦尔维尔（Herman Melville）

纽约富豪之子，12岁家庭破产，出外谋生，19岁开始做船员，一共上过三次船。写作题材多半以海洋冒险故事为主，著作良多，有《瑞德朋》（*Redburn*）、《玛地》（*Mardi*）、《白夹克》（*White Jacket*）以及大受欢迎的作品《白鲸记》(Moby Dick or the Whale)。《白鲸记》是描写一条身体庞大、头部雪白、背部隆起的巨鲸，不仅聪明，而且狡猾，往往令船员闻之丧胆。捕鲸船船长艾海伯（Ahab），有一次在追捕白鲸时被咬掉一条大腿，内心愤怒异常，誓必复仇。他将白鲸"莫必敌"看成魔鬼的化身，决心要和他拼命。船长复仇心理是基于个人情绪的非理性行为，与白鲸的非理性行动，形成两者间的恶斗。结果船被撞沉，船长身亡，故事落幕。在解读这部小说时，许多学者将艾海伯船长象征为人的偏执狂怒，鲸鱼象征人心的邪恶，由于人对命运的恶意挑战，终于自取灭亡。

麦尔维尔的小说内容多半根据经验或读书所获得的知识，但他并未因此受到限制。作品重视写实，文字富热情，有阳刚之美。麦尔维尔不属任何教会，但有丰富的宗教感情，不断思考、接受考验，作品有一股宁静的氛围。

第三节　浪漫主义文学

美英1812年战争，于1815年结束后，美国社会出现转变：人口增加，建设起步，就业率高，西部逐渐开发，东部朝工业发展。美国文化开始展现属于自身的特性：重视自觉（self-consciousness），洋溢利他主义、个人主义的气息。在美国人的爱国主义、民主社会、追求自由、平等、友爱，强调个人自立的乐观主义气氛下，发展出浪漫主义文学。

浪漫主义文学与古典文学不同，相信天分（Trust your genius），重视自我表现，批评古典文学理论是"模仿生命"（imitation of life），诉说人的行动（representation of actions of men），描述人（picture men）所呈现的样态，缺乏真实性（actually），只有理想（ideally）。浪漫主义视文学为一种"表现"（expression），表现社会状态、国家精神或个人经验。这派人士将文学当作是生命与艺术的结合，重视生命的存在，而非生命的描述，强调审美的情趣。文化理论重视悲剧式的想象，轻视乐观主义的表现，这种悲剧或想象以矛盾为特征，经由辩证的、存在的、对话的方式表现，目的不在改变社会，而是激发审美的乐趣。最高的创作表现是将抽象中矛盾的两极刻划出来：模糊、反讽、似是而非、矛盾。此时的美国小说家不对社会的存在方式感兴趣，而是对具有超验价值的个性感兴趣，这种超验的价值即基督教和民主思想。美国人的性格是神话式的，不受传统阶级社会内涵的束缚，具有活跃、想象的成分。重要文学代表人物有：爱默生（Ralph Waldo Emerson）、梭罗（Henry W. Thoreau, 1817—1862）、惠特曼（Walt Whitman, 1819—1892）、洛威尔（James Russell Lowell, 1819—1891）。

一、爱默生

出生宗教世家，从小耳濡目染，希望成为一名布道家，哈佛大学毕业后，一面教书，一面到神学院深造，1829年担任波士顿第二教堂牧师，身体欠佳，有肺病，第一任太太在结婚后两年去世，小孩活到五岁即去世，一生坎坷。

爱默生是美国思想"超验论"（Transcendentalism）的代表，这个名词原为德国哲学家康德所使用的语言，让人回归上帝。传入美国之后，从哲学走入宗教层面。爱默生的"超验论"重视良知与直觉，主张放弃"唯一神格"（Unitarian）的形式传统，不同意"唯一神格"论的形式主义。"唯一神格"论认为自然的一切都是上帝的象征，耶稣没有神格，是人，不是神，因为耶稣是人，所以人才能学习耶稣，以接近完美的理想。爱默生的"超验论"承认上帝的神秘性质，但不是指人对上帝所产生的迷信，他认为出自唯理的反省是无法领悟上帝的道理，必须凭直觉或良知去领悟。"超验论"对美国文学发展产生重大影响。

爱默生的第一部重要著作为《自然》（Nature），他所谓的"自然"包括"非我"的一切：人的躯体和人造的一切。将"我"的灵魂以外的一切，都认为是"自然"。"自然是精神的象征"，大自然作为生活和现实的指南，向禀承传统、权威和教条的人士提出挑战。爱默生撰写的《美国学者》（American Scholar），被称为文化独立宣言，更是一部历史文献。他的另一部重要著作为《论诗人》(*The Poet*) 打破了传统写作规律。

爱默生对有意从事写作的人说，诗要求的不是伟大而浪漫的题材，而是普通的事物，日常所见的，甚至是低贱的事物。生活是我们的字典，书籍的目的在启发思想，宁可要"思想的人"，而不是要"有思想的人"。他主张用人的灵魂去传布信心，凭自己的经验和灵智探索人的道德天性。他的乐观精神、自立哲学、个人主义为美国民主奠定了基础。在《自助》(*self-reliance*) 一文中表达出他主要的观念："诗句中所注入的感情比它们所包含的思想内容更可贵，相信自己的思想，相信凡是对你心灵来说是真实的，对其他的人来说也是真实的，这就是天才。""人应当学会捕捉、观察发自内心的闪光，而不是诗人或伟人的圣光。""必须做一切与我有关的事，而不是别人想要我做的事。""置身在世人之间，却能尽善尽美地怡然保持着个人独立性，只有伟人才办得到。"

二、梭罗

是一位短命的作家，享年45岁。大半的岁月在读书、写作、沉思、散步中度过，只有极少的时间从事工作。梭罗爱好自然，喜欢儿童，寻求新经验，探求人生意义。写作重事实与感想，文字雄劲，打破传统。主要代表作为《康科德河与梅里马克河上一周》(*A Week on the Concord and Merrimack Rivers*)、《瓦尔登》(*Walden*)。《康科德河与梅里马克河上一周》除了记述河上一周的旅途见闻外，还包括神话、基督教、历史、友谊，而且谈诗、写诗。《瓦尔登》又名《林中生活》(*Life in the Woods*)，记载他在瓦尔登生活两年的实情。1844年爱默生为了保护康科德境内瓦尔登湖北岸的树林，买下该地。梭罗在湖边构筑了一间小屋，由1845年3月动工，经过四个月完成，为了证明在最低限度的物质条件下可以过独立的生活，进而完成了这部有意义的作品，显现了独立自主的生活个性。他认为，人不是为上帝而活。生活既可爱又珍贵，不能浪费，所以到林中与自然同住，吸取生命的精华。他强调，不是生命及不属于真正生命的事物或需要，都应加以排除。

三、惠特曼

在美国诗人中，被誉为是重要的代表人物，主要代表作有《草叶集》(Leaves of Grass) 及《民主展望》(Democratic Vistas)。自幼住在纽约布鲁克林，13岁开始学做排字学徒，以后到《长岛之星》(Long Island Star) 报馆，开始报纸编辑生涯。前后曾在《长岛人》(Long Islander)、《布鲁克林之鹰》(Brooklyn Eagle) 等报社担任编辑，并为多家报纸供稿，1848年开始倾力写作，1855年《草叶集》初版，内有长序一篇，无题诗12首，共95页。该书共发行九版，第九版在1892年出版，共382页。此书无论是体例或写作风格乃至思想内容，对当时的文坛都是一次大革命。"草叶集"主要是为"人的本身"歌唱，重视灵肉的关系，男女的平等关系，个人的尊严，民主的前途。他强调太阳、光明和生命，表现平民意识，讴歌民主。他认为文学并不是表现事物的抽象化，也不是哀怨或济世，而是一种生命，存在灵魂之中。1871年出版《民主展望》，讨论美国民主的某些缺陷，以及他对理想主义的信念。

惠特曼早期的作品是以幻想、不切实际、不积极、郁闷的特征来吸引人。一生思想受爱默生影响，1865年以前的作品，所呈现的往往是他个人的某些神秘经验，孤独的感受，对许多读者来说"高深莫测"，因此未受到青睐，但却受到爱默生的礼赞："在伟大的时代来临之际，我向你致意。"1865年，受过战争的洗礼，作品变得丰富，比较精致，不再以自我为中心，讨论到许多宗教与精神上的社会问题。1873年罹患严重的麻痹症，迁居新泽西，母亲在此时也不幸辞世，从此身体状况未能完全恢复，1892年去世。

四、洛维尔

诗人、教授、文学家，曾担任驻西班牙公使等公职。哈佛大学毕业，在《拓荒者》(The Pioneer) 杂志，《大西洋月刊》做过编辑，也在哈佛大学教过文学史和美学。才华洋溢，作品出色，能将欢愉的气氛传给读者，再现了美国人的话语，对美国的内战有许多切中时弊的批评。34 岁丧偶，开始埋头写作，以后由创作转向文学批评，受到高度肯定。洛维尔的才艺和聪明智慧对当时社会造成相当影响，除了获得诗人、散文家的声望外，更被认为是一位杰出的演说家。

　　洛维尔于 1841 年出版了第一篇诗集，1844 年出版第二部诗，除了诗作之外，他在散文方面具有相当的影响力，特别在批评文字方面。他在批评作家的时候，舍去印象主义的手法，着重时代与作家之间，作家与其著作之间，整个作品与其细节之间的关系，对美国文学发展有不可忽视的启示作用。

第四节　写实主义文学(1860—1920)

　　南北战争结束之后，美国社会问题日趋严重，文学创作朝向写实方向，史家称这段历史为黄金时代到镀金时代（From the Golden Age to the Gilded Age）。与前不同的是，社会上出现一批新的财阀，追逐私利，残酷无情，剥削大众，不仅政治风气败坏，社会思想由平实生活、高尚理念（plain living and high thinking）变成高贵生活、低俗想法（high living and plain thinking）。社会价值以科学为重，特别是推崇达尔文的进化论、适者生存的理论。文学朝写实主义（Realism）路线，重视生活的现实层面，强调地方色彩如自然风光、人文地理、风俗习惯、思想言谈方式等，并关心民俗文化，如民歌及舞蹈。

　　写实文学的代表人物有马克·吐温（Mark Twain, 1835—1910）、豪威尔（William Dean Howells, 1837—1920）、亨利·詹姆斯（Henry James, 1843—1916）。

一、马克·吐温

　　原名克莱门斯（Samual Lanyhorne Clemens），生于密西西比河畔，讨厌学校刻板生活，常常逃学，四处闲荡。12 岁父亲身亡，至印刷厂当学徒，喜好阅读，后至密西西比河当领航员，四年的河海生活为他提供了写作的丰富材料。27 岁至弗吉尼亚城当记者，用"马克·吐温"为笔名，开始了"文学"生涯，1864 年之后转到加利福尼亚作记者，在报馆的安排下开始旅行报导，出版了第一部书《卡拉维拉斯的跳蛙和其他短篇小说》(The Celebrated Jumping Frog of Calaveras County and other Sketches)，以后又到巴勒斯坦旅行，写了《傻子国外旅行记》(The Innocents Abroad) 记述旅行的情况，此书使他成为家喻户晓的人物。之后又写了《汤姆历险记》(The Adventures of Tom Sawyer)、《顽童历险记》(The Adventures of Huckleberry Finn)。

马克·吐温所处的时代恰于美国从贫穷的村落、泥道的通路，演变成工业大城、四通八达的铁路网，从幼稚纯朴到繁荣复杂；对于这样的时代，人们怀着希望，也怀有忧虑。马克·吐温以一支幽默的笔，解开人们心中的郁结。马克·吐温的性格平易、流畅、亲切、幽默，具喜剧演员的活力，使得他的作品受人喜欢，读他的作品会发出会心的微笑。

70 年代他投资做出版商，但没经过多久就失败了，90 年代体力衰退，创作减少，写作走向单一方向。1898 年宣布破产之后，心境大坏，出现厌世倾向。晚年获得许多荣誉，其中最珍贵的是牛津文学博士头衔。他的一生给予世人是一种逗笑的角色，但仔细阅读其作品可以发现，真正存在其心中的是一种愤怒、轻蔑，对人世的异议、幻灭、绝望和怜悯。

二、亨利·詹姆斯

生于纽约，父亲精通神学与哲学，哥哥威廉·詹姆斯（William James）为哲学家兼心理学家，自幼在父亲的刻意栽培下，前往欧洲，19 岁返美，入哈佛大学就读，不久在《大西洋月刊》发表小说。在写作方面，他将小说视为一种严肃的艺术形式，执著小说的形式与结构。他认为小说是一种兼容并蓄的体裁，是再现现实生活。他所指的现实不是客观的存在，而是作家对生活的印象和经验，是作者对生活的记载。

他喜欢用精美的构句，简化情节，加重心理动机的分量，尝试打破小说的传统格局，对后来现代小说的心理分析与意识流有相当的影响。主要的代表作有《美国风物》(*The American Scene*)《黛丝·米勒》(*Daisy Miller*)。他的小说经常有幻离事实、渗入自然力量的倾向，为后来现代小说的心理分析及意识流铺路。

三、豪威尔

现实主义小说家。具有西部人艰苦工作与坚毅不拔的气质，自学成功，早年曾任俄亥俄州《俄亥俄州日报》采访记者和主笔，1860年写了一本有关林肯竞选成功的书，而于1861年至1865年间被派驻威尼斯担任领事。回国后出任《大西洋月刊》副总编辑，再升任为主笔。1909年出任"美国艺文学院"(American Academy of Arts and Letters)第一任主席，领导美国文学，要求文学的写作必须有良好的形式与技巧。在他的坚持下，美国的文学技巧标准提高到从未有过的水平。

豪威尔作品具浓厚写实主义风格。早期作品有古典文学倾向，后来至纽约才转向写实主义。代表作为《赛拉斯·拉帕姆的发迹》(*The Rise of Silas Lapham*)是美国写实小说中第一部名著。他的文艺理论是："凡真实的东西皆有价值，除了当作嬉笑的插曲之外，凡非真实的东西皆无价值。"因此他不仅是位现实主义小说家，同时也是位伦理学家。豪威尔一生写了40部小说，晚年作品有社会主义倾向，特别是关注当时的经济或社会斗争问题。

第五节　20世纪前半期的文学

20世纪初起，美国社会面临转型，人口由1900年的6300万增至1950年的1亿5100万，工业发达，生活水平提高，政府开始干涉企业。这段期间美国介入两次世界大战，与苏联形成冷战的对立局面。此时的文学写作流行自然主义，在"主题的内容"(subject-matter)方面与写实主义有相当的不同。整体看来，有以下几个特色：首先是清教徒及超验论的潜力告竭，东北部的生活过于舒适，已无法再提供书写的体裁。其次是历史小说大行其道。这些小说家的作品洋溢着新国家主义，用高贵的情操道出作者对于国家的信赖，描写南北战争的小说也是以战争中敌对的兄弟或爱人重归于好收尾。第三是西部小说日渐重要，西部代表了美国的精神，代表了一些新的事物，一块正在逐渐失去光荣的大地。西部巨大的空间，本来一度属于未来的，忽然间，成为历史的一部分。第四是家庭小说看好，其主要的精神是"只要有耐心的等待，世界一切的事情都会好转起来"。第五是揭发贪污腐败的小说，特别是一群扒粪的新闻记者。可见20世纪美国的文学是建立在新英格兰文化衰微，现实主义、自然主义抬头，世纪末的派别出现的基础上。美国文学作品不仅在美国受到重视，并且在世界各地受到瞩目，有多人获得诺贝尔文学奖。

20世纪前半期的文学发展因受时代环境影响，写作方向有所不同。20年代美国文学被称为"迷惘的一代"，共同的特色是彷徨与失望。这一时期的作家多经历过一次世界大战，作品表现出反战的情绪，对社会的不满及怨情。作家们才华出众，富开拓精神，具独特艺术风格，在美国文学史上，属于一个标新立异的实验时代，作家无论在用词或表现方面，都各出奇招，有人写人物的外表，有人挖掘人物的心灵，表达他们的意识流，有人用倒叙的方法，有人不用情节。

30年代的美国文学大部分是在描述经济衰退所带来的贫困与萧条。这个时代美国文化主流思潮受"纽约文人集团"(the New York Intellectuals) 所左右。这群出身微贱的东欧犹太移民子弟，伫立在生活的边陲，渴望踏入世界的门坎，他们在文化沙漠中，步履蹒跚，忍辱负重，不屈不挠，终于获得肯定，让美国文化摆脱欧洲的束缚，树立了美国文化的新地位。

至两次大战之前美国重要的作家有：杰克·伦敦（Jack London, 1876—1916）、刘易斯（Sinclair Lewis, 1885—1951）、菲茨杰拉德（Francis Scott Key Fitzgerald, 1896—1940）、福克纳（William Faulkner, 1897—1962）、斯坦贝克（John Steinbeck, 1897—1962）、海

明威（Ernest Hemingway, 1898—1961）、帕索斯（John Dos Passos, 1896—1970）、索尔·贝娄（Saul Bellow, 1915—2005）。

一、杰克·伦敦

1876年生于美国加州，从小因家境贫困，须赚钱养家，造成他关怀穷人、信奉社会主义的理念。伦敦15岁时从事航海工作，后因无业被捕入狱；他曾考入加州大学，但只读了一个学期。1897年后开始以写作为生，最早的一部作品是《一个北方的流浪故事》（An Odyssey on the North），该书刻划了生动感人的图画，描述了在酷寒、黑暗与饥饿之中人与人的友谊。1900年第一部小说出版，获得不少稿费。在生活改善之后，他开始纵情享受，但不久就感到乏味，重回写作生涯，完成了"经典之作"《野性的呼唤》（The Call of the Wild）引起重大回响，此书被译为各国文字，使他成为全球著名作家。

《野性的呼唤》是一篇以狗为主角的故事，一条名叫巴克（Buck）的狗原养在一个有钱人家，过着幸福的日子。不料有一天被偷，卖给一名雪橇商人，从此开始过另一种"自然法则"的生活：不靠忠顺温柔，而依棍棒与白牙。从棍棒的启示中，它获得一套生存法则，"持棒的是立法者，一个必须服从的主人，虽然不一定要和他和解。"后来辗转又被转卖给一位有爱心的人。在森林活动之际，听到狼叫声，唤起它的狼性，挣脱主人，重返狼群，过自己的生活。

杰克·伦敦一生为正义、同情、博爱而奋斗，但由于生活放荡，用钱无度，不到40岁健康日衰，创作减少，40岁那年有感成功不再，钱财不见，爱情幻灭，吃药自尽。

二、辛克莱·刘易斯

第一位获得诺贝尔文学奖的美国文学家。1885年生于明尼苏达州，五岁丧母，父亲再婚，但并未给他带来愉快的童年。学龄时期，生活显得落落寡欢，除了孤单的漫步田野外，就是拚命读书。曾入耶鲁大学就读，除了在文学上有些表现外，其余平平，一度辍学，较同学晚一年获得学位。毕业后工作并不顺利，几经挫折，最后才在出版公司工作，安定下来。两度结婚，均以离婚终了。1951年于意大利逝世。

刘易斯是一位多产的作家，写过许多杰出的作品，也写过很多平庸的文章。他的早期小说和短篇故事，多是为中产阶级消遣而写，至1920年以后才改变风格，写出人们的心声，声名因而大响。《大街》(Main Street)是他一生写作的转折点，该书描写一位反叛的少妇，与丈夫一起返回西部家乡明尼苏达居住，少妇不习惯西部乡村保守、封闭的生活，试图加以改变，结果徒劳无功。此书小镇大街所代表的是"美国的共同过去"，当地的居民，受到"过去思想的压抑"。少妇改革的努力换来的是一连串的嘲笑，而她也无能为力，只能向现实低头。

刘易斯属于地方主义的作家，描述的主题多限于西部小城生活，无法掌握40年代二次世界大战新生活的面貌，因此他的作品到了40年代以后就逐渐退色了。

三、菲茨杰拉德

美国20年代的作家，作品在世时并未获得好评，去世之后才受重视。菲茨杰拉德曾就读普林斯顿大学，后因学业成绩落后遭退学，但他的小说却受欢迎。首部作品《人间天堂》(This Side of Paradise)大获好评，名利双收，以后又写了许多作品，其中最受人重视的一本是《大亨小传》(Great Gatsby)，全书分九章，以一个制造私酒致富的人为题，一针见血地刺穿了20年代美国社会表面的繁华与享乐，及隐藏在财富背后的道德空虚。书中反映出"20年代的爵士精神"，也刻划出人性永恒的一面。这本书在出版之际销路并不理想，可能是受他酗酒、声名不好影响，一共只卖了两万册。但在他死后，反而开始受到重视。1940年后被认为是美国的重要小说家。

菲茨杰拉德的作品走写实主义路线，将自己写入作品中。他自己曾表示："在每一篇故事里，都有一滴我在内，不是血，不是泪，不是精华，而是更亲密的自己，真正挤出来的。"[01] 终其一生忠于艺术，在最后的岁月仍念念不忘于创造新的作品。美国人认为他的作品是美国文化发展史中重要的一环，学校的课程规定学生要选修《大亨小传》，不是为了欣赏文学作品，而是为了了解美国文化。

四、福克纳

生于密西西比州，天资不高，童年喜欢绘画，长大后开始写诗，结交费尔·斯东（Phil Stone），在其鼓励之下，开始有系统的研读古典及近代的英美文学名著。一次大战期间，曾想参加欧战，未能如愿，战后做事，因缺乏耐性，难以有成。1924 年出版了诗集《无情的牧神》（*The Marble Faun*），之后开始写小说，1926 年出版了《军饷》（*Soldiers' Pay*），销路不好。之后《圣堂》（*Sanctuary*）打开了他的知名度。这是一部以"性"的丑陋为中心的小说故事，描写一位女大学生，从被诱奸开始一连串遭受性虐待的过程，小说中到处是强奸、暗杀等事。出版后毁誉参半，但却成为畅销书，为他带来丰厚的稿费，改善了他的生活。二次世界大战之后，福克纳的作品不再关心小说的戏剧性，转向关怀社会，自觉有责任解决南方所面临的社会问题。1949 年获得诺贝尔文学奖，提升了他在文坛的地位，不仅小说畅销，并站上大学讲台。弗吉尼亚大学请他担任客座教授，尽管没有读过大学，但教学却受到好评。1962 年 1 月骑马时不慎从马背上摔下来，身体就未曾复原，7 月因饮酒不慎，心脏病发，不幸去世。

福克纳的作品是历史的，也是时代的。文体高雅而不陈旧，技巧是意识流、心理的。福克纳是位自然主义作家，也是地方文学作家，关注人类问题与理想。他在获诺贝尔文学奖时曾表示，"我无法接受人类有末日的看法。人是不朽的，不是因为万物之中唯独人才有永不消失的声音，而是人有一种同情心，敢于牺牲和不畏艰苦的精神。"文坛

---

01 菲茨杰拉德 (F. Scott Fitzgerald) 著，*Great Gatsby*，乔志高译：《大亨小传》，香港：今日世界出版社，1975 年版，第 20 页。

对他作品的看法是:"深刻地探究人的内心:人的伟大、自我牺牲的力量、对权力的贪欲、贪婪无度、心灵的贫乏、狭隘的心胸、粗鄙可笑的顽冥,心灵的痛苦、恐惧,堕落的错乱。作为一位追根究底的心理学家,在英美文学中无人出其右者。"[01]

五、斯坦贝克

小说家、寓言作家、社会制度批评者、具有革新精神的文学家。[02]1902年生于加州,1968年去世,一生结婚三次,二度离婚,曾就读斯坦福大学,27岁出版了第一部著作《金杯》(*Cup of Gold*),从此展开写作生涯。写作多按自己的原则创作,表现出对不公平的愤慨,对虚情假意的轻视,对剥削、贪婪、残暴与狡猾行为的藐视。他相信人的纯朴,认为普天之下,人不应分彼此,应一视同仁。作品除了歌颂人的价值之外,并以热烈的关怀表现其同情的情操,30年代开始,他的作品就倾向反对美国的生活方式。1939年出版《愤怒的葡萄》(*The Grapes of Wrath*),获得诺贝尔文学奖美誉,此书描述贫苦地区的生活及所受到的冷酷对待,叙述了贫苦的农业工人乔德(Joad)一家在迁往加州路途中所遇到的种种苦难,及他们的勇气。这本小说早先被许多批评者认为是一些杂乱无章的流浪故事,但到后来,不仅摆脱"普罗小说"的嘲讽,更成为一件艺术作品,体现了美国三大思想:爱默生的超验论、惠特曼的民主精神,以及实用主义思想。此书布局大而周全,结构均匀,有动作、平衡、对称的力量,提示了生命的重点:不管群体的生存遭受打击有多大,都会起而自卫而且坚持到底。

---

01 何欣著:《20世纪美国小说家》,中国台北:中国文化大学出版部,1983年版,第315页。
02 杨耐冬译:《史坦贝克小说杰作选》,中国台北:志文出版社,1990年版,第15页。

六、海明威（1898—1961）

生于美国大城芝加哥，幼年好动，喜欢钓鱼，富有竞争精神，希望出人头地，是位天生的作家。一生历经两次世界大战，目睹世事捉摸不定，人间悲欢离合。战争是他写作的主要题材，28 岁出版《太阳也升起》(The Sun also Rises)，确立了国际声望，31 岁出版《战地春梦》(A Farewell to Arms)，41 岁出版《战地钟声》(For Whom the Bell Toll)，52 岁出版《老人与海》(The Old Man and the Sea)，1954 年获得诺贝尔文学奖，但因身体情况欠佳，未前往领奖，此后就一直未再完全康复，创作方面亦不见佳作。1961 年 63 岁时举枪自杀身亡，震惊全球。

海明威一生以写作获得盛名，他曾表示写作是他一生最快乐的事情。他小说中的主角，通常是创造的理想人物。他到过非洲打猎，看过西班牙斗牛，这些经验均成为他小说的素材。他不把自己写在小说里，只写理想中的自己。作品有一贯的特征：冷漠、坚毅、相信自己的力量，严守法规，向一切考验挑战。特别喜欢写危难中瞬间的勇气，并喜欢以外国为背景，表现戏剧性的手法。

海明威的作品可以分为两种面向，一种呈现的是失败、死亡、丧失，小说中的主角处于一种孤独与等待死亡的情境中；另一种呈现的是意志、征服。《老人与海》代表了后者，书中老人圣地亚哥（Santiago）是个胜利者，有坚强的意志。书中提示读者"人是不能被征服的，可以被毁，但战斗意志不能消灭"，为人类找到了生命的动力。评论家据此赞誉海明威的作品"创造出一位真正的老人，一位真正的孩子，一片真正的海，一条真正的大鱼和真正的鲨鱼群"，此书的真实感使他享誉文坛。

七、多斯·帕索斯（1896—1970）

1896 年 1 月 14 日生于芝加哥，小康家庭，幼时曾随双亲到欧洲及拉丁美洲国家旅游，爱好海洋及旅行，并喜欢阅读这方面报导。哈佛大学毕业后，曾前往西班牙研究建筑，一次大战期间参加救护队，战争结束后，担任新闻记者，后从事写作，1970 年逝世。主要代表作有《三战士》(Three Soldiers)、《曼哈顿转车站》(Manhattan Transfer) 等。《三战士》是描述美国大兵前往欧洲为民主、自由及个人尊严而战的故事。它是第一次世界大战后以写实的态度，描写战争及幻灭的重要著作。全书主旨在诠释一个真理：社会制度及社会群体所带来的战争，是个人无法逃避的，它压抑了个人的意志。人类社会从前会，将来也会，发展许多组织，个人是没有反抗能力的。帕索斯认为，个人只是大机器中的一个部分，整个军队像条波涛汹涌的大河，个人的希望被浪卷去，形成一个浪花，一个人必须活在这个浪涛中，或是葬送在抵抗过程中，任何试图想脱离它或逃避它的行动或念头，都注定要失败。

八、索尔·贝娄（1915—2005）

生于加拿大，九岁时随家人迁居美国芝加哥，幼年时即学会四种语言。曾就读芝加哥大学及西北大学，毕业后在师范学院教了四年书，曾参加《大英百科全书》编辑工作，二次大战期间发表第一部小说《摆荡的人》(The Dangling Man)。此书用日记体写成，记录人物的心灵活动，小说的主角处于两个世界之中：一个是理想的世界，一个是现实的世界，使他经常陷于痛苦与紧张之中。为了保有自由，以从军、参与社会的战斗来寻找生命的自主。之后又写了《牺牲者》(The Victim)、《奥吉·马奇的遭遇》(The Adventure of Augie March)，探讨生命的动力。

在他的作品中，《抓住时机》(Seize the Day) 被誉为 20 世纪伟大的中篇小说。文中描写主人翁汤米威廉痛苦的一天，从早上在纽约百老汇的一家酒店出现，到下午参加一个陌生人的丧礼为止。故事说明了在美国这个适者生存的社会中，个人怎样受到金钱定位、社会偏见的威胁，以及这个社会中人对情感与理性的选择等问题。小说中，主人翁经历一个沉沦的痛苦，失去了工作，家中的账单又等着他付，他成为一名彻头彻尾的失败者，只会回想过去，忧虑将来，却无法把握现在。到了中年才发现世路多歧，生活中有许多事不是纯凭情感可以解决的。1964 年再出版《赫佐格》（*Herzog*），获得国际文学奖，誉满全球。在这篇作品中，主人翁赫佐格是位知识分子，在大学教书，追求幸福快乐的日子，但因不懂得与别人往来，度过孤独、耻辱与屈辱的一生。1976 年他获得创作最高荣誉：诺贝尔文学奖。

第六节　20世纪下半期（1945年以后）的文学

二次世界大战之后，美国经历了朝鲜战争、越战、伊拉克战争等一连串的焦虑与不安，让生活在这个时代的人，有一种无可奈何、渺小无力的感觉，而如何在这种情势下生存，成为战后美国知识分子关心的问题。同样的，在这个时代中，人们精神上的危机感超过物质匮乏时期的痛苦，也成为作家们写作的对象。综观这个时期作家受到的影响有：(1) 参议员麦卡锡所造成的"红色恐怖"，大多数的作家不愿被扣上"颠覆"或"异己"的帽子，文学作品倾向非政治化，少有谈论现实政治，或对社会的抨击，转向探讨人类的本质及人类当前的处境；(2) 科学技术快速进步，影响社会结构、生活习俗、道德观念、价值取向；(3) 科学技术对人类的负面影响，人类被迫受控于未来世界；(4) 弗洛伊德及存在主义的影响，存在主义强调人类自由本质的理论与美国人的"独立宣言"不谋而合，对美国文学造成相当的影响。

这个时期文学家关心的多为人类的前途与归属，表现出一种自我反思理论。文学作品展现出人生经历中非理性的表现，而不重视对其合逻辑的陈述。文学作品强调动人情感的实体，吸引人们去探讨和热爱它，而不是去占有和利用它。文学语言有血有肉，不鼓励非人性的抽象科学语言；表示自身的存在，而不表达任何别的含意。这个时期的美国文学表现，题材多元化、问题深刻化，关心社会每一个角落，出现了一大批作家。这些作家很难分类，他们的态度没有一定归属，风格也是多样的，但为了介绍方便，本文根据一般的说法，简单地分为：垮掉的一代（Beat Generation）、黑色幽默（Black Humor）、南方文学、黑人文学等。兹分别说明如下：

一、垮掉的一代

这是 20 世纪 50 年代美国文学的重要流派，此时美国社会刚摆脱战争的阴霾，走向繁荣的道途。由于强调工业化、技术化的需求，影响美国社会趋向追求共同的理念与方法，忽视存在于个体之间的个人差异，造成社会间的冲突与矛盾。在这个"存异求同"社会中，强调认同的结果导致文学方面出现了一支强烈的反"求同"现代潮流。这批作家对美国的大政府、大公司、大劳工组织展开批判，希望回到传统的生活方式。加上受到二次大战后美国的恐共心理以及"麦卡锡"反共宣传的迫害，他们朝反主流路线写作。主要的作家有：塞林格（Jerome David Salinger）、凯鲁亚克（Jack Kerouac, 1922—1969）、金斯伯格（Allen Ginsberg）的作品之中。

1. 塞林格

战后美国作家中最能代表青年的反文化精神者。一生只写过两本小说、一本选集，内有九个故事，还有些短篇故事。塞林格小时读书成绩平平，喜欢戏剧及热带鱼，曾至军事学校接受严格军事训练。他不重视社会关系，结婚后，满足现状，每天将自己关在工作室中，不写作时，就看电视，不和外界接触。他的作品多批评美国教育，并将罪恶与成年人放在一起。他笔下的理想人物是儿童和少年，纯真和幼稚。

代表作为《麦田守望者》（*The Catcher in the Rye*），小说的主人霍尔顿·考尔菲德在一家精神病院里向心理医生回忆他在圣诞节前离开潘西中学，至纽约流浪三天的经过。读者在此可以看到一位桀骜不驯而又敏感苦闷的当代美国青年，在平庸、虚伪和丑恶的社会中，走投无路的情形。作品真实反映出当代美国青年所共有的孤独、苦闷、彷徨与对现实的不满,让成千上万美国青年觉得自己对塞林格比对亲人更近。

2. 凯鲁亚克

美国"垮掉的一代"(不满社会现实,又自谦人微言轻)最重要的一位作家。生于马萨诸塞州,童年时兄长病逝,对他造成重大影响,喜欢足球及阅读。后来前往纽约哥伦比亚大学就读,在校成绩优异,但时运不济,在一场足球比赛时受伤。二战期间加入海军服役,在训练时,因行为不端,被送进精神病院,遭除名退役。不久又因同伴杀人,被控包庇罪被捕,获释后,开始写作生涯。1954 至 1957 年是他创作的高峰。此时他对佛教及禅宗相当投入,试图透过东方的宗教,为西方的生命焦虑找到纾解管道。在生命最后一段期间,他过着"自我放逐"的岁月,纵酒、看电视、听音乐。1969 年 10 月 21 日在佛罗里达州的一家医院病逝。

凯鲁亚克共写了 18 部小说,其中最具有代表性的有《小镇与城市》(*Town and a City*) 以及《在路上》(*On Road*) 两篇。《小镇与城市》是从一种异化的角度探讨对现状的不满,表现出工业文明之下,小镇的传统社会道德价值与城市中令人眼花缭乱但危险丛生的精神和物欲之间的冲突,小镇家庭的温馨同移居到城市后的绝望、失意,形成强烈的对比。《在路上》是一部自传体小说,重视流浪汉冒险生涯、亡命之徒对社会的反叛。他笔下的人物都是边缘人,包括吸毒者及流浪汉。凯鲁亚克的自然主义有种神秘的、浪漫的、超现实的色彩,寻找传统文学所忽视的地方及新价值。他强调随兴的自然创作,禅宗的顿悟、体验和启示,反映了美国的情绪和美国的社会。此书所显示的垮掉派基本精神是:不再相信任何权威、无视传统习俗与道德文明的约束,对现存的法规、制度不满。

在垮掉人士看来,所谓正常生活是以牺牲个性为代价,所谓企盼的人生前景不过是痴人说梦而已。这些人要求改变生活,改变社会面貌,寻找兴奋的生活,用爱情、美色、大麻、烈酒、爵士乐等来取代平庸无聊的生活，打破一切框框。他们认为人生最大的意义是体验各种经验，及时行乐是他们的生活教条。他们历经艰险，奔驰在大路上，真正的目的不是在追求安定的伊甸园生活，而是只想过一种漫无目标的流浪生活。自认为是世界的过客，遭西方文明戕害。他们藉逃遁，对一切世俗观念的厌倦，实现自我价值，追求有意义的生活。

3. 金斯伯格

生于新泽西州，为俄国犹太人后裔，父亲为中学老师，也是位诗人，母亲是美国共产党员，对他的诗作提供不少灵感。曾就读哥伦比亚大学，后因故被退学，二次大战后，重返哥伦比亚大学，并于1948年毕业，后受美国反共政局影响，精神崩溃，送入疯人院，稍后死于疯人院中。

金斯伯格从一开始就是一名文学边缘人，代表那一个时代的诗人对社会压抑体制的反抗，尤其是对资本主义的控诉。他用不押韵的自由诗和放浪的生活方式，反对与资本主义体制的认同与合作。关心社会与公共问题，如核战、越战、种族主义、生态等问题，诗歌中透露了个人生活、旅行、性史、吸毒、对佛教的兴趣等。他与凯鲁亚克一直维持关系，两人的作品有许多近似之处，表达了美国青年的呐喊。其代表作为《嚎叫》(*Howl*)，描写这一代精英思想被疯狂摧毁了，青年对现存社会体制愤懑、失望。《嚎叫》代表作者对现实和未来的批判，表达了被异化的美国的呐喊，也表达了他对美国社会、世界与人生的看法。将超越世界与现实世界结合在一起，打破一切传统。

金斯伯格的诗作描述了折磨人的现代城市生活，将失败转化为一种神圣经验，被认为具有《旧约》一样的预言力量，谴责罪恶。《嚎叫》使他成为美国诗歌的预言家，也使他的诗成为美国社会运动的一部分。

二、黑色幽默

这是 20 世纪 60 年代美国出现的一种文学流派,1965 年美国当代作家弗里德曼编了一本小说集,书名叫《黑色幽默》(*Black Humor*)来概括一批作家,从此"黑色幽默"获评论界和社会接受,成为一个时代文学学派。"黑色幽默"中的"黑色"是指可怕又滑稽的社会现实,"幽默"指的是对这种现实玩世不恭的嘲讽。这一派的作家往往以存在主义哲学为思想基础,以世界的本质是荒诞的为出发点,凸显现实混乱不堪以及个人与世界的紧张对峙,以一种无可奈何的态度,将这种对峙加以放大、扭曲、变形,使它显得荒诞不经、滑稽可笑,同时又感到压抑和沉闷。他们的共同点是透过离奇、怪诞的情节,运用嘲讽的手法对人物和环境进行漫画式的夸张,表现恐怖的主题,如死亡、战争等。重视支离破碎,互不关联,充满了消极,属于反现实主义。简言之,黑色幽默是一种病态的幽默,把一种欢乐、异想天开的事实与平静得不相称的反应,残忍与柔情并列在一起的喜剧。

代表作品有海勒(Joseph Heller)的《第二十二条军规》(*Catch-22*),反映了美国社会的病态。冯内果(Jr. Kurt Vonnegut)的《猫的摇篮》(*Cat's Cradle*),描写了他对人类社会的失望和恐惧,并试图模糊生活中胜者与失意者间的界限。此外还有品钦(Thomas Pynchon)、约翰·巴斯(John Barth)等人的作品,都有相当的表现。

1. 约瑟夫·海勒

1923 年生于纽约的一个俄裔犹太人家庭,早年丧父,生活艰苦。二次大战期间参加美国空军,曾赴意大利作战。战后至纽约大学就读,获得文学士学位,随后前往英国牛津大学深造,在大学教过书,1961 年起成为职业作家,代表作品为《第二十二条军规》。

这部小说以二次世界大战为背景,在意大利一个小岛,一支美军驻在此地,他们的生活表现出荒诞、非理性、无秩序的魔鬼世界。人欲横流、道德沦丧,人们变成了没有人性的东西。疯人受勋、坏人得道、正义与理性受到嘲弄，无辜的人被一种异己的力量所支配，当官的人借着战争飞黄腾达，升官发财。

《第二十二条军规》没有完整的故事情节，透过这个美军基地40个人物的言行以及周遭的故事所串成。从小说中可以看到在这个荒诞的世界里，不法奸猾之徒如何左右逢源、飞黄腾达，而一个有正义、道德的人如何四处碰壁，最后被逼得逃之夭夭。

此书暴露出规范的不合理。譬如22条军规规定，凡是神经不正常的人可以申请停飞，但同时又规定，任何想停飞的人都必须自己提出申请，但一旦提出申请，这个人就不是疯子，因为对自身能表示关切的人就是正常人。在这种社会中，一个人的出路不是逃亡就是死亡。22条军规是作为疯狂世界的象征，它是机械世界、恶毒世界和专制意志的体现。因为它，正义和道德成为嘲笑的对象，无辜者成为牺牲品。

2. 冯内果

1922年生于印第安纳州，富文学才华，曾就读康奈尔大学，二次大战时被德军俘虏，战后入芝加哥大学读书。1950年起开始专事写作。1952年出版了第一部小说《自动钢琴》(*Player Piano*)，描写计算机控制下的机器，对人类命运的影响。1961年以《夜母亲》(*Mother Night*)一书获得重视，此书将科幻小说与社会现实结合起来，描写二次大战期间一名美国剧作家，住在德国，为盟军秘密工作，战后却被视为纳粹战犯的故事。小说充满了嬉笑怒骂的语言，被认为具有"黑色幽默"的手法。

1963年他出版了代表作《猫的摇篮》。《猫的摇篮》全书有287章节，内容复杂，结构松散，但却刻划出现代科技与人生道德理念的冲突。故事描述一位作家藉由原子弹发明家只重视成果，不关心道德的结果，造成世界的末日，指出现今社会，特别是科学研究所产生的负面影响，以及对宗教思想的讽刺和揶揄。冯内果在书中所要表达的是，一旦科学技术的研究偏离了正确的方向，它的发展将成为人类的不幸，因此他把科技看成是一把两面的刀，人类今天的物质享受受惠于科技的进步，但最先进、最致命的武器也是科技发展的成果。而这个世界对这些与人性背道而驰的事却不闻不问。面对这种困境，他提出解决方法，用博爱与善良增加生活的意义，或者以宗教的幻觉来取代现实，再来是用玩世不恭的态度来接受现实。全书写出了人类历史的悲剧与无奈。

三、南方文学

南方文学所指的是生于南方的作家，具有一定的写作风格，主要的代表作家有：

1. 华伦（Robert Penn Warrent）

1905年生于肯塔基州，作品具有南方乡镇的气氛，代表作为《国王的人马》（All the King's Men）。小说描写主人威利·塔斯克从一个普普通通的农家子弟一直爬到州长的宝座，最后又死于非命，凸显了政治人物明争暗斗的过程。威利一生带有悲剧的色彩，他投身政治界是为了改革社会，造福人民，即使在最失意痛苦时仍礼贤下士，关心民众疾苦。但在现实的政治环境之下，他遭腐蚀，进而相信动机与结果，否认手段与方法。为了达到目的，可以使用任何手段去做想要做的事情；只要能为己所用，只要能达到目的，他不惜与坏人为伍或干一些坏事。上台之后重用叛将，他的名言是，"找一个大家都相信的人，就夜夜失眠，找一个大家都不信的人，就可以夜夜高枕"。

2. 凯瑟琳·安波特（Katherine Anne Porter）

1890年生于得克萨斯州，幼年丧母，16岁即与男人私奔，不久即离婚，开始流浪生涯。20岁起为杂志社写稿，1930年发表短篇小说《开花的犹太树》（Flowing Judas and Other Stories）受到欢迎。波特写作态度严谨，作品不多，以长篇小说《愚人船》（Ship of Fools）誉满文坛。《愚人船》于1962年出版，写作费时20年，根据作者一次海上旅行的经历而写成，记载一艘名叫"维拉"的货轮从墨西哥驶往德国不莱梅28天途中，人们生活的点滴。在这里，不同国籍的人，不同的性格的人有不同的表现。作者对这些人作了精细的观察和客观的描述，特别是他们的言行。这部作品之所以引起重视，正如作者所说："我只想写出人类的弱点和对他人的伤害，或背负着不能担负的包袱，这些包袱使他们成为这个样子。"[01]

四、黑人文学

黑人文学是指20世纪20年代以后，美国文坛所出现的一批有才气的黑人作家，对美国黑人的觉醒在文字上的表现。尽管在他们之前，已有不少的黑人作家，但真正唤起自觉的重要年代是在一次世界大战之后。新一代的黑人作家不在乎白人对他们的看法，他们追求自我的价值，不以黑色皮肤而感到羞愧。纽约的哈林区成为他们活动的重镇，称为哈林区文艺复兴[02]。60年代，黑人作家的表现，在黑人女性作家的努力之下，有了重大的成就，黑人文学摆脱过去以呐喊、控诉为主的写作，改以描述走出心理的黑暗，为黑人文学在美国文坛争得一席地位。

黑人文学不是一种自我的表意，而是社会文化的符号，受种族主义影响，黑人在写作的主题、结构或风格上都带有黑人的符号，如语言、价值、信仰或风格，描述他们对其历史、文化和社会的幻想，摆脱各种形式的压迫、追求自由。他们的文学是记载黑人的集体经历，源于欧洲个人主义精神和黑人集体主义的结合，以一种天启性的涵义以及社会的现实，从黑人的语言、音乐和宗教中找到生命所在。

代表作家有：

---

01 黄铁池著：《当代美国小说研究》，上海：学林出版社，2000年版，第267页。
02 1926年由阿兰·洛克Alain Locke提出黑人生命应表现自我及自觉，而掀起哈林文艺复兴以后，洛克的新黑人思想转化为新的种族骄傲，表现在文学及艺术方面。

1. 埃利森（Ralph Ellison）

1914年生于俄克拉荷马州的边陲地区，长大后成为一名交响乐作曲家，后入图斯克基学院，受艾略特小说启示，开始写作，找寻黑人文化与白人文化的关系，以及黑人艺术家对他的人民和艺术应负的责任。代表作为《看不见的人》(The Invisible Man)，这部书对黑人经验有深刻的描写，被评价为1945年至1965年间美国出版最杰出的单行本作品。

《看不见的人》一书分25章，追溯一个无名的黑人从天真地相信美国梦，到领悟和确认自我与社会的历程。这本书的主人翁在南方出生长大，深受到白人价值观、仪式和禁忌的影响，导致他不仅压抑自己的情感，也压抑自己的人性。为了找到自己的人性，他必须承认自己的非洲遗产，拒绝美国的种族主义。这本书描绘了美国黑人在美国社会中对自身的历史寻求，颂扬了非洲裔美国黑人文化的丰富、多重性和生命力。

2. 莫里森（Toni Morrison）

1931年生于俄亥俄州，先后在霍华德大学及康奈尔大学获得学士及硕士学位。之后至得克萨斯大学任教，再转行到一家出版公司工作，代表作有《最蓝的眼睛》(The Blue Eye)、《秀拉》(Sula)、《所罗门之歌》(Song of Solomon)、《柏油孩子》(Tar Baby)，是诺贝尔文学奖得主。

莫里森的小说主题在探索性别歧视和种族主义对黑人妇女生活的影响，对黑人妇女的人格有深入的描述，她以敏锐的眼光、明察的态度从事写作，使得她的作品呈现一股新鲜感，具有相当的启发性。她对生活意志的关怀，揭发了真实的心路历程和复杂的人性，受到文坛的推崇。

3. 沃克（Alice Walker）

黑人女作家，1944年生于乔治亚州的一个农民家庭，家境清寒，从小对黑人的贫困与苦难有深刻的体会。1970年出版了第一部小说《格兰吉·柯柏林的第三次生命》(The Third of Grange Copeland)，谈论黑人妇女所受到双重压迫的问题，以及黑人妇女被解放的过程。之后又出版了诗集《一度》(once)、《革命的紫色花》(Revolutionary Petunias)，1982年出版了《紫颜色》(The Colour Purple)，轰动一时，并改编为电影，使她成为著名的作家。此书描写一位黑人女性，从14岁的苦难岁月到中年获得新生活的过程，以及她的心路过程。反映了当代美国黑人妇女在多重压迫之下，为改变自己命运所做的努力。这部小说代表了黑人小说新时代的来临，与以前的黑人小说不同的是，它不再只是控诉、呼喊黑人受到不平等待遇，而是描述黑人走出黑暗的故事，反映了黑人妇女挣脱锁链走向新生的社会阶段。

第8章
娱乐休闲生活

美国作为全球的巨人除了军事强权之外,娱乐休闲亦成为各地区人民模仿的对象。透过电影、音乐、运动等表现,在利益的诱导之下,采企业管理方式,征服世界。如果说,美国 NBA 篮球能载誉全球,其成功的因素不是球技,而是企业管理(MBA)的成功。

第一节　电影

探讨美国文化,电影是重要的一环。这个由法国于 1895 年问世的新文化工业,后来却成为美国文化的炼金石。不仅为美国带来巨额的财富,更成为美国品牌的最佳代言人,美国梦的发言人。电影解构了过去艺术的价值观,推翻了过去贵族及富人对艺术的垄断,从此艺术与生活结合在一起。大众生活与大众艺术为现代人带来了新的文化意义。电影院不只是打发时间,而且是作为社会生活或者办公室聊天的一部分。

一、美国电影事业的出现

一般论及美国电影多以 1896 年 4 月 23 日为起点。纽约的一所音乐厅在这一天放映了几分钟的活动影像,造成轰动。之后爱迪生发明了摄影机及放映机,解决了活动影像连续动作的难题,使得电影走向了艺术的殿堂。1903 年,爱迪生影片公司拍出几分钟小故事,不同以往的是,这次拍摄不是把镜头固定着对象,而是移动拍摄,增加观赏的视觉,吸引了大批观众。1906年美国出现了廉价"五分钱"电影院(Nickel Theater),吸引了大批下层群众,不到两年工夫,全美即出现一万家这类电影院。由于对影片的需求量大增,制片也相对快速成长,从纽约、芝加哥到佛罗里达到处掀起制片风潮。这时以纽约为主的七家大电影公司想垄断美国电影市场,联合组成"专利公司"(Trust),取得影片制作、发行和放映等16项专卖权,控制电影事业,引起独立制片公司和影片发行商不满,并向法院提出告诉,指控垄断违法。法院裁决专利公司不法,取消专利权,从此独立公司开始鸿图大展,并向好莱坞进军。

二、好莱坞(Hollywood)时代

好莱坞的英文本义是"冬青树",原为美国加利福尼亚州洛杉矶郊外的一座荒凉牧场,1886年为一商人购得,兴建别墅,种植大片冬青树而得名。此地四季如春,风景怡人,外来人口多,劳工价格低廉,为电影公司拍片的理想之地,吸引了许多独立公司纷纷前往发展。1908至1914年好莱坞出现了一位出色的剧作家,名叫格里菲斯(D. W. Griffith),开创了"蒙太奇"(Montage)拍摄方法,使用剪辑的新手法,将许多镜头组织起来,构成一部前后连贯、首尾完整、表现主题思想的影片,抓住观众的情绪,提高了影片的表现力,影响电影的观众群由下层阶级转向中产阶级。30年代开始,华尔街的财团如洛克菲勒与摩根等人见电影事业有利可图,开始对好莱坞电影事业投下大笔资金,并展开竞争,开启了好莱坞的商业电影王国。

好莱坞的电影代表美国神话的降临,由制片、发行、放映的三位一体结合可以看到现代美国电影文化的生态。好莱坞的发展可以1948年为界,分为两个阶段,1948年以前称为"古典时期",1948年以后为"大众媒体"。古典时期又称为"片场时期"(The Studio Era),由八大公司(派拉蒙,Paramount)、20世纪福斯(20th Century Fox)、米高梅(Metro Goldwyn-Mayer, MGM)、华纳兄弟(Warner Brothers)、雷

电华（Radio-Kwith-Orpheum, RKO）、环球（Universal）、联美（United Artists）和哥伦比亚（Columbia Pictures）的片场控制了整个电影工业。它建构了美国电影的意识形态，奠定了好莱坞电影形式和内容的"标准化"，包括古典叙事结构和"类型电影"。

古典叙事结构采用写实主义的技巧，运用剪接、声音和场面调度等手法表现，隐藏叙述的痕迹，让一个有选择性的故事看起来就像是自然而然发生的。叙事遵守因果原则，故事发展分为三个阶段：秩序形成、秩序破坏、秩序恢复。情节环环相扣的表现手法让观众产生"写实"的感觉。这套"看不到技巧"的方式使得好莱坞成功。[01] 由于电影的创作过程和消费是一种集体行为，制作量大，平均每年生产450部以上电影，因此整个制作过程得以装配线方式生产，各大片场除了寻找供应不乏的原料外，并得有装配一部电影的"零件"，而发展出美国的"类型电影"。

好莱坞的电影类型有西部、歌舞、浪漫、黑帮等，各类型有一个固定性格的主角，透过观众熟悉的故事模式及不断的演出场景，产生大家熟悉的结果。类型电影成功之处在于它不是为了大众而创造，而是被大众所创造，它属于一种"观众主动但间接参与"的模式。电影大众将他们的集体意识、价值观、间接地写入电影中，藉由群众不断看电影，类型电影成为现代人的一种"文化模式"，宰制观众于不知不觉之中。

1948年美国最高法院判决好莱坞五大公司（派拉蒙、福斯、米高梅、华纳、雷电华）违反"反托拉斯法"，要求这五家公司必须分离旗下的戏院和制片、发行体系。这个"派拉蒙判例"（Paramount Case）是好莱坞发展的重要转折点。此后十年，观赏好莱坞电影观众人数持续下滑，片场制度瓦解，改以和独立制片人合作拍戏为主，自行拍制为辅。观众对影片的需求量降低，传统生产线式的拍片不能再符合新时代的要求，象征古典拍片时期结束，大成本、大制作的时代出现。"大众媒体"时代降临之后，大制作的影片原来是要与电视对抗的意

---

01 李达义著：《好莱坞电影梦工厂》，中国台北：扬智文化，2000年版，第16页。

图，迫于现实的转变，逐渐与电视工业走向合作。80年代与全球多媒体市场结合，多厅式戏院（mutiplex）诞生，好莱坞电影成功地与有线电视、家庭录像带等其他媒体成功结合，进入一个新世纪。

三、美国电影发展史

美国电影发展系由默片开始发展为有声电影，然后是彩色、单声道音响、立体音效、立体画面再到宽银幕。

默片时代（silent movies）又称为"五分钱电影院"时代，由于票价低廉，吸引下层民众观赏。默片多为喜剧片，将一些伤感有趣的故事搬上银幕，引起观众共鸣。此时的演员因不受语言的影响，各国演员都可被接受，其中最有名的演员是卓别林（Charlie Chaplin），代表作有《淘金记》（The Gold Rush）、《城市之光》（City Lights）、《摩登时代》（Modern Times）等。1923年之后，收音机出现，观赏默片的人口锐减，为了吸引更多的人走进电影院，有声电影问世，1929年的《纽约之光》（Lights of New York），象征有声电影的时代正式来临，美国电影进入了黄金时期。

20年代至40年代，美国为多事之秋的年代，除了参加了两次世界大战，并经历了经济繁荣与大萧条的起落。美国电影及时反映了时代，为美国人找到精神纾解的方式。譬如《西线无战事》（All Quiet on the Western Front 1930）就描述了一次大战，《人民的公敌》（The Public Enemy）反映20年代美国社会问题，《愤怒的葡萄》（The Grapes of Wrath）描绘了不景气时代农民的生活。美国电影所以被称为"梦工厂"，指的就是在1929年经济大萧条时代，大批失业工人丧失寄托，到电影院打发时间，而电影公司适时推出许多温馨的影片，让人们在此找到希望。

30、40年代的电影除了类型电影之外，最主要是战争影片，电影公司不惜巨资投入军事题材，拍摄战争纪实影片，如《忠勇之家》（Mrs. Miniver）、《北非谍影》（Casablanca）。后来也有许多电影以这个时代作为题材拍摄，如《乱世忠魂》（From Here to Eternity, 1953）、

《桂河大桥》(*The bridge on the River Kwai*, 1957)、《巴顿将军》(*Patton*, 1970)、《最长的一日》(*The Longest Day*, 1962)、《辛德勒的名单》(*Schindler's List*)、《珍珠港》(*Pearl Harbor*) 等。

战后，好莱坞面临"红色恐怖"的政治风暴，长达十年之久，电影制作遭严重打击。战后美国笼罩在恐共阴霾中，1947年美国众议院非美活动委员会（The House Un-American Activities Committee, HUAC），对美国电影中的共产主义问题举行听证会，审讯了"好莱坞十人"，并于1950年6月，将十人分别判刑六个月至一年。此案牵连了好几百人，至1954年至少有214名在好莱坞工作的人被指控是共产主义者，其中106位作家、36位演员、11位导演、4位制片人、6位音乐家、4位动画制作家、3位舞蹈家、44位工作人员。在这将近十年的红色恐怖期间，电影界弥漫不安的气氛，除了影响电影的创作之外，也冲击了票房的收入，其中有些人确为共产党工作，但也有不少被冤枉的人。尽管风声鹤唳，50年代美国电影界仍拍摄出许多动人的影片，如《乱世佳人》(*Gone with the Wind*)、《罗马假期》(*Roman Holiday*)、《战争与和平》(*War and Peace*)、《窈窕淑女》(*My Fair Lady*) 等。

60年代以后美国电影受嬉皮反社会思潮影响以及太空探险刺激，出现许多关于家庭及社会伦理的影片，如《雨人》(*Rain Man*)、《为黛西小姐开车》(*Driving Miss Daisy*)，以及外层空间的电影，如《星际大战》(*Star Wars*)、《太空漫游》(*2001：A Space Odyssey*)、《第三类接触》(*Close Encounters of the Third Kind*) 等。

随着电视走入家庭客厅，电影的制作也开始改变方向，至90年代，电影的主题是以科幻片以及警匪片为主，美国电影制作中心则由好莱坞迁往纽约，电影院则朝多厅化发展，不仅可同时放映多部影片，戏院还销售饮料、有关电影的纪念品，此外，观众所喜欢的影片及主题曲被制作成录像带和光盘，导演、演员的签名和海报也透过销售而获利。

四、美国电影成功的秘诀

好莱坞的电影将西方传统的贵族精致艺术发展为符合大众的平民

艺术，代表了美国民主精神的体现。其成功秘诀在塑造了电影明星，创造了奥斯卡金像奖，并建立发行网。

首先说电影明星。由于电影公司在技术层面相互竞争无法分出高下，因此转由培育明星和角色来区分你我，使得明星成为电影"质量"的制造者，分辨商品的重要指标。好莱坞影片之所以大力推销电影明星有其依据，从心理学的层面来看生命，人是一种依附的存在，当君主帝王、英雄豪杰不见之后，人类面对一种失落，好莱坞及时推出电影明星，满足时代的"集体投射"，激励了个人的生命力。"电影明星"建立在崇拜的基础上，是社会通力合作打造出来的完美个人形象。电影明星的一举一动、穿着打扮，无一不洞见观瞻，影响社会时尚。一般人对明星的印象，也就是明星影像（star image），特别在其豪华生活的层面，只看到消费而不见工作。明星最吸引人的地方是与一般常人之间只有生活的方式差异，而非本质上有何不同。明星就是一般人，只是比一般人幸运一些。明星的故事往往是一名默默无闻的乡下女孩，被星探看中，成为一颗耀眼的明星，为许多平凡的人带来美梦。

其次是奥斯卡金像奖（Oscar Awards）的鼓励。美国电影界对影片的鼓励也是促进电影发展的成功因素。1927年美国第一个电影学术机构："电影艺术与科学学院"在洛杉矶成立，获得加利福尼亚州州政府颁发非营利机构证书。该院宗旨为提高电影艺术和科学质量，表彰电影业成绩卓著者和促进技术研究等。1929年5月16日举行首次颁奖大会，共有导演、演员、创作、技术和制作等五项，由学院中这五个部门初选，将优胜者交中心评审，投票表决，之后每年举行一次。1957年改由学院各部门提名，由学院全体会员投票，选出得奖者。学院奖分为"成就奖"与"特别奖"："成就奖"有最佳影片、最佳剧本、最佳表演（男女主角、配角）、最佳摄影、最佳美工、最佳音乐、最佳音响、最佳化妆、最佳短片、最佳纪录片和最佳外语片；"特别奖"有最佳荣誉奖、纪念奖和人道主义奖。学院奖品为一座13.5英寸高的镀金全裸人像。1953年，一位图书馆管理员看到金像时，惊叫："它真像我的叔叔奥斯卡！"从此金像就被称为奥斯卡。1954年起，学院奖正式被称为奥斯卡金像奖，一直到今天。

好莱坞电影成功的第三个因素是制片与发行、放映的密切关系。发行指的是将完成的影片,交由戏院放映,由放映业者负责戏院的经营。早期制片兼放映,没有发行,后来发行与制片分家,与放映也分家。发行是所有的利润来源,掌握了发行就等于掌握了电影通路。以前的放映只限于电影院,但 60 年代之后,放映的通路不再限于传统的电影院,还包括有线和无线电视版权、家庭录像带、DVD、LD 版权和海外市场。以 1990 年为例,全美电影票房 50 亿美元,家庭录像带 100 亿美元、唱片市场 70 亿美元、有线电视收费 170 亿美元。除此之外,电影明星的边际效益如剧照等商品和影城加上游乐园,其收入更难估算。

第二节 音乐

美国早期的音乐主要有宗教音乐、古典音乐。宗教音乐受教会发展影响,有不同的表现,可分为清教徒的音乐与福音圣歌音乐。在清教徒的心目中,圣歌和赞美诗是信仰的一部分,因此音乐只限于对上帝的礼赞。最早的一本乐集是《海湾赞美诗集》(*Bay Psalm Book*),内有 50 首圣诗,有 13 种曲调。由于当地居民识谱能力有限,因此多采用齐唱方式,每个人有自己的曲调,结果出现了美洲最早的乐谱。

福音音乐起于宗教大觉醒时代,是在没有教堂的营地聚会所唱的赞歌。聚会采宣讲福音、祈祷、歌唱方式进行,赞歌多为质朴、富民间风味,将基督教的主题融于欧洲音乐传统之中,被认为是圣歌。这些福音音乐旋律生动活泼,是美国的流行赞歌。至于古典音乐,是殖民地上流人士的社交活动。1731 年在波士顿举行了首次公演会,1761 年成立了音乐协会,作曲家们多前往法国或德国接受正规训练。一直到晚近以来,美国音乐家才创作美国自己风格的古典音乐。

美国早期音乐受欧风影响,独立革命后开始改写英国的歌词,如《洋基歌》(*Yankee Doodle*)。此曲原为英国人嘲讽殖民地人士粗俗的衣着与举止,讥讽他们是蠢蛋或傻瓜。革命期间,美军修改了歌词，作为自己的歌，以表明他们对自己朴素、自己做的衣服和直爽的举止感到自豪。战后，美国开始发展自己的音乐，福斯特（Stephen Foster）的艺术歌曲受到欢迎。此时美国有不少代表作问世，如霍普金森（Joseph Hopkinson）所撰，1798年4月25日在费城所演唱的《嗨！哥伦比亚》(Hail, Columbia)；克伊（Francis Scott Key）所撰，1814年10月19日在巴尔的摩歌剧院所唱的《星条旗》(The Star-Spangled Banner)[01]，史密斯（Samuel F. Smith）于1832年所撰的《亚美利加》(America)。南北战争期间，黑人音乐与军乐开始流行。

二次世界大战后美国音乐有了重大发展。1948年密纹唱片问世，价格下降，售量大增，作家态度改变，音乐会增加，许多城市建立艺文中心。12音位法成为音乐作曲的主流。有关这个时期美国音乐的具体成就有：

一、电子音乐的出现

录音带是主要的工具，凯吉(John Cage)是第一位在录音带上录制音乐者，1952年在纽约现代艺术博物馆举行了第一场录音带音乐会。他们的理想是让乐器附属于思想，科学复兴音乐，"音乐是空间"、"声音是活物"。

二、合成音乐出现

早期合成音乐器材笨重、价钱昂贵，60年代中期半导体及合成电路的发展，带动了较小的合成器，音乐工作室在各地出现。技术、商业与艺术结合。之后现场电子歌唱转向多媒体，用幻灯、电影、乐器组合和电子声来表演。1957年计算机合成声音出现，作曲家增加个人对音乐材料的控制，并对声音进行实验，找到了随机创作音乐的方法。他们不是写作音符者，而是创作音乐的原材料，由演奏者去使用。

---

01 这首歌于1812至1815年美英之战时谱成，1931年被美国国会接纳为美国国歌。

三、音乐形态改变

在以前，音乐是有声的，1951年音乐出现了无声的音乐，1952年钢琴家都铎（David Tudor）于8月24日举行了一场不演奏音乐会，4分33秒让听众在没有音乐声音下听观众的声音。他用禅及静的思想将自己从作曲中释放出来。无声比有声更多，音符互不关联在空中游荡，仿佛是有智慧的主体。这些音乐家认为音乐实际上是想象出来的听觉和其他知觉的分离，与音乐有关的活动是不存在的。1961年纽约弦乐三重奏演奏，利用听众的噪音为辅助音，使得整个音乐会活起来。

新表现主义的音乐不是释放作曲家的情感，而是演奏者的情感。极简派：减少作曲材料、重复材料、无变调的和声、缺乏对比。

四、音乐种类

在美国音乐中，较受瞩目的有爵士乐、蓝调、乡村歌曲、摇滚乐四种。爵士乐是美国独一无二的音乐。蓝调是由黑人早期宗教和世俗音乐相互影响而成。乡村音乐是南部高地白人的音乐。摇滚乐是通过录音和广播而流通。分为硬摇滚、重金属、艺术摇滚、庞克摇滚。硬摇滚是一种电化的蓝调，重金属是将蓝调与男高音结合，有性别歧视、仇恨和神秘主义；艺术摇滚则有更高的美学要求；庞克摇滚是一种粗鲁、原始、生硬、猥亵的摇滚。

美国音乐虽然发展远落后于欧洲国家，但却创造了自己的风格，影响20世纪乐坛至深且巨，兹分别说明如下：

1. 爵士乐

什么是爵士乐？它是美国唯一的原创艺术形式，也是美国本土音乐。20世纪20年代出现在美国的路易斯安那州新奥尔良，是美国的文化结晶。爵士乐的源头为非洲文化，也可以说是美国黑人音乐。确切地说，它是非洲传统音乐与欧洲古典音乐在美国杂交而成的音乐语言。

这种音乐形式，同时受欧洲声乐与非洲复杂节奏的影响，演出往往是即兴的，由非洲裔美国人发扬光大，简言之，它是非洲、欧洲与美洲的热情融合体。

爵士乐的基调是布鲁斯（蓝调，blues）及散拍乐（ragtime）。蓝调是指在棉花田里劳动人们喃喃的悲叹与呻吟，又称为灵魂，它与"呼喊与响应"结合，抒发了情感的压抑。至于散拍乐，指的是由钢琴伴奏，提供跳舞的酒吧音乐，它的旋律、和弦和4/4低音调，源于欧洲19世纪的吹奏乐。非洲的音乐为五音阶，欧洲为七音阶，当非洲音乐和欧美教会、军队、音乐厅的音乐相逢时，爵士乐的前身就出现了。

爵士乐的主要乐器为萨克斯风和喇叭，由萨克斯风发出的呜呜低沉的压抑声，透过缓慢的节奏，演奏出个人的感受，表达自我，勾起人们对忧伤和悲哀的联想，在心理和情绪上产生共鸣。爵士乐重视集体参与，演唱时没有纯粹的观众，歌手在中间唱，周围的听众拍手、顿足、摇动身体。唱歌用假音和喉音，既刚劲有力又柔情婉转。

在美国爵士乐发展过程中最受瞩目的是阿姆斯特朗（Louis Armstrong, 1900—1971），他那富有创新的演唱风格和精湛的演奏技巧，使他成为爵士乐最具风头的人物。1922年他在芝加哥建立了一支爵士乐队，这是第一支黑人爵士乐队。由于他的演奏技巧高，生动活泼，充满朝气，音色圆润、富变化，大胆创新，肯研究、思索，奠立了爵士乐在美国乐坛的地位。

30年代爵士乐改以钢琴演奏为主，称为布基伍基爵士乐（Boogie Woogie），40年代发展为"摇摆乐"（swing），又称为"大型爵士乐时代"（big band era）。

二次大战期间，许多爵士歌手应召入伍，大型爵士乐团被迫解散，小型爵士乐队应运而生，艺术性强，节奏快，称为咆勃爵士乐（bop/bebop）。二次大战后现代爵士乐进发展进入高潮，风格转变，由初期较轻松平静的冷爵士乐（cool jazz）走向硬性咆勃（hard bop），曲风激情奔放，节奏明快，曲调简单，受到欢迎。60年代以后爵士乐开始与摇滚乐融合。70年代非洲拉丁爵士乐（Afro-Latin）风行，80年代出现主张回归正统的"正统／新古典"（straight-ahead/neoclassical），90

年代爵士乐走向商业化,而有了迷幻爵士乐(acid jazz)。

2. 乡村音乐(country music)

最早的乡村音乐是从英国移植的,有抒情歌、民歌。之后伴随美国人的西进,添加了许多美国本土色彩。南北战争之后黑人前往北方城市工作,又添上蓝调曲风。乡村音乐具有南方的地方文化色彩,有一段时间,乡村歌手和歌迷几乎清一色是乡民村夫,歌手歌唱也带有浓厚的南方鼻音。20年代之后出现现代乡村音乐。

20年代的美国乡村音乐以吉米·罗杰斯(Jimmie Rodgers)风格最独特,被称为"乡村音乐之父"(Father of Country Music)。30、40年代,罗伊·阿卡夫(Roy Acuff)走红,获得"乡村音乐之王"(King of Country Music)的美誉。此时乡村音乐与牛仔音乐结合,在爵士乐的影响之下,乡村音乐走向强节奏。50年代之后,随着电子乐器的使用,乡村音乐走入都市,呈现都市风味。60、70年代乡村音乐偏爱社会主题,关心对社会的动荡,并对越战作出反应,称为"反叛乡村音乐"(outlaw country)。80年代透过广播,乡村音乐发展迅速,主要的趋势有"城市牛仔乡村音乐"(urban cowboy country)模仿60、70年代其他流行音乐,"新传统乡村音乐"(new-traditionalist counrty)提倡回归传统。

3. 摇滚乐(Rock)

摇滚乐是一种大众音乐,为青年人所喜爱的一种音乐文化,反映了青年人生命的节奏与律动,是今日美国流行文化重要的一部分。摇滚乐起于何时,说法不同,有认为从猫王埃尔维斯·普雷斯利所录制的第一张唱片,1954年为诞生年,也有人将1952年3月21日第一次摇滚乐会在克里夫兰举行视为诞生日。

摇滚乐兴起是从蓝调经爵士乐演变而成,50年代、60年代为发育期,70年代为成长期,80年代为成熟期。猫王被称为"摇滚乐之王",他生活在贫穷白人与黑人杂居之间,从小就接触两种文化,影响后来的穿着打扮。他以扭动臀部加上鲜明的节奏,掀起青少年的情绪,引起热烈回响,尤其引起女性的狂热。他的反叛性唤起青少年对摇滚乐的喜爱,使他成为50年代最受欢迎的歌手,可惜只活了四十二岁,死后摇滚乐热潮未减反增。

50年代的摇滚乐具有黑人音乐的强烈节奏感和狂劲的舞台风格,是一种超越黑白人种文化隔阂的共同音乐语言。

60年代随着反越战的活动,以及嬉皮的崛起,摇滚乐成为"反越战、鼓吹性自由"的代言工具,人们经由摇滚乐发泄不满。摇滚乐手也开始爱上毒品,在迷幻药影响下创作,将毒品作为表现主题,音乐呈现出生活的阴暗面,使得这个时期的摇滚乐被称为"迷幻摇滚"(psychedelic rock),曲风离经叛道,不墨守成规。

70年代的摇滚乐出现百花争鸣、五彩缤纷、形式多样。新的摇滚,称为"庞克摇滚"(punk rock),乐团歌手穿着古怪,男女不分。庞克摇滚属于年轻人的文化,反对一切现状,成为一股反主流的音乐文化。继他们流行之后,出现了另类摇滚(Alternative rock),"格郎基摇滚"(grunge)属于反主流音乐的商业性摇滚,歌词表达出绝望和迷茫。

80年代之后摇滚乐被商业包装,摇滚歌手成为商业炒作的对象,代表人物有麦克·杰克逊(Michael Jackson)、玛丹娜(Madonna)。麦克1958年出生,从小与八个兄弟姊妹生活在音乐中,六岁时与四个哥哥组成小型合唱团,开始走红,二十岁时成为举世闻名的摇滚乐歌手,并以"太空舞步"颠倒众生。玛丹娜则以性感取胜,不仅有悦人的歌声、美妙的舞姿,更有惊世骇俗的造型:露肚装、妖艳的打扮、紧身衣、内衣外穿等吸引大众,风靡全球。他们两人所以成功得归功于媒体的传送,藉由MTV迅速蹿红,利用种种曝光机会,提高知名度,成为青少年的偶像。

摇滚乐所以流行,系因为它是以人的自然本质特点来再现人们心中的感情,并经由宣泄来纾解人的心理压力,故较易获得共鸣。其主要特色有:节奏是灵魂,采四分之四拍的模式,容易摇动身体;音乐通俗,音调简洁、容易上口、便于记忆;曲式结构简单;歌词内容广泛,包括现实的一切问题;乐队组织简单;演唱方法自然;强调大众参与。从摇滚乐中可以看到非洲裔黑人精神的成长与延续,美国白人以及其他各国人民对这种音乐文化形式的逐渐承认与了解。

4. 饶舌乐(rap)

于70年代崛起,成为全球化音乐的指针。饶舌原意为说话或交谈,后发展为一种唱腔。最早出现在纽约黑人聚集的地方,以机械的节奏声为背景,快速念一连串有押韵的词句,通常是在舞会上放唱片时,依照舞蹈节奏插入的说明。这种重歌词、重节奏而轻旋律的音乐型式早期局限在黑人的圈子里,到了80年代开始流行于美国各地。

90年代,饶舌歌开始传播世界各地,有各式各样的唱法,但最正宗的饶舌歌称为"冈斯特饶舌"(gangsta rap),这种音乐多半是描述黑人贫民区、暴力、吸毒和性,怀有一股强烈的愤怒和反抗情绪,更有挑战性的意味。歌手的唱词反映了反犹太或同性恋的内容,甚至有大量敌视警察的语句,造成重大争议。由于这种唱腔比较容易学,因此很快即成为大众文化中最醒目的一支。

第三节 体育

美国享有"体育王国"的盛名。在欧洲社会中,体育是贵族的专利,竞技往往是体育的代名词。这种源于比赛的认知,书写了西方的体育运动史。"体育"所以被称为"运动",从历史的进展角度来看,在于它与"劳动"的区隔。虽然两者都是"活动",但运动是休闲,劳动是生产。在价值方面,运动是高尚的,劳动是低贱的。在欧洲的等级社会中,贵族的生活是休闲,主要内容是祭祀和竞技,竞技是运动的前身;平民生活以劳动为主,主要是耕种,贵族与平民的区隔导致了贵运动而贱劳动的文化发展。

美国由欧洲移民建立,但与欧洲文化不同,美国人提倡"工作伦理",重视劳动工作价值,改变了过去的价值观。运动不再是休闲,而是另一种生产，使得运动变成一种生活方式。这种情形在工业化社会降临，机器取代人工成为生产的方式之后，更为普遍。运动不仅平民化，并走向组织化、商业化。

美国的运动发展可以分为"强身"与"健身"两个阶段，"强身"以运动为主，"健身"以"养生"为主。由殖民时期的民间游戏（folk games）发展至电视时代以组织为主的竞赛，皆属于运动的认知。晚近以来，以竞技为主的"运动"朝以"健身"为主的"有氧运动"，体育变成"体适能"。本文将根据这项前提，对美国体育发展作以下介绍。

一、运动的发展

殖民时期的北美洲，因移民来源不同，北南两地对运动的态度有所不同，北方新英格兰地区，由于清教徒反对英国的统治，因此排斥英国的假日活动，特别是一些习俗活动。普里茅斯的总督布拉福德曾于1621年圣诞节下令不得有休闲运动，但受到英国上层人士以及下层人士反对。清教徒转而接受一些"合法的运动"（Lawful Sport），仅对造成人懒散、赌博、酗酒或违反性道德的加以规范。随着其他英国移民人数增加，一些英国的传统活动，如摔角、竞走、溜冰等活动等也开始被人接受，但官方还是禁止跳舞、打牌、滚木球等活动。

南方领袖在移民初期尽管也反对过分激烈的运动，但由于没有类似清教徒的严厉压抑，加上英国国教比较宽容，因此当地的生活方式比较自在，直到1740年代宗教大觉醒运动之前，饮酒、赌博都被允许。当地特别流行的运动是赛马，1743年，美国最早的赛马组织——马里兰赛马俱乐部成立。除了赛马之外还有打猎、斗鸡。南部有很多靠土地发迹的地主，他们仰慕绅士生活，将下一代送往英国去读书，并将英国的贵族生活方式引入，如跳舞、打撞球等。

1730及1740年代，北美洲掀起宗教复兴浪潮，即俗称的大觉醒运动。教士要求信友绝对服从上帝，强调完全净化的教会以及个人的行为，对世俗运动的排斥远胜过清教徒。独立革命期间，革命政府担心运动会腐化军心，因此也不鼓励运动，尤其是模仿英国的一些活动如喝酒、赛马、打拳等。但革命所造成的情势变化，无法阻止国家运动的发展。

19世纪是美国运动的萌芽时期。由于经济、社会、文化的变迁，美国走向工业化：人口成长，移民增加，社会迈向都市化。随着版图扩张，除了继续维多利亚文化的信仰、风尚及生活方式外，同时也诞生了新的运动文化。19世纪，看台的观众成为运动的发展主力，棒球成为一项最普遍的运动。数百万小孩不顾父母的阻挠，学习打棒球，长大之后，加入球队。至1900年，在各企业或代表城市的职业或半职业球团中，可以看到有许多青少年比赛，每年夏天的比赛中，有数百万球迷观战。19世纪的美国运动发展，除了有种族阶层的运动团体之外，校际间的比赛也在逐渐风行。

由1890至1920年，美国经济迈向富裕，传统属于孩童的运动，开始接受成人指导，各队为求胜利，聘请专家，使得比赛制度和运动理论更趋完善，运动走向组织化，成为美国生活重要的一环。1890至1950年代，运动的商业气息渐浓，有远见的人士开始组织职业球队，透过广告宣传，加上电台及电视的转播，运动受到人民广泛注意，使得美国体育运动成为全民运动。其中以电视的影响甚大，在电视未普及之前，人们对体育活动只能透过报纸、杂志、电影、书籍、收音机了解，而电视提供了现场实况，使得地方性的比赛乏人问津，全国性赛事引起重视，特别是职业性的比赛，更引人兴趣。

二、重要运动

美国是全球运动最发达的国家，从业余到职业，五花八门，只要叫得出名字，美国都有。但在各式各样运动当中，最令美国人喜爱，并成为全民体育运动的有四项，它们透过美国媒体的营销，已成为全球化中最通俗的运动，分别是：棒球、篮球、美式足球及有氧舞蹈。它们凝聚了美国人的国家认同、强健了国民的体魄、化解了种族的冲突、提升了国家的文化水平，促进了地区的互动与往来，深化了社会的组织。

1. 棒球

美国系以英国移民为主所建立的国家，因此运动项目多仿自英国。在美国甚受欢迎的棒球，来自英国圆场棒球运动，在一个圆场中，由一个球员打击丢过来的球，然后绕跑以石块为标志的垒。

美国棒球运动发展历经三个阶段，第一个阶段是由孩童们玩耍的击球游戏，并非正式的运动，有关此一时期的棒球活动记载不详，所能知道的是由孩子们玩起，后来才成为成人运动。早期比赛并不分队伍，直到美国民兵受训时采用了这项运动，才开始分队比赛。每个参加者轮流击球，直到出局。早期击球员顺时针方向跑，到1839年才采用逆时针方向跑垒。第二阶段是在1840年代至1850年代，由纽约市开始，这个以俱乐部为主的男孩棒球组织，订有规则，强调个人兴趣而非游戏。第三阶段是从1860年开始，走向商业化，成为观赏的运动。1876年国家联盟（National League）组成，象征美国棒球商业时代的来临[01]。为了进一步了解美国棒球的发展，特别对第二及第三阶段加以说明：

(1) 第二阶段

这个阶段起于1842年至1843年间，纽约地区一群年轻人定期在曼哈顿一处空地举行击球游戏；至1845年，任职银行的卡特莱特（Alexander Cartwright）游说这些人组成纽约尼克尔波克斯棒球俱乐部（New York Knickerbockers Base Ball Club），出现了美国第一个棒球组织。他们设计了棒球场，建立一套比赛规则，每队出场比赛人数定为九人。

1846年4月19日在新泽西州举行了第一场九人制的棒球赛，从此棒球运动开始发展，任何人在工作之余有空有闲都可以组队，在大纽约地区，出现不同职业、种族或邻友组成的团体，孩童在街角或空地玩球，"纽约赛事"（New York game）吸引了大家的注意。1858年，布鲁克林（Brooklyn）及纽约的杰出球员举行"明星"（all-star）

01　Benjamin G. Rader, *American Sports*, New Jersey Prentice-Hall 1999, p. 50-53.

赛，更是盛事。南北战争期间，棒球运动在军中大受欢迎，战时国家分裂，许多棒球俱乐部希望以名称来表示爱国，他们将棒球俱乐部叫做"年轻美国"（Young America）或"哥伦比亚"（Columbia）等，使得棒球成为全国性运动。战后更为普及，全国棒球员协会（National Association of Baseball Players）于1858年成立，1860年举行年会时，有62个俱乐部派代表参加，至1865年十州有91个俱乐部派代表参加。棒球俱乐部并积极努力将这项运动推广为全国性的比赛。

(2) 第三阶段

自从1850年代以后，观赏棒球运动的人口愈来愈多，商业气息愈来愈浓。1862年，坎梅尔（William H. Cammeyer）将其私人球场筑起围墙，并对观众收费。这项举止将棒球运动带往一个新的世纪，随之各城市之间展开比赛，小城市的兴致特别高昂，他们往往以此作为与大城市竞争的方式。内战后不久，棒球走向上商业化，1869年波士顿"辛辛那提红袜队"（Cincinnati's Red Stockings）成立，这是美国第一支职业棒球俱乐部，也是第一个以球队来作为城市的宣传工具。该队经理钱彼恩（Aaron B. Champion）以高薪向外挖角，使得红袜队在1869年的季赛中，连胜58场、战平一场，没有失利。9月，该队乘坐越州火车，前往加利福尼亚州举行一连串比赛，为该市作了最好的宣传。芝加哥不甘落后，也组成白袜队（White Stockings），使得美国棒球成为各州之间竞争的一种方式。

在各地区纷纷组成职业棒球队之后，比赛出现丑闻：诈欺、行贿时有所闻。为了遏止歪风，导正赛事，八座城市的球队于1876年组织国家联盟（National League Professional Baseball Clubs）简称National League，定下比赛规则，从此美国职棒走向制式化，由少数俱乐部老板主导。1900年美国联盟（American League）成立。1903年两个联盟开始年度大赛，1904年停办了一年，1905年恢复比赛，自此每年秋天都进行比赛。这项比赛的办法是，由两个职联分为东西两组，获胜者进行五场系列比赛，产生优胜者，再由优胜者进行七场比赛，产生世界冠军。目前国家联盟有16支球队，美国联盟有14支球队（合称为大联盟）。任何一位球员想成为大联盟的一员，必须先加入小联盟

(Minor League Baseball)，分为新人联盟、1A、2A、3A 四级，视表现情况逐步上升，如表现获肯定，则进入大联盟，反之，则由大联盟降至小联盟。

在美国棒球史上，有两位重要人物值得一提，分别是：鲁斯（George Herman Ruth）及伦迪斯（Kenesaw Mountain Landis）。鲁斯曾于一季之中击出 60 支全垒打，并将美国棒球比赛由被动变成主动。以往的球赛只是击球，但从他开始有了盗垒、打带跑等战术出现，棒球比赛变得更精彩。鲁斯收入丰厚，甚至超过美国总统。伦迪斯是美国地方法官，任内遏止棒赛不法情事，打击弊端，享誉棒坛。1921年"黑袜"（Black Sox）案件尤脍炙人口。该案源起于 1919 年八位"芝加哥白袜队"球员在世界大赛（World Series）投球时接受贿赂，此案让他获得棒界"包青天"（czar）美誉，并巩固了美国人对棒球的信心。此外，值得一提的是，美国黑人在早期是与棒球无缘的，直至 1946 年鲁宾逊（Jackie Robinson）才突破种族藩篱，代表"蒙特利尔皇家队"（Montreal Royals）参加比赛，至 1960 年黑人加入球队逐渐普遍。

1890 至 1950 年代是美国棒球的黄金岁月，吸引了广大的球迷观赏，其他比赛无法与之抗衡。此时美国也出现了许多棒球英雄人物，以及著名的棒球队，如纽约洋基队（New York Yankees）、圣路易主教队（St. Louis Cardinals）。近年来，由于球员的薪资问题，造成球员与球团老板间的紧张关系，连带影响球迷观球兴趣，造成财务亏损，甚至危及球团的存续。

2. 篮球

篮球是美国本土运动，其出现系受美国社会变迁的影响。首先是 1890 年之后，美国社会迈向工业发展，年轻人的生活方式转变。过去年轻人的生活多接受大人的安排，如今随着社会发展，家庭经济转为工厂经济，青少年离家赴外工作，闲暇之际无所事事。教会及各社会团体没有辅导经验，有心人士担心过去家庭道德无法再有约束效力，开始注意他们的活动。其次是，中产阶级的父母希望延长他们子女的就学年限，以便增加他们未来在社会的竞争力，使得学生的活动开始受到关切。美国社会出现两类新组织：基督教青年会（YMCA）及童子军。基督教青年会为了吸引年轻人，提供了许多"体能文化"（Physical Culture），学校也开始注意学生活动，促成了篮球运动的诞生。

篮球运动起于1890年代，春田训练学校（Springfield training school）是启蒙地点。该校以训练学生参加体育比赛为主，体育老师奈史密斯（Naismith）于1891年时为了填补春季和秋季之间的棒球与美式足球比赛的空当，提倡了这项运动。第一场篮球赛于1891年在马萨诸塞州一所基督教青年会进行，比赛是在体育馆的两端墙上挂上两个篮子，让球员将球投入篮子内，后来加以改良，成为今日的比赛。打篮球不需大场地，因此迅速在各小区及校园风行起来。校际比赛风气盛行，尤其获得女生喜欢。至1925年以前，有一半以上的州举办女生篮赛。1920及1930年代，美国篮球队还在启蒙阶段，仅有少数队伍享有名气，1920年代最负盛名的篮球俱乐部是"纽约原始塞尔特"（New York Original Celtics）在"麦迪逊花园广场"（Madison Square Garden）比赛吸引了一万名球迷。1930年代由黑人组成的New York Rens，及犹太人组成的Philadelphia SPHAs是实力最强的两队。1937年中西区城市组成"国家篮球联盟"（National Basketball League, NBL）。

美国篮球运动蓬勃发展的主因应归功"国家篮球协会"（National Basketball Association, NBA）的成立。它的前身是1946年6月6日成立的"全美篮球协会"（Basketball Association of America, BAA），当时有11家冰球馆和体育馆的老板，为了不让体育馆在冰球比赛以外的时间闲置，而成立协会，举行赛事。由于全美篮球协会的比赛未获电视重视，营运出现危机，迟至1948至1949年间才有了转机。后由于中西区"国家篮球联盟"的球队加入，易名为"国家篮球协会"，使得美国篮球朝职业化发展。1960年代职篮发展迅速，从1960至1970年十年之间，观赏NBA球赛人数由200万成长为1000万。

美国篮球走向职业化的途径必然要与电视媒体合作。在60年代期间电视对转播篮球兴趣不大，70年代之后情形改善。70年代NBA

比赛各队实力相当，有八队获得冠军。但到了 1980 至 1988 年，情形不同，在八年期间，除了一场比赛之外，波士顿塞尔提克队（Boston Celtics）和洛杉矶湖人队（Los Angeles Lakers）包办了所有的比赛冠军。80 年代中期以来，NBA 成为美国职业球队成长最快、获利最多的一项运动，培育了许多耀眼的明星，如 1979 至 1992 年间的勃德（Larry Bird）和魔术琼森（Earvin Magic Johnson），1990 年代的麦克尔·乔丹（Michael Jordan），声望超过拳王阿里。当美国"梦幻队"（Dream Team）在 1992 年参加巴塞罗那奥运（Barcelona Olympics）时，吸引全球瞩目，只有世界杯足球赛可以与之相比。根据 1996 年一项电视民意调查，12 岁至 17 岁爱好篮球的人数为足球的数倍，篮球更被誉为"运动界的 MTV"[01]。

由于 NBA 的努力，使得美国的篮球运动愈来愈多元化，以前可能只是单纯的比赛，现在则与嘻哈文化结合，更延伸出"街头篮球"，像哈林球队或灌篮比赛、花式运球等。此外，和 NBA 相关的篮球产品也愈来愈受欢迎，种类繁多，令人眼花缭乱。从这些新文化与新商品的展现，不难感受到 NBA 的成功，更是 MBA 的成功。它使得篮球不只是比赛，更走向商业化、表演化。

3. 美式足球

美式足球是美国大学间最受欢迎的一项运动，由哈佛大学发起，耶鲁大学随之跟进。由于这两校是美国常春藤盟校（Ivy League）的指标，因此由他们所倡导的运动，很快就成为美国大学校际间的一项主要运动，不仅促进校际往来，更加强校友与在校同学间的情感。

1827 年起，哈佛大学大二学生在学期的第一个周一以足球来教训大一新生，开启了校园竞赛。耶鲁大学于 1840 年跟进。比赛进行时，由于动作粗暴，球员鼻青脸肿、胳臂受伤大有人在。赛后老生更以饮酒、唱歌、欢呼作为对新生的热诚接纳，令校方头痛不已。

---

01 Benjamin G. Rader, *American Sports*, Jersey, Prentice-Hall, Inc, 1999, p. 258.

1860年代至1870年代，美国东北部大学校园内的足球活动可以分为两类：一类很像英国的足球，用脚踢，禁止用手拿球。1869年哥伦比亚大学、耶鲁大学、鲁格（Rutgers）大学、普林斯顿大学都参加这一类的比赛；另一类是手脚混合使用，又称为橄榄球（rugby），在波士顿地区流行。"波士顿比赛"（Boston Game）是当地中学最风行的运动，哈佛大学学生受影响，在1874年以后也改玩橄榄球。由于哈佛大学在美国学界中具有龙头地位，因此数年后，东北地区的大学纷纷跟进，1876年，普林斯顿大学、哥伦比亚大学、耶鲁大学、哈佛大学代表组成校际足球联盟（Intercollegiate football Association），采用类似英国的橄榄球比赛规则，并在季末举行大赛，其中以哈佛、耶鲁比赛最受瞩目。自1878年起两校仿英国"牛桥"（Oxbridge）进行绅士打法，但不久即演变为打群架，美国老罗斯福总统虽赞同比赛，但却不主张"血拼"，于是建立教练制度，戴头盔肩甲，选出拉拉队助阵，将美式足球发展为校园文化。

在美式足球发展过程中，"足球之父"（Father of Football）坎普（Walter C. Camp）具有重要的地位，为美式足球比赛修订了规则，使得比赛不再落入野蛮的冲突中。他将比赛球员设定为每队11人，由中锋开球，将球后传展开比赛，接获传球的球员为指挥进攻的四分卫，他是全队的灵魂人物，决定进攻的信号。此外他提出"死球"制度（down-yardage system），即攻击的一方在三次进攻，未能前进五码，就必须交出进攻权（以后修改为四次进攻，前进十码）。他对美式足球训练有其独到之处，担任耶鲁大学足球队指导，让耶鲁球队在1872至1909年之间获得324场胜利，17场失利，18场言和。体育界对耶鲁大学的严格训练印象深刻，美国哲学家桑塔亚纳（George Santayana）的比喻最传神："哈佛大学像雅典、耶鲁大学像斯巴达。"[01]

为了要赢球，各校无不竭尽所能，提供优秀球员学生奖学金，聘请职业教练。美式足球比赛与其它球类比赛不同，教练是决定球赛的

---

01 Benjamin G. Rader, *American Sports*, Jersey, Prentice-Hall, Inc, 1999, p. 89.

胜负关键。选手打球的目的在赢球，教练生存的唯一条件也是赢球。1906年美国足球运动发展面临改革，有两派不同的意见，东北部大学主张维持传统的方式，以防守为主，中西部大学主张重视进攻，增加比赛的可看性。1905年12月28日，62校代表在纽约举行会议，组成"校际运动协会"（Intercollegiate Athletic Association, IAA），1910年"校际运动协会"正名为"全国校际运动协会"（National Collegiate Athletic Association, NCAA），为校园运动建立规则。20年代是校园足球发展的黄金年代。足球已由东岸风行至中部和远西部，在1930年经济不景气年代，爱好足球的观众远多于篮球。

早期美式足球动作野蛮、粗鲁。在1905年的比赛中，有18名球员死亡，159名球员受伤，美国总统老罗斯福派员调查，进一步修改规则，从此比赛变得比较安全。

美式足球的发展随着社会观赏人数的增加，由校际走向社会，并朝职业化整合。迄目前为止有两个职业联盟，分别是在1920年成立的"国家足球联盟"（National Football League, NFL）以及1960年成立的"美国足球联盟"（American Football League, AFL），1966年两联盟签署协议合并，1967年在洛杉矶举行第一场"AFL-NFL世界冠军赛"，1969年后改称为"超级杯"（Super Bowl）。这项比赛系于每年举行一次"季赛"展开，由9月开始，到12月结束，参加比赛的每一支球队要进行16场比赛，最后决赛在12月末举行，进入决赛的两个联盟球队采单淘汰制比赛，决定胜负，再由两个联盟获胜的队伍进行比最后决战。每一年的"超级杯"赛吸引上亿人口观看，是美国体坛的盛事。根据ESPN电视网在2004年的调查中发现，美式足球是美国三大运动中最受欢迎的一种运动，美国的足球迷占27.9%，棒球迷占12.9%，篮球迷占9.6%，可见足球拥有最多的观众，影响也最广。

4. 体适能（physical fitness）：有氧运动（aerobic）

美国运动观念自60年代以后出现转变，朝"体适能"发展，究其原因在于二次大战后，美国人的体能不佳，尤其是儿童的体能不如欧洲儿童，影响美国政府健保负担逐年提高。为了要改进国民健康、减少政府在医药方面的支出，美国总统艾森豪威尔、肯尼迪、约翰逊对美国人的体能表示严重关切。肯尼迪任内并召开"体适能总统会议"（the President Council on Physical Fitness），开始了"体适能"时代降临。体适能包括个人的健康适能与运动适能。训练肌肉、柔软度、动力、敏捷、速度，培养一个人的协调力、体力和活力。"有氧运动"是"体适能"中最具代表的一种运动。

　　有氧运动是美国人库珀（Kenneth H. Cooper）于1968年提倡，原意来自希腊，"有空气或有氧气的生命"。库珀是名医生，在为美国空军研究所从事研究工作发现，有氧运动在预防、诊断和复健医学起重要的作用，"透过适度的运动、节食和情感的均衡来维持良好的健康，比起失去健康再找回健康容易。"[01] 库珀的理论改变了美国无限制的运动观念，造成"温和的有氧运动"风行。他强调，"一星期至少运动三次，每次20分钟，可以降低血压和胆固醇，而缺乏运动的人，容易罹患心脏病、癌症、骨质疏松症、糖尿病和中风。一般人平均寿命60岁，而有氧运动的人可以活更久。"

　　库珀提倡有氧运动之后，美国运动由少数人的竞技、多数人的观赏，发展为全民运动，特别自80年代后，慢跑风气开始兴盛，运动不再是"英雄"表现，而是一般人都可以从事的运动，它不仅改变了传统以来的体育观念，也带动了新的医学观念。

01　参阅网址 http：www.cooperaerobics.com/corporate/bio.html

第9章
对美国的反省与批判

对美国的认识与批评，因着美国人的开放态度，相关的文章与著作汗牛充栋，车载斗量，难以穷尽。本文将透过两个面向的反省与认知，对美国进行另一种了解。第一个面向是经由三个时期、三位人士的描述，找出不同时代的人对美国的看法。第二个面向是经由欧洲三个国家的学派对美国大众文化的批判，了解美国文化的缺失。

第一节 三位知识分子对美国的反省

这三位知识分子中第一位是 19 世纪美国立国之初介绍美国最具代表性的人士：法国的托克维尔（Charles Alexis de Tocqueville），被公认是对美国有深入观察的一位法国学者，他将美国视为一个民主开放的国家。第二位是被誉为"最美丽的存在主义者"、"女性主义之母"的法国知识分子西蒙·波娃（Simone de Beauvoir），对二次大战后的美国有时代的见解，她将美国视为繁华的国家，但在荣景的背后，也隐藏着危机。第三位是美国总统卡特的国家顾问布热金斯基（Zbigniew Brzezinski），以《美国的抉择》（*The Choice*：*Global Domination or Global Leadership*）一书对 20 世纪末以来美国全球地位进行深入的探讨，文中指出了今日美国的贪婪与霸权问题所在，以及美国单边全球化的危机，深刻地描述了一种与前不同的美国。

一、托克维尔

法国政治思想家，生于1805年，死于1859年，1831年前往美国考察九个月，1835年出版《论美国的民主》（Democracy in America）上册，1840年下册出版。此书对美国有相当深入的剖析，是了解19世纪美国的代表作，其影响力迄今犹存。

托克维尔所立足的时代，是在法国大革命追求自由、民主、平等之后。他认为民主是一种趋势，也是一种潮流。法国受限欧洲传统的羁绊，发展民主不易，而美国却给了希望，因此托克维尔对美国的赞誉多于批判，但也点出了美国的问题。由托克维尔的撰述中，我们可以了解到美国强大的原因。

托克维尔认为，美国之所以能成为民主国家，有其客观地理条件及主观历史因素。从地理方面来说，美国位于美洲地区，南北两地皆为弱小国家，东西在大西洋与太平洋的保护之下，使得外力干预不易，民主得以发展。他在比较法国与美国的民主发展时即指出，"当法国在追求民主之际，须面对欧洲盟军的干预，但美国就没有这种困扰，可以自在地发扬民主。"从历史的主观条件来说，美国的民主是由下而上的民主，包括来自英国的民主素养，以及由地方到中央的发展。与其他国家比较，美国的民主社会是建立在各地方政府，尤其是乡镇制度，而其他国家多为中央制度的民主，因此美国的民主政治较落实。此外，美国开国诸贤在草拟联邦宪法时表现高等的睿智，为美国民主立下典章，使得后人只要萧规曹随即可，不必再改弦易辙。

托克维尔发现美国人的民主在于他们有一种激情，鼓励他们勇敢不断地向前进，这种激情远超过他们对生命的热爱。从欧洲前往美洲的移民者，他们远离故乡是为了追求幸福，后来前往西部探险则是为了追求更大的幸福。为了获得幸福，希望获得幸福的人，都会有一种无法遏止的激烈热情，这种热情随着满足继续加强，因此美国人有一种无止境向外扩张的需求[01]。与欧洲不同的是，欧洲将过分爱好自由以及追求财富视

01　托克维尔著：《论美国的民主》上册，北京：商务印书馆，2002年版，第328页。

为社会问题，而美国不然，它唤起了美国人的激情。这份民主的激情，对美国人的智力、民情、情感和政治社会发展都产生重大影响。

托克维尔肯定美国民主与平等理想，但也提出一些忧虑。他认为平等虽然给人带来了很大的好处，但也使人养成了一些危险的习性。它使人独立，但也使每个人自顾自己，执着于喜欢物质享受的大门[01]。生活在平等社会的人，大部分雄心勃勃，希望马上成功，大获胜利，不愿多花费精力，结果往往造成人们希望不经努力就可获得知识，痛快的享受。此外他更提出民主国家的另一缺点，即引导公众不用说服的方法，而是以全体精神压服个人智力，将公众的意见强加或者渗透到个人的脑海中。它可能导致两种发展，一种是激发个人产生新的思想，另一种是使人容易不思想。民主促进智力活动自由，但也剥夺了智力的自由。智力活动自由在推翻了阶级和其他羁绊之后，再度约束了大多数人的普遍意志。他认为这是美国民主的隐忧。

二、西蒙·波娃

在 1947 年旅居美国四个月，写下了《美国纪行》（*L'Amerique au jour le jour*）一书，对美国有一针见血的分析。她将美国视为"世界的枢纽，是未来人类的决战场"，她认为，50 年代的美国所面对的机会与风险，巨大无比，所有人类问题都在这里庞然放大，"喜欢"或"不喜欢"没有意义，在这个战场中，只能对自我对决的战役感到激动，因为其中的利害，大到无法衡量。

西蒙·波娃所接触的美国，是在战后欧洲残破不堪时，从欧洲的废墟中茁壮成长，显得生气蓬勃。波娃的看法固然有其时空的特殊性，不适用于今日的美国，但她对美国人的生气蓬勃却有深刻的体认与描述，从过去到现在可一体通用。她发现美国人所以展现生气蓬勃，是他们活在生命的展望而非等待死亡中。美国人不满意死气沉沉，要以行动作为判断人的标准。要想成功，就得去做，每个人必须尽全力才

01　托克维尔著：《论美国的民主》上册，北京：商务印书馆，2002 年版，第 539 页。

能生存。人虽在欲望的陷阱里捕捉到粗糙之物，却在征服物质的过程里肯定了自己的想象力。

一般美国人在生活中打转，不重视命运。她认为美国人这种性格来自教育或生长环境，从小开始，便重视社会的看法，学习向外探索，在别人身上寻找行为的规范，喜欢将各种困顿合理化，包括乏味、怀疑与不满。美国人不会仔细检视自己的困惑，不反求诸己，不会在孤独中汲取力量，努力克服问题，只是固执抓住既知的世界，从事物里寻找价值与真理的源头。她认为，美国人的生命态度是"认为自己的存在只是机会偶然，对偶然毫不重视，对结果感兴趣，对产生结果的心智也不重视"。[01]

三、布热金斯基

2004年出版了一本《美国的抉择》，对美国当前的处境，特别是美国的优势，是否在逐渐衰退之中，有许多发人深省的地方。此书暴露出美国发展的困窘。

首先他认为，美国之强盛在其"民主制度"，但20世纪末以来，美国的霸权却与美国的民主冲突。民主讲求程序正义，但霸权却很容易牺牲这种程序正义。自2001年九一一事件发生后，美国对阿富汗用兵，多数的美国人认为，依民主程序，美国必须在联合国的架构下出兵，但统治者为了要方便行事，强调美国文明正遭到全球恐怖活动的威胁，激起美国的焦虑，进而支持政府的军事行动。

其次布热金斯基认为，美国之强大赖其国防安全，十九世纪美国国防安全靠地理位置，20世纪中叶起改为与外国结盟，巩固欧洲，协防美国。但到20世纪下半叶后，由于全面安全已一去不返，协防海外盟邦不再等于防卫美国，美国开始关注社会生存能力[02]，有系统地扩大全球稳定区域，消除政治暴力的源头及推广重视人权及宪法规范的政

01　何怡译：《西蒙波娃的美国纪行》，中国台北：先觉出版社，2001年版。

02　Zbigniew Brezeninski, *The Choice: Global Domination or global Leader-ship*, 郭希诚译：《美国的抉择》，中国台北：左岸文化，2004年版，第43页。

治制度。在过去，美国只有主权问题，没有安全问题，美国找仗打，仗没有找美国打。但到了 20 世纪末之后，美国国力和全球化结合，现代科技消除了距离，增加了手段，扩大了毁灭的范围，让更多人加入攻击别人的行列，对美国的安全构成新的威胁。

"全球化"是 21 世纪美国文化的最佳批注，它一面呈现了美国的富有与强大，一面凸显了美国的不道德、不正义。在全球化的世局中，美国拥有前所未有、遍及全球的国力。全球外交活动以华盛顿为重心，外交领导人至华盛顿访问，美国成为全球事务中心，各种观念、利益、重要共识、提议以及未来的走向均在此讨论。这种情况令美国困窘：第一，当全球化的发展与美国的利益发生冲突时，美国的取舍；第二，美国在国外展现国力与美国的民主精神抵触时，美国该怎么办；第三，当美国外销民主时，各国期待美国不会用霸权时，美国的态度。

民主与平等在过去只是一种理想，但现在不同了，由于识字人口增加，通讯发达，大家的政治自觉性提高，随着人与人之间的物质享受差距加大，嫉妒、仇恨、敌视油然而生，美国的敌人就增多了。美国的霸权、美国的未来即成为世人关注的焦点。

第二节　欧洲三学派对美国大众文化的批判

二次世界大战结束之后，美国成为民主国家的新盟主，美国文化也就成为各国竞相模仿以及批判的对象，特别是大众文化及多元文化，它是本世纪最真实的写照，学术界与教育界透过学术的发展和引导，激发各界人士对美国文化重大课题展开讨论。[01] 多元文化崛起于 60 年代，由多元政治参与影响到社会冲突引发学术争鸣。此后，文化不再是一些建设国家的象征与神话，伸张美国民族与强调美国的主流，不是整体象征和神话式的研究，而是大众文化。它冲击传统西方社会上层与下层劳工文化的界限，淡化高雅与通俗的严格界限，使得美国文

01　齐小新著：《美国文化研究导论》，北京：北京大学出版社，2001 年版，第 123 页。

化内涵更丰富。

大众文化所面对的是欧洲传统经典文化国家的批判，其中以英、德、法为最，包括英国"伯明翰大学当代文化研究中心"（Birmingham CCCS）左派学者所发行的"新左派刊物"、德国的"法兰克福学派"（Frankfurt School），以及由法国所倡导的"后现代文化"。

英德两派学说主要是从马克思理论，特别是从"意识形态"的立论，批评资本主义所形成大众文化的流弊。按马克思的论点，意识形态来自下层经济结构的转变，换言之，生活决定意识，而不是意识决定生活[01]。英国的新左派以及后来流亡至美国的法兰克福学派皆从这个角度，探讨资本主义社会下，人民生活受商品经济影响所造成之思想与意识的转变。他们认为，商品不同于物品，物品的价值在使用，商品的价值在交易，使用来自需要，交易来自想要，两者不同。想要源于欲望与冲动，经由广告诱导，方便剥削之进行，而美国文化就是在商品的指导之下，进行对大众的宰制。英国左派知识分子担心美国生活方式进入英国，会对英国工人阶级产生冲击，因而强调英国工人生活的独特性与文化的意义与价值。其中以汤普森（E. P. Thompson）《英国工人阶级的形成》（*The Making of English Working Class*）一书最具代表性。为了捍卫英国文化的地位，威廉斯（Raymond Williams）强调英国文化的高尚，并致力提倡加强英国的语言教学，以免遭受美国低俗的大众文化影响。

法兰克福学派崛起于德国，以讨论经济与社会的关系为主，后不见容于纳粹而流亡美国，在美期间有感于美国工业社会造成的危害，批判资本主义，其中以马尔库塞（Hebert Marcuse）的《单向度的人》（*One Dimensional Man*）最具代表，该书指出工业社会生活所造成人的失落，进而批判美国工业文化的弊端。[02]

至于从法国所掀起的"后现代主义"则是从消解资本主义的理性基础，以"去中心"为手段，让大众文化面临"解构"之虑。从

01　参看马克思著：《政治经济学批判》（*Critique of Political Economy*），第2页。
02　John Fiske, *Understanding Popular culture*, p. 85.

语言与书写的不确定性中，松动文化的根基。代表人物为利奥士塔（Lyotard），他认为，后现代是一种历史趋势，无人可以抵挡，在计算机影响之下，所有的知识转入计算机之中，成为可以操作运作的数据，知识不再受心灵及智慧的训练，反而外在化、符号化了，成为一种"话语"，失去了传统价值的知识，成为商品重要的一部分。知识成为一种重要的权力，过去人类藉由理性追求自由解放，追求真理，如今则随着计算机的问世，发生变化，由理性所建构的"合法"基础受到质疑，过去话语中的"元叙述"（metanarrative）被瓦解。科学真理成为多种话语中的一种话语，与人文科学话语一样，不再是绝对真理。

在后现代社会中，终端机成为百科全书，数据库成为人的本性，知识处于一种想象之中。人的话语交往目的不在追求共识，而是追求谬误推理，个人思想所依靠的不是同一性的中心，而是语言游戏的异质多重本质：消解、去中心、非同一性、多元论、不满现状、不屈服威权和专制、专事反抗、不断创新。

上述三个学派从欧洲的角度，对美国大众文化展开挞伐，将美国文化视为低俗、媚世的表现。他们的见解固有其时空背景，但也将激发我们对美国文化有另一种思考。

第10章
结论：从硅谷看美国文化精神

  文化来自人的创造概念，而不是人的记忆描述。与历史不同，它所重视的不仅是过去，更是未来。探讨美国文化不能拘泥于以往的表现，更要紧的是其当下的进展。21世纪的美国立足于全球化的领导，其一举一动影响观瞻，牵连甚广，不得不察。今日的美国文化有其不可变的背景，亦有其可探索的方向，从上述的发展过程可以认识到美国之为美国的一面。

  文化的繁荣是依赖人们对自己之外社会生活和文化传统及观点的了解[01]，不能靠保护与隔离。今日美国的成功在其拥有庞大的国内市场、语言的优势、自我推销的天赋、创造多种潮流，把人们的精神带到前所未有的开放理念和影响之中。美国文化不排斥地让其他国家文化自由输入，尽管地方性节目或异国节目在美国电台不停出现，但美国并未加以限制，允许所有的人站在平等的游戏场上，让"有趣"作为选择的方式，美国人在面对世界各国对美国文化节目的抵制，他们的反应是，"除非我们做得更好，他们才会给我们一些空间"[02]，使得美国文化得以走向全球化。

  美国文化的魅力在其大众化与通俗化，以电影、电视、音乐为手段，语言为工具，推广美国生活方式，这是美国文化得以独领风骚的

---

01 Mohn Micklethwalt & Adrain Wooldridge, *The Challenge and Hidden Promise of Globalization*, 盛健、孙海玉译：《现在与未来：全球化的机遇与挑战》，北京：经济日报出版社，2001年版，第237页。

02 同上书，第222页。

理由。美国之成功不只是在其丰富的遗产、卓越的科技，更重要是生产与消费的管理。NBA篮球风靡全球，除了球员的球技之外，MBA的管理是不可或缺的因素。麦当劳不一定最好吃，但透过麦当劳的营销与管理，则遍布全球。

美国文化发展与世界其他各国不同，在于其立国条件，特别是美国的版图与美国的语言。美国是一个由下至上的"认同型国家"，在版图的扩张过程中，战争不少，但多根据法律，自由移居而成，因此在文化上易于结合。由于地理方圆辽阔，市场广大，企业易于发展，不像欧洲国家，因市场阻碍，难以拓展。此外，语言的统一也让大家讲得通，行得通，尽管各国方言林立，但英语是共同的语言，这也是美国文化得以风行的原因。作为一种表象的观察，我们可以满足上述的解释，但从事研究则有深入了解的必要。

美国文化可以硅谷文化作为总结。硅谷代表了全球的精神走向：创造了财富王国，它的成就不是仅在技术方面，更重要的是它从事的商业活动和组织方式，还有它的美国新文化精神。硅谷的发迹不是美国政府的政策，而是环境的自然产物，有人说它是"存在主义的创造物"。硅谷是一个优胜劣败的竞争场所，在此赢家通吃，任何人只要有才能都有成功机会，有暴富者、体育明星、时尚人士、电影明星、畅销小说家。

严格说来，硅谷是一个封闭的社会：富有、精英统治、与世隔绝，对政府保持较差的信任感。在这个地区，胜利者并未对当地有一份情感或愧疚感，也没有负债情结。他们只注意产品，不注意公设—丑陋的商业地区、毫无章法的公路、低矮的厂房、商店、破烂的住宅，他们强调的是能人统治与商品的需求。当地人的特征：信奉能人统治；对失败者极为宽容；破产是正常的现象；对欺骗和背叛宽容；对冒险青睐；鼓励再投资；对变化热情；对产品痴迷；没有嫉妒心；对财富分享有热情。硅谷正说明了美国人及美国文化的精神。

附录1
后资本主义的文化反思

当讨论到"后资本主义文化"一词时，引起的好奇与关注是，"文化"所指涉的对象是什么？"后资本主义"所陈述的意义是什么？倘若不能经由对这两个词汇的认识，反思是无法进行的。

在不同的学科领域，对问题的探索有不同的面向。作为一名历史工作者，首先映入脑海的是，时空的概念。历史是对特殊时代背景的描述，它不同于哲学。哲学所追求的是真理，是跨越时空的一门知识。历史所探讨的真实，是局限在时空之内的情境。因此从历史的层面研究此一问题，在态度或认知方面自不同于其他专业，这是认识本文的前提。

其次必须说明的是，"文化"一词迄今尚未有一定论，因此在讨论文化反思时，有其困难存在。本文在处理文化自不免要对文化概念有所交代，以后再论及后资本主义文化。"后资本主义"一词是一个可能引起争议的名词。习惯上，学术界的用语是前资本主义、资本主义、发达资本主义或垄断资本主义，少见后资本主义；因此论及后资本主义必须将资本主义与后资本主义作区辨。两者之差异在"生产"与"消费"的面向，资本主义以"理性"为前提，关心物质生产、生产者与生产关系的互动；后资本主义以"反理性"为前提，关心文化的生产以及因此出现的消费、消费者与消费关系。

一、何谓文化？

在谈论文化议题时，传统与现代有相当差异。传统多将文化视为一种文艺活动，而现代则多从社会的角度着手，以人类学所下的定义为依据。英国人类学者泰勒（E. B. Taylor）的解说："文化包括知识、信仰、艺术、道德、法律、习俗，以及其他由社会成员所习得的能力与习惯所构成的复合体。"[01] 成为文化解释的经典，这种从社会人类学角度下定义来讨论文化，建构了一套理论，肯定了人文学科的价值以及人的"存在的存在"意义：即人不仅是动物的存在，更是人的存在，一种有意义的存在。日后德国学者维柯（Giambattista Vico）倡议"人所能了解的只有人所创造的事物"[02] 之后，使得文化一词成为学术中的显学。

在历史的长河中，文化与历史经常处于若即若离的状态中，对什么是历史、什么是文化往往难以区隔。在某些学者的认知中，文化不过是历史的闲暇，甚至是历史的剩余，是除了政治史、经济史、社会史等红花以外的杂草。发展到后来，文化成为一门独立的学科，历史成为一门对过去描述的科学，文化则是对过去的一种概念，这种概念影响了人的认识，进而改变了对人的看法。

在人文世界中，人的起源是学界探讨的主题，人由何处来，关系着文明的进展方向。从历史的演变过程来看，在17世纪以前，普遍认为人是由上帝创造的。这种创造的理论，建立了神权社会，影响了人文运动的发展，无论在政治、经济、社会、思想、艺术方面，皆以神明为依归，凡事敬天畏神，发展至19世纪，"演化论"取代了"创造说"。人是由猴子进化，促成了"适者生存"、"优胜劣败"的理路，从此人类进入"人定胜天"的社会状态。竞争掠夺成为合法营生之道。这种以"物种论"的方式来解释人的源起，分辨了人与动物之不同所在，但却未能解释人与人的差异所在。19世纪社会学及20世纪的文化学为人的起源提供了另一种解说，为人与人的差异找到一理解之道。从此人不再是一个物种，而是社会与文化的产物。人受制于社会，也

---

01 E. B. Taylor, *Primitive Culture：Researches into the Development of Mythology，Philosophy，Religion，Art and Custom*，Gloucester 1958，p. 1.

02 Giambattista Vico, *New Science*，Ithaca NY：Cornell University Press 1984，p. 24.

受限于文化，唯有从社会与文化之中，才能认识的人的意义与价值。社会是有形的一面，文化是无形的一面，当社会功能与社会结构两种学说达到其效能之后，文化即成为显学。由文化来说明人类的情境更能解释人类的由来，了解人与人的不同所在，这也是本文的本意所在，试图由文化的影响，了解现代人的困境。

二、对资本主义的了解

后资本主义采用了资本主义一词，表示与资本主义有相通之处，也有相异之地，因此必须透过对资本主义的解释，认识到后资本主义的面貌。什么是资本主义？它往往被认为是一个经济学的名词，或是社会的一种现象，其实最精确的讲法是它是历史的一段时期，是人类生活的一段记录，它说明了在某一时期的人文意义与价值。从历史的发展来看人类的活动，经过渔猎时期、农耕时期、商业时期、工业时期、信息时期，各时期有其理念与理路，而生计是其共同基本需求。渔猎及农耕时期，劳动是维持生计的基本方式，生产是主要的考虑，土地是劳动的场合。发展至商业时期，交易是维持生计的手段，营收是主要的考虑，货币是交易的场合。进入工业与信息时期，机器是维持生计的工具，销售是营生的管道，盈利是主要的目的，劳动已丧失了其重要性，知识成为主要的生存条件。

资本主义所代表的是商业与工业的结合，其理论源起于英国，亚当·斯密（Adam Smith）的自由放任经济学说[01]及李嘉图（avid Ricardo）的政治经济学[02]，为资本主义的发展奠定了理论基础。但对资本主义提出学理，并进行剖析的却是德国人，如宋巴特（Werner

---

[01] 亚当·斯密于1776年出版《原富》（*An Inquiry into the Nature and Causes of the Wealth of Nations*）被认为是资本主义在英国法制上奠基之日，参看黄仁宇著：《资本主义与21世纪》，中国台北：联经出版社，1991年版，第233页。

[02] 李嘉图的主要代表作为《政治经济学与赋税原理》（*Principles of Political Economy and Taxation*），主张天下人皆为利所趋。

Sombart)、马克思、韦伯等,就历史条件而言,马克思时代(1818—1883)的德国尚未统一,是一个由农业走向工业的国家,因此其对资本主义的看法具有一种"预言性"的态度,自然有许多质疑之处,希望德国在引进资本主义时应有所戒心。而宋巴特与韦伯分别生于1862及1863年,他们所处的时代与马克思不同,自然对资本主义的解说不同,此时德国已进入工业资本社会,找寻资本主义的动力成为其学说的重点。而今日我们所了解的资本主义,其实是德国的资本主义,不管马克思、韦伯所理解是什么,但对影响马克思及韦伯的处境是不可被忽略的。换言之,马克思言下的资本主义必然是受到他的时代影响,韦伯的资本主义亦然。

一次大战后不久,全球即遭遇经济不景气的冲击,资本主义成为代罪羔羊,纷纷对其展开严厉挞伐。德国法兰克福"社会经济研究所"不满希特勒的"国家资本主义"政策,展开批评,学者被迫于1933年流亡美国,对资本主义作了深刻的检讨。他们不再从马克思的"物质"生产面批判资本主义,改由"文化"生产面探讨资本主义弊端。霍克海默(Horkheimer)及阿多诺(Adorno)发表了《启蒙辩证法》(*Dialectic of Enlightenment*)一书,其中《文化工业》(*Culture Industry*)一文更引起重视,它奠定了"文化再生产"的后资本主义学说基础。

从上述的论说过程可以简单地说,资本主义文化是建立在德国文化对英国文化的批判基础上,它使得后人在接受资本主义文化时产生了一种矛盾与冲突的特质,也影响到社会的祥和。而后资本主义文化则是法国文化对美国大众文化所展开的批判。

三、对后资本主义的认识

后资本主义是继资本主义社会所发展出的一种社会形态。后资本主义与后工业社会、后现代社会有所关联。这个名词是取自贝尔(Daniel Bell)的《后工业社会》(*Post-industrial Society*)以及杜克(Peter Drucker)所写的《后资本主义社会》(*Post-Capitalist Society*)而来。"后"不是"反",不是前一个时期的终结或死亡。依杜玛—舍娜(J.

Tumar-Serna）的看法，Post 不应当理解为传统批判意义里对某一种现象的阶段划分或类型划分，而是表现对某一现象的批判态度[01]。它不是反资本主义，而是代表资本主义的另一种形态。它是后现代社会的意识形态，立基于 1960 年代。

　　后资本主义承自资本主义，但并不同于资本主义，两者除了时间上的差异之外，还有政治、经济、文化、社会等方面的差异。其中所涉及的主要关键在"生产"。资本主义所建立的形构为机械的生产、工业的社会；后资本主义所建立的形构为信息的生产、服务的社会、消费的社会、多元的社会。资本主义是一只"看不见的手"，后资本主义是一只"看得见的手"，它不是少数资本家的利益，而是管理阶层的利益。[02] 后资本主义所标榜的不是生产工具的拥有，而是消费的过程。资本主义社会是一个"个人主义"的社会。后资本主义社会是一个"新个人主义"的社会，在这个消费社会中，人与人之间的合作不见，所有的只是个人欲望的显现。在后资本主义社会中，专业与服务业是社会的中间，两极化的阶级区分因着工人的势力减弱、工人阶级的消失，已无法解释社会的现实，社会的权力转为文化的权力，由内在引导转为外在引导；由自觉与认同变成受媒体与广告的影响。文化成为后资本主义的权力市场。

　　究其发展有其政治、社会、经济等客观条件：

1. 政治条件

　　从历史演变的过程来看，20 世纪 60 年代起，世界政治形态与前有重大的不同。过去以欧洲为主的"欧洲中心主义"政治活动现在转变为"多元主义"的政治结构。有关其演变过程可以由二次世界大战后的世局开始。1946 年后世局进入进入"冷战"（1946—1989）与"后冷战"（1990—2004）两个时期，无论是冷战前期（1946—1975）或是冷战后期（1975—1990），美苏是舞台的主角，资本主义与社会主义各有

01　朱刚著，《詹明信》，中国台北：生智出版社，1995 年版，第 125—126 页。
02　Alfred D. Chandler, Jr. *The Visible Hand*, Harvard University, 1988, p. 22.

坚持。1989年苏联共产党政权垮台，历史进入后冷战时期，历史舞台由美苏争霸成为美国独大。美国的政治理念、政治结构随着美国的影响力，成为各国政治全球化的指导，开启了后资本主义时代的多元政治发展特色。

美国政治是建构于"大熔炉"的基础之上的多元认同体制。这种政治形态与19世纪以来人民所习惯的民族国家体制不同，美国国号"美利坚联邦共和国"（The Republic of the United States of American）述说了美国政治的独特性与统一性：来自"认同"的结构。美国是由移民建立的国家，移民的成分关系着国家政体的运作，也成为美国民主的独特性。早期赴美的移民以西欧的白人居多，黑人被排除在政治的活动范围之外，民主体制在白人至上的WASP（White Anglo-Saxon Protestant）运作之下，安然无虑，随着移民人口成分的改变，以及黑人地位的改善，美国白人至上理念，已无法保有政治优势，非白人选民人口数增加，迫使美国必须改变政策，继续保有统治地位。"多元认同"成为最佳的模式，即将"肤群"化为"裔群"，将以往以肤色为区分的准则，变成以血源为区分的标准，有色人种成了亚裔、拉丁裔等；之后将亚裔再分为中国、日本、韩国、泰国等，如此细分下去，使得白人永远保持政治的多数。这种美国的独特生态，随着美国对世界的领导地位提升，成为国际政治的认可标准，透过美国强大的军事力量，放诸四海皆准，为后资本主义的发展提供了新的、不同于民主国家政府至上的政治模式。

除了美国的领导之外，国际形势的发展也助长了多元化的政治生态。这种称为全球化的政治企图是20世纪后半期国际政治发展的方向，试图建构一种跨民族国家组织，与19世纪所发展的民族国家势力造成新冲突，其中以国界的概念最严重。二次世界大战后，国际因国界的重新划分而造成国界冲突，以阿是最典型的例子。此外，亚洲新兴国家的诞生，也因美苏的介入而产生内部的分裂，发展至60年代，这种由国界所建构的国家意识面对跨国家新国际组织的挑战时，导致政府的功能日益衰减。史学家霍布斯邦批评民族国家是法国大革命的产物，民族国家观念的言论是立足于民族国家的力量，不足以解决全球化的经济冲突，或者无法与普通民众沟通。跨国的组织如 APEC、UN、WTO 等正侵占了民族国家的主权。这些组织扼杀了大政府的功能，尽管国家的势力并不因此瓦解，但跨国的势力抬头是不争的事实。国家虽不会将其核心功能让位给市场，但无疑会考虑在全球化时代，政府应承担哪些职责。由过去几十年的经验可以发现到，各国政府在法庭、管理部门间的紧密合作，如联手对付贪污和毒品交易，都促进了"跨政府主义"的发展。各国政府也开始向地区性的组织让步，欧盟是最好的说明。1999 年欧盟 11 国更向前推，将货币控制权交给欧洲中央银行，欧洲国家正朝"欧洲合众国"的目标进行。全球化的政治是一个民主进程，人们开始追求文化、地理和种族的认同感。

60 年代之后的国际国家型态可以分为三类，分别是：前现代国家（如刚果、索马里）、现代国家（伊朗、印度尼西亚、巴西）、后现代国家（美国、英国等）。民族国家的权力受两方面影响：在大的面向，跨国组织的威胁；小的面向，种族主义、地区主义的形成。苏联被分割为若干共和国，美国政府将权力下放给各州政府。从全球各地可以看到发展有利自己经济的作法，非政治组织侵蚀国家的权力，特别是在第一世界的国家之间，普遍的人权比国家的主权更重要；国际人士、人权活动家、国际法庭律师联手监督各国政府，人道主义走向台前。全球化尽管没有改变民族国家的事实或基本规则，但它似乎改变了国家的节奏。究竟它的未来走向何方无法预测，但国家的力量仍将维持一定的势力。

2. 社会条件

后资本主义的文化发展与其社会处境有关。影响社会发展的关键有二：结构与功能。其中又以人口为主。有学者指出，自 1950 年以来，世界人口成长数量远超过过去 400 万年，人类开始能够直立步行以来的数量[01]。根据联合国统计，1900 年世界人口只有 18 亿，到 2000 年超

01　Nathan Gardels ed. *The Changing Global Order*，林添贵译：《世纪之路》，中国台北：立绪出版社，1999 年版，第 5 页。

过 60 亿，估计到 2025 年可达 85 亿。人口的快速成长影响社会的结构与运作。如果说工业社会是人与机器之争，后资本主义的工业社会就是人与人之争。在这个人与人的竞争社会中，讯息、知识、组织、流通是活动的基础。

(1) 电脑资讯社会

信息是数据的应用，它的主要功能在"传播"，从报章杂志到收音机广播再到电视计算机的应用，使得传讯的时间更快，地域更广。它增进了人与人的往来，促进了区域间的沟通，营造了全球化、地球村的文化与社会。

信息有赖传播，在各种传播工具中，计算机的影响最大。一般人往往将计算机出现后的社会视为新时代的来临，称之为"计算机社会"，凸显出与工业社会的不同面向。计算机是后资本社会的工具，它不是某一位发明家的功绩，也不是某些团体的成就。所建构的是一种不同于工业社会意识形态的"虚构社会"。从此人们往来的凭借不是物品，而是物流。人与人的关系由物理世界走向虚拟世界，对过去的价值观念产生重大的挑战。

计算机属于硬件，是传媒的工具，其重要性因网络的介入更受关切，这种不受时空局限的网络将过去所沿袭的社会秩序打乱，而如何建构一个新社会秩序以及人际关系，是现代人的努力方向。

(2) 知识组织社会

从资本主义降生以来，知识即成为社会发展与进步的动力。早期知识为道德服务，目的在造就一位完人；至资本主义社会，知识为技术水准而服务，目的在增加产能。进入后资本主义时代，知识是为了知识本身，构成了智慧财产的社会。这种知识不同以前的知识，它是一种指示性知识（denotative）而非叙述性知识，改变了认知过程的语用学，为各种不同的事实要求建立了证明规则，批判"元叙述"：即我们对自己讲述的故事，包括我们作为民族、种族、阶级等的命运。从此知识不再是个人的训练，或获取智能的管道，它失去了使用价值，也不是为自身的目的，而是为了出售而生产，为了新产品的价值被消费[01]。

后资本主义社会重视知识来自"组织"的需求。"组织"不同于社群,是为了某种目的而存在[02],为了工作成效而存在。组织是有特定目标的机构,专注一种目标,所以能发挥很大的效用。它是由各类专门人员所组成的,具有相当明确的目标,因此重视有知识、有才学、肯奉献的人才。由于知识不分高低,因此这类员工的地位是平等的,没有上下之分,大家都是工作伙伴,透过"参与管理"运作,采指导的方式而非指挥的方式运作。组织依赖文化(行为的方式),它是沟通的主要媒介。在后资本主义社会中,一位有专门知识的人,每隔四五年就必须接受新知识,否则就落伍。

在后资本主义的组织社会中,没有资方,也没有劳方,只有受雇者。在劳资社会中,工作者领取"工资"(不固定)或"薪资"(固定),到了后资本主义社会,工作者领取的是"费用"。这些拥有知识的员工,他们不是依指示工作,而是依调查工作。以前讲"劳力",现在讲"人力资源",以前老板决定员工的优劣,现在由员工自己决定他的贡献。简单地说,在资本主义社会,受雇者为资本服务,在后资本主义社会中,资本为受雇者服务。

(3) 消费服务社会

后资本主义社会是一个"公共"社会,社会的单位是小区不是个人,参与成为小区的条件,人与人的合作变得格外重要,服务即成为小区活力的源头。随着个人收入的提高,用于生存的费用减少,一些过去被视为奢侈品的享受逐渐增加,包括餐厅、旅社、汽车服务、旅游、娱乐、运动等。消费不再是生产的结果,而是生产的本身。换言之,消费是一种再生产,不是物品的生产,也不只是商品的生产,而是消费的意识,一种参与的意识。

消费的意识不是生产结构的延伸,而是一种生活态度的建构。在资本主义社会中,盈余与利润是主要的生活考虑,生命的意义为"实

---

01 Andrew Feenberg, *Alternative Modernity*, 陆俊、严耕等译:《可选择的现代性》,北京:中国社会科学出版社,2003 年版,第 152 页。

02 Peter Drucker, Post-Capitalist, p. 57.

在",但在后工业社会,预支与偿还是生活的方式,生命的意义为"虚构"。这种现象可以由现金交易发展为分期付款,进而为信用卡可见一斑。物流取代了物品或商品的地位。

3. 经济条件

1750年资本主义由英国开始向外推展,历经两百年风浪,迄60年代进入了一个新的阶段,可称为"后资本主义时期"。这个时期的资本主义经济条件与前不同,套用美国学者托夫勒(Alvin Toffler)的看法,这是第三波经济,与工业资本主义的第二波经济不同,主要表现在技术、资本、管理三方面。第二波的经济以工厂为主,机械是主要生产工具,表现出专业化、同步化、集中化、极大化、极权化的倾向。第三波的经济以公司为主,电话、电视、计算机等地电讯工具改变了集中生产模式,加速了经济活动能力,"知识"成为经济活动的核心。

能源是经济之母,工业时代的能源由煤发展为石油。在后资本主义时代,对石油的依赖并未减少,但如何开发新能源则成为主要的考虑。后资本主义经济是在能源危机下迅速成长,所需的能源较前减少,特别是对电力的使用,以及电器品的发明。新工业与以前最大的不同是不再以电机为主体,新科学是一种科学方法的混合;比如量子电子学、信息论、分子生物、海洋、核子学、生态学、太空科学,这些新科学促成了新的工业。如计算机与数据处理、太空、精密石化业、半导体及其他许多工业。

后资本主义时代,工厂大量生产,商品到处充斥,群众生活在一个不折不扣的消费社会中,欧洲工业革命之前每人平均消费量,几乎和今天的许多落后国家无异,然而在后资本主义时代北半球国家每人的物质和能源平均消费量则是落后国家的40倍,这种现象显示人类活动增加了40倍,消费行为是富裕国家的特征[01]。

---

01 The Club of Rome, *The First Global Revolution*, 黄孝如译:《第一次全球革命》,中国台北:时报文化,1992年版,第48页。

四、对后资本主义文化的反思

后资本主义是由资本主义蜕变而生的，它代表了一种新的学说。如果说，德国人完成了资本主义理论，那法国人则催生了后资本主义文化。从历史的演变来看，英国诞生了资本主义社会，德国人书写了资本主义理论，美国人诞生了后资本主义社会，法国人则建构了后资本主义文化。

后资本主义文化与资本主义文化最大的不同点在其建构的基础。资本主义建立在"理性的完整"架构之上，而后资本主义则建构在"理性的破碎"之上。换言之，早期建立在"原罪"与"救赎"真理的神学，于18世纪遭到"自由"、"平等"的革命摧残后，权威不再。但这种以理性作为准则的革命论，至二次大战后面对反理性的挑战。它不具有革命的野心，也没有宣道的使命，而是从"否定"的角度看待世界以及因此而衍生的问题。从否定神到否定人，从"上帝死亡"到"人死亡"来面对这个人所处的世界。在抛弃了上帝的本体，又否定了人的主体性之后，后资本主义的困境也就浮现出来，即后资本主义究竟是一种什么样的文化？

从思想层面来看，"文化再生产"是本时期的一个重要的特色。

"文化再生产"代表了20世纪60年代以来法国思想界对文化理论的描述。这种思想以"理性批判"为前提，指出了当代自我理解的全面危机。他们虽延续了法兰克福学派所推行的理性批判，但却反对法兰克福学派理性批判的"同一性"，强调"差异万岁"，要揭示理性的"暴力"。学校教育成为他们批判的焦点。法国学者布尔迪厄（Bourdieu）将教育体系视为一项分配与肯定社会特权的工具；由于教育标榜价值中立，使得不论支配团体与受压迫团体都不会怀疑他们隐藏的功能，"将集体的遗产，转移至个人意识中"，形成"自由"与"中立"的大幻象[01]。这种"无主体"的思维打破了18世纪以来"主体"的架构，以"我说"代替"我思"的文化思维方式，对现代文化产生

01　Chris Jenks, *Culture*, 俞智敏译：《文化》，中国台北：巨流出版社，1998年版，第218页。

了重大的冲击。特别是后资本主义时代的文化宰制与文化霸权。他们对学校教育体系进行批判，但却忽略了非学校教育体系的影响。

欲望是后资本主义文化的庭院。在这里，非学校教育体系找到了他们活动的空间，耕耘者要求受教者抛弃过去的理性制约，把握自我的冲动本能。此由过去人对债务的观念，可以感受到其中的分辨。以前欠债是为了生活需要，但现在欠债是为了生活享受，以前赚钱是为了需要，现在赚钱是想要，这种要不是本能而是文化教育的结果，激化个人对"要"的欲望，误以为是本能，进而全力以赴。笔者最近一个月来研读《纽约时报》(*New York Times*)的文化论题发现了这种教育对社会及个人的影响。譬如手机文化，现代的手机功能已不再限于通话，而成为生活伴侣。日本最新生产的手机广告中说，除了不能脱衣以外，手机可以陪伴终身，替你打发寂寞，为你翻译，提供信息，还可以唱歌。还有大头贴文化，这种自拍摄影，让人可以自由自在地发现自己，以前照相要靠别人，或者要有形象，如今自拍，不必在意别人，与以前有显然不同。此外人与动物的相处也有了改变。以前只有人才可能成伴，喜欢的动物称为宠物。但现在不同了，动物不再是宠物，而是玩伴，在许多地方，狗和猫可以进旅馆和人一样吃、睡。而对西方文化可能带来最大的冲击是对死亡的决定权。在基督文化的传统中，生命是上天给赋的，任何人无权剥夺。但随着科技的发达，维生系统的进步，死亡是否还是上帝的专利，对本世纪文化带来重大挑战。这种建构在"私欲"的后资本主义文化，对"上帝"与"人"的否定，究竟走向何方，是本文所愿提出的话题。

五、结论

后资本主义文化下的世界究竟将走向何处？学者专家分从不同的角度及领域提出看法。美国学者丹尼尔·贝尔（Daniel Bell）在其《资本主义的文化矛盾》(*The Cultural Contradictions of Capitalism*)一书中有相当深入的分析。贝尔认为资本主义的发展至今已到达一个分水岭，即走入裂变的时代。经济上，专业的分工、重视利润的取向，将人压榨成无情的角色；政治上，追求平等的信念，促使政府介入调停不平等的机会更多，官僚集团势力更大；文化上，艺术的创作空间，受理性制约的影响，走向"反理性"的道途。后资本主义所呈现的矛盾是人的"整体"性与"部分"性的冲突。马克思在早年即提出"整体"的文化观，如今随着"意识形态的终结"已不再受到重视，但贝尔的呼吁，却激起更多的反思。

从人类历史变迁过程来看，"转型"是每个社会面对的共同问题，而每一个转型皆有其诉求，然诉求不外自由、平等、博爱三者，其中政治自由、社会平等已喧天价响，唯人文博爱则困扰时人，如何在后资本主义社会中重整文化的意义，有待正视。

文化是20世纪下半叶以来的显学，这种文化观所指的不是"产品"而是"过程"，或者说是一种关系。它承续马克思、结构主义的"不变中的变化"观，由历史的连贯中找出文化的"渗透"性。后资本主义文化是一种自发性，还是教育使然，是一个争议的问题。以前的文化教育由学校把持，以理性制约为基础，如今，欲望将后资本主义时代的人们带入与传统的对决之中，人究竟是否应有所约束，以及如何约束？是后资本主义的最大难题。对工具理性的批判让后现代的人努力追求"存异"的价值。也许工业化带来了人性上的一些危机，但舍弃了对"上帝"与对"人"的"认同"后，人又有何价值呢？所追求的自由平等又有何意义呢？

附录2 参考资料

美国各年代总人口一览表

年代	州数	人口
1790	13	3,929,214
1800	16	5,308,483
1810	17	7,239,881
1820	23	9,638,453
1830	24	12,866,020
1840	26	17,069,453
1850	31	23,191,876
1860	33	31,443,321
1870	37	39,818,449
1880	38	50,155,783
1890	44	62,947,714
1900	45	75,994,575
1910	46	91,972,266
1920	48	105,710,620
1930	48	122,775,046

1940	48	131,669,275
1950	48	150,697,361
1960	50	179,323,175
1970	50	203,235,298
1980	50	226,504,825
1985	50	237,839,000
1990	50	250,122,000
1995	50	263,411,707

各州加入美国顺序

顺序	州名	加入日期
1	特拉华 (Delaware)	1787 年 12 月 7 日
2	宾夕法尼亚 (Pennsylvania)	1787 年 12 月 12 日
3	新泽西 (New Jersey)	1787 年 12 月 18 日
4	乔治亚 (Georgia)	1788 年 1 月 2 日
5	康涅狄克 (Connecticut)	1788 年 1 月 9 日
6	马萨诸塞 (Massachusetts)	1788 年 2 月 7 日
7	马里兰 (Maryland)	1788 年 4 月 28 日
8	南卡罗莱纳 (South Carolina)	1788 年 5 月 23 日
9	新罕布什尔 (New Hampshire)	1788 年 6 月 21 日
10	弗吉尼亚 (Virginia)	1788 年 6 月 25 日
11	纽约 (New York)	1788 年 7 月 26 日
12	北卡罗来纳 (North Carolina)	1789 年 11 月 21 日
13	罗德岛 (Rhode Island)	1790 年 5 月 29 日
14	佛蒙特 (Vermont)	1791 年 3 月 4 日
15	肯塔基 (Kentucky)	1792 年 6 月 1 日
16	田纳西 (Tennessee)	1796 年 6 月 1 日
17	俄亥俄 (Ohio)	1803 年 3 月 1 日
18	路易斯安那 (Louisiana)	1812 年 4 月 30 日
19	印第安那 (Indiana)	1816 年 12 月 11 日
20	密西西比 (Mississippi)	1817 年 12 月 10 日

21	伊利诺伊 (Illinois)	1818 年 12 月 3 日
22	阿拉巴马 (Alabama)	1819 年 12 月 14 日
23	缅因 (Maine)	1820 年 3 月 15 日
24	密苏里 (Missouri)	1821 年 8 月 10 日
25	阿肯色 (Arkansas)	1836 年 6 月 15 日
26	密西根 (Michigan)	1837 年 1 月 26 日
27	佛罗里达 (Florida)	1845 年 3 月 3 日
28	得克萨斯 (Texas)	1845 年 12 月 29 日
29	爱荷华 (Iowa)	1846 年 12 月 28 日
30	威斯康星 (Wisconsin)	1848 年 5 月 29 日
31	加利福尼亚 (California)	1850 年 9 月 9 日
32	明尼苏达 (Minnesota)	1858 年 5 月 11 日
33	俄勒冈 (Oregon)	1859 年 2 月 14 日
34	堪萨斯 (Kansas)	1861 年 1 月 29 日
35	西弗吉尼亚 (West Virginia)	1863 年 6 月 30 日
36	内华达 (Nevada)	1864 年 10 月 31 日
37	内布拉斯加 (Nebraska)	1867 年 3 月 1 日
38	科罗拉多 (Colorado)	1876 年 8 月 1 日
39	北达科他 (North Dakota)	1889 年 11 月 2 日
40	南达科他 (South Dakota)	1889 年 11 月 2 日
41	蒙大拿 (Montana)	1889 年 11 月 8 日
42	华盛顿 (Washington)	1889 年 11 月 11 日
43	爱达荷 (Idaho)	1890 年 7 月 3 日
44	怀俄明 (Wyoming)	1890 年 7 月 10 日
45	犹他 (Utah)	1896 年 1 月 4 日
46	奥克拉荷马 (Oklahoma)	1907 年 11 月 16 日
47	新墨西哥 (New Mexico)	1912 年 1 月 6 日
48	亚利桑那 (Arizona)	1912 年 2 月 14 日
49	阿拉斯加 (Alaska)	1959 年 1 月 3 日
50	夏威夷 (Hawaii)	1959 年 8 月 21 日

历届总统大选

届别	候选人	所属政党	获得票数	获得选举人票数
1	华盛顿 (George Washington) 亚当斯 (John Adams) 其他候选人	无政党		69 34 35
2	华盛顿 (George Washington) 亚当斯 (John Adams) 克林顿 (George Clinton) 其他候选人	无政党		132 77 50 5
3	亚当斯 (John Adams) 杰弗逊 (Thomas Jefferson)	联邦党 (Federalist) 民主共和党 (Democratic-Republican)		71 68
4	平克尼 (Charles C. Pinckney) 布尔 (Aaron Burr) 其他候选人	联邦党 民主共和党		59 30 48
5	杰弗逊 (Thomas Jefferson) 布尔 (Aaron Burr) 亚当斯 (John Adams) 平克尼 (Charles C. Pinckney) 杰伊 (John Jay)	民主共和党 民主共和党 联邦党 联邦党 联邦党		73 73 65 64 1
6	杰弗逊 (Thomas Jefferson) 平克尼 (Charles C. Pinckney)	民主共和党 联邦党		162 14
7	麦迪逊 (James Madison) 平克尼 (Charles C. Pinckney) 克林顿 (George Clinton)	民主共和党 联邦党 民主共和党		122 47 6
8	麦迪逊 (James Madison) 克林顿 (Dewitt Clinton)	民主共和党 联邦党		128 89
9	门罗 (James Monroe) 金恩 (Rufus King)	民主共和党 联邦党		183 34

届别	候选人	所属政党	获得票数	获得选举人票数
10	门罗 (James Monroe) 亚当斯 (John Quincy Adams)	民主共和党 独立参选		231 1
11	亚当斯 (John Quincy Adams) 杰克逊 (Andrew Jackson) 克雷 (Henry Clay) 克劳佛 (William H. Crawford)	民主共和党 民主共和党 民主共和党 民主共和党	108,740 153,544 47,136 46,618	84 99 37 41
12	杰克逊 (Andrew Jackson) 亚当斯 (John Quincy Adams)	民主党 国家共和党 (National Republican)	647,286 508,064	178 83
13	杰克逊 (Andrew Jackson) 克雷 (Henry Clay) 怀尔特 (William Wirt) 佛洛伊德 (John Floyd)	民主党 国家共和党 反共济会党 民主党	688,242 473,462 101,051	219 49 7 11
14	范布伦 (Martin Van Buren) 哈里森 (William H. Harrison) 怀特 (Hugh L. White)	民主党 惠格党 惠格党	765,483 合计 739,795	170 73 26
15	韦伯斯特 (Daniel Webster) 曼根 (W. P. Mangun)	惠格党 惠格党		14 11
16	哈里森 (William H. Hamson) 范布伦 (Martin Van Buren)	惠格党 民主党	1,274,624 1,127,781	234 160
17	波尔克 (James K. Polk) 克雷 (Henry Clay) 勃尼 (James G. Birney)	民工党 惠格党 自由党	1,338,464 1,300,097 62,300	170 105
18	泰勒 (Zachary Taylor) 卡斯 (Lewls Cass) 布伦 (Martin Van Burin)	惠格党 民主党 自由上地党	1,360,967 1,222,342 291,263	163 127
19	皮尔斯 (Franklin Pierce) 史考特 (Winfield Scott) 海尔 (John P. Hale)	民主党 惠格党 自由土地党	1,601,117 1,385,453 155,825	254 42

届别	候选人	所属政党	获得票数	获得选举人票数
20	布坎南 (James Buchanan) 佛利蒙 (John C. Fremont) 菲尔莫尔 (Millard Fillmore)	民主党 共和党 美国党	1,832,955 1,339,932 871,731	174 114 8
21	林肯 (Abraham Lincoln) 道格拉斯 (Stephen A. Douglas) 布雷肯里奇 (John C. Breckinridge) 贝尔 (John Bell)	共和党 民主党 民主党 宪法联盟 (Constitutional Unio)	1,865,593 1,382,713 848,356 592,906	180 12 72 39
22	林肯 (Abraham Lincoln) 麦克莱伦 (George B. McClellan)	共和党 民主党	2,206,938 1,803,787	212 21
23	格兰特 (Ulysses S. Grant) 赛摩尔 (Horatio Seymour)	共和党 民主党	3,013,421 2,706,829	214 80
24	格兰特 (Ulysses S. Grant) 格里利 (Horace Greeley)	共和党 民主党	2,843,446 3,596,745	286 66
25	海斯 (Rutherford B. Hayes) 提尔登 (Samuel J. Tilden)	共和党 民主党	4,036,572 4,284,020	185 184
26	加菲尔德 (James A. Garfield) 汉考克 (Winfield S. Hancock) 威佛 (Jarrtes B. Weaver)	共和党 民主党 绿背劳工党 (Greenback-Labor)	4,453,295 4,8414,082 308,578	214 155
27	克里夫兰 (Grover Cleveland) 布雷恩 (James G. Blaine) 巴特勒 (Benjamin F. Butler) 约翰 (John P. St. John)	民主党 共和党 绿背劳工党 禁酒党 (Prohibition)	4,879,507 4,850,293 25,606,385 175,370 150,369	219 182
28	哈里森 (Benjamin Harrison) 克里夫兰 (Orover Cleveland) 费斯克 (Clinton B. Fisk) 史崔特 (Anson J. Streeter)	共和党 民主党 禁酒党 劳工联盟	5,477,129 5,537,857 249,506 146,935	233 168

届别	候选人	所属政党	获得票数	获得选举人票数
29	克利夫兰 (Grover Cleveland) 哈里森 (Benjamin Harrison) 威佛 (James B. Weaver) 毕威尔 (John Bidwell)	民主党 共和党 人民党 禁酒党	5,555,426 5,182,690 1,029,846 264,133	277 145 22
30	麦金莱 (William McKinley) 拜伦 (William J. Byran)	共和党 民主党	7,102,246 6,492,559	271 176
31	麦金莱 (William McKinley) 拜伦 (William J. Byran) 伍利 (John C. Wooley)	共和党 民主党 禁酒党	7,218,491 6,356,734 208,914	292 155
32	狄奥多·罗斯福 (Theodore Roosevelt) 帕克 (Alton B. Parker) 戴博斯 (Eugene V. Debs) 史瓦洛 (Silas C. Swallow)	共和党 民主党 社会党 禁酒党	7,628,461 5,084,223 402,283 258,536	336 140
33	塔夫特 (William H. Taft) 拜伦 (William J. Byran) 戴博斯 (Eugene V. Debs) 恰芬 (Eugene W. Chafin)	共和党 民主党 社会党 禁酒党	7,675,320 6,412,294 420,793 253,840	321 162
34	威尔森 (Woodrow Wilson) 狄奥多·罗斯福 (Theodore Roosevelt)	民主党 进步党	6,296,547 4,118,571	435 88
35	塔夫托 (William H. Taft) 戴博斯 (Eugene V. Debs) 恰芬 (Eugene W. Chafin)	共和党 社会党 禁酒党	3,486,720 900,672 206,275	8
36	威尔森 (Woodrow Wilson) 休斯 (Charles E. Huges) 班森 (A. L. Benson) 韩利 (J. Frank Hanly)	民主党 共和党 社会党 禁酒党	9,127,695 8,533,507 585,113 220,506	277 254

届别	候选人	所属政党	获得票数	获得选举人票数
37	哈定 (Warren G. Harding) 考克斯 (James M. Cox) 戴博斯 (Eugene V. Debs) 克里斯汀生 (P. P. Christensen)	共和党 民主党 社会党 农民劳工党 (Farmer-Labor)	16,143,407 9,130,328 919,799 265,411	404 127
38	柯立芝 (Calvin Coolidge) 戴维斯 (John W. Davis) 佛列提 (Roben M. La Follette)	共和党 民主党 进步党	15,718,211 8,385,283 4,831,289	382 136 13
39	胡佛 (Herbert C. Hoover) 史密斯 (Alfred E. Smith)	共和党 民主党	21,391,993 15,106,169	444 87
40	富兰克林·罗斯福 (Franklin D. Roosevelt) 胡佛 (Herbert C. Hoover) 汤玛斯 (Norman Thomas)	民主党 共和党 社会党	22,809,638 15,758,901 881,951	472 59
41	富兰克林·罗斯福 (Franklin D. Roosevelt) 兰顿 (Alfred M. Landon) 兰克 (William Lanke)	民主党 共和党 联合党	27,752,869 16,674,665 882,479	523 8
42	富兰克林·罗斯福 (Franklin D. Roosevelt) 威尔基 (Wendell L. Willkie)	民主党 共和党	27,307,819 22,321,018	449 82
43	富兰克林·罗斯福 (Franklin D. Roosevelt) 杜威 (Thomas E. Dewey)	民主党 共和党	22,014,745 24,179,345	432 99
44	杜鲁门 (Harry S. Truman) 杜威 (Thomas E. Dewey) 瑟蒙德 (J. Strom Thurmond) 华勒斯 (Henry A. Wallace)	民主党 共和党 国家权利党 进步党	21,991,291 1,176,125 1,157326	303 189 39

届别	候选人	所属政党	获得票数	获得选举人票数
45	艾森豪威尔 (Dwight D. Eisenhower)	共和党	33,936,234	442
	史蒂芬森 (Adlai E. Stevenson)	民主党	27,314,992	89
46	艾森豪威尔 (Dwight D. Eisenhower)	共和党	35,590,472	457
	史蒂芬森 (Adlai E. Stevenson)	民主党	26,022,752	73
47	肯尼迪 (John F. Kennedy)	民主党	34,226,731	303
	尼克松 (Richard M. Nixon)	共和党	34,108,157	219
48	约翰逊 (Lyndon D. Johnson)	民主党	43,129,566	486
	高华德 (Barry M. Goldwater)	共和党	27,178,188	52
49	尼克松 (Richard M. Nixon)	共和党	31,785,480	301
	汉弗莱 (Hubert H. Humphrey)	民主党	31,275,166	191
	华勒斯 (George C. Wallace)	美国独立党	9,906,473	46
50	尼克松 (Richard M. Nixon)	共和党	47,169,911	520
	麦高文 (George S. McGovern)	民主党	29,170,383	17
	施米茨 (John G. Schmitz)	美国党	9,906,473	
51	卡特 (Jimmy Carter)	民主党	40,830,763	297
	福特 (Gerald R. Ford)	共和党	39,147,793	240
52	里根 (Ronald Reagan)	共和党	43,901,812	489
	卡特 (Jimmy Carter)	民主党	35,483,820	49
	安德森 (John B. Anderson)	独立参选	5,719,437	
	克拉克 (Ed Clark)	自由党	921,188	
53	蒙代尔 (Walter F. Mondale)	共和党	54,451,521	525
	里根 (Ronald Reagan)	民主党	37,565,334	13
54	老布什 (George Bush)	共和党	47,917,341	426
	杜卡基斯 (Michael Dukakis)	民主党	41,013,030	111
55	克林顿 (William J. Clinton)	民主党	44,908,254	370
	布什 (George Bush)	共和党	39,102,343	168
	佩罗特 (H. Ross Perot)	独立参选	19,741,065	

届别	候选人	所属政党	获得票数	获得选举人票数
56	克林顿 (William J. Clinton) 杜尔 (Bob Dole) 佩罗特 (H. Ross Perot)	民主党 共和党 独立参选	47,401,185 39,197,469 8,085,295	379 159 0
57	小布什 (George W. Bush) 戈尔 (Al Gore)	共和党 民主党		271 249
58	小布什 (George W. Bush) 凯瑞 (John Kerry) 纳德 (Ralph Nader)	共和党 民主党 独立参选人	62,040,606 5,902,109 411,304	286 252 0

历任总统、副总统隶属党派与国务卿

任数	总统	副总统	国务卿
1	·华盛顿 (George Washington) 联邦党 1789 (Federalist)	·亚当斯 (John Adams) 联邦党 1789	·杰弗逊 1789 (Thomas Jesserson) ·兰道夫 1794 (Edmund Randolph) ·皮克林 1795 (Timothy Pickering)
2	·亚当斯 (John Adams) 联邦党 1797	·杰弗逊 (Thomas Jefferson) 民主共和党 1797 (Dem.-Rep.)	·皮克林 1797 ·马歇尔 1800 (John Marshal)
3	·杰弗逊 (Thomas Jefferson) 民主共和党 1801	·布尔 (Aaron Burr) 民主共和党 1801 ·克林顿 (George Clinton) 民主共和党 1805	·麦迪逊 1801 (James Madiston)
4	·麦迪逊 (James Madison) 民主共和党 1809	·克林顿 民主共和党 1809 ·盖瑞 (Elbridge Gerry) 民主共和党 1813	·史密斯 1809 (Robert Smith) ·门罗 1811 (James Monron)

任数	总统	副总统	国务卿
5	·门罗 (James Monroe) 民主共和党 1817	·汤普金斯 (Daniel D. Tompkins) 民主共和党 1817	·亚当斯 1817 (John Q. Adams)
6	·亚当斯 (John Q. Adams) 民主共和党 1825	·卡尔霍恩 (John C Calhoun) 民主共和党 1825	·克雷 1825 (Henry Clay)
7	·杰克逊 (Andrew Jackson) 民主党 1829 民主共和党	·卡尔霍恩 民主党 1829 ·范布伦 民主党 1833	·范布伦 1829 (Martin Van Buren) ·李文斯顿 1831 (Edward Livingston) ·麦克连 1833 (Louis McLane) ·佛西斯 1834 (John Forsyth)
8	·范布伦 民主党 1837	·约翰逊 (Richard M. Johnson) 民主党 1837	·佛西斯 1837
9	·哈里森 (William H. Hamson) 惠格党 (Whig)1841	·泰勒 (John Tyler) 惠格党 1841	·韦伯斯特 1841 (Daniel Webster)
10	·泰勒 (Zachary Taylor) 惠格党与民主党 1841	无	·韦伯斯特 1841 ·雷盖尔 1843 (Hugh S. Legare) ·阿普夏尔 1843 (Abel P. Upsher) ·卡尔霍恩 1844
11	·波尔克 (James K. Polk) 民主党 1845	·达拉斯 (George M. Dallas) 民主党 1845	·布坎南 1845 (Jallies Buchanan)
12	·泰勒 (Zachary Taylor) 惠格党 1849	·菲尔莫尔 (Millard Fillmore) 惠格党 1849	·克雷顿 1849 (John M. Clayton)

任数	总统	副总统	国务卿
13	·菲尔莫尔 惠格党 1850	无	·韦伯斯特 1850 ·艾佛略 1852 (Edward Everett)
14	·皮尔斯 (Franklin Pierce) 民主党 1853	·金恩 (William R. King) 民主党 1853	·马西 1853 (William L. Marcy)
15	·布坎南 民主党 1857	·布雷肯里奇 (John C. Breckinridge) 民主党 1857	·卡斯 1857 (Lewis Cass) ·布雷克 1860 (Jeremiah S. Black)
16	·林肯 (Abraham Lincoln) 共和党 1861	·汉林 (Hannibal Hamlin) 共和党 1861 ·约翰逊 (Andrew Johnson) 联合党 (Unionist) 1865	·席华德 1861 (William H. Seward)
17	·约翰逊 联合党 1865	无	·席华德 1865
18	·格兰特 (Ulysses S. Grant) 共和党 1869	·斯凯勒 (Schuyler) 共和党 1869 ·威尔森 (Henry Wilson) 共和党 1873	·沃什伯恩 1869 (Elihu B. Washburne) ·费许 1869 (Harrfilton Fish)
19	·海斯 (Rutheford B. Hayes) 共和党 1877	·惠勒 (William A. Wheeler) 共和党 1877	·艾华兹 1877 (William M. Evans)
20	·加菲尔德 (James A. Garfield) 共和党 1881	·亚瑟 (Chester A. Arther) 共和党 1881	·布雷恩 1881 (James G. Blane)
21	·亚瑟 共和党 1881	无	·富瑞林浩生 1881 (Fredenck T. Frelinghuysen)

任数	总统	副总统	国务卿
22	·克里夫兰 (Grover Cleveland) 民主党 1885	·亨德里克斯 (Thomas A. Hendricks) 民工党 1885	·巴雅 1885 (Thomas F. Bayard)
23	·哈里森 (Benjamin Hallison) 共和党 1889	·莫顿 (Levl P. Morton) 共和党 1889	·布雷恩 1889 (James G. Blane) ·佛斯特 1892 (John W. Fos-ter)
24	·克里夫兰 民主党 1893	·史蒂文森 (Adlai E. Stevenson) 民主党 1893	·格雷斯汉 1893 (Waller Q Gresham) ·欧尼 1895 (Richard Olney)
25	·麦金莱 (Wllliam McKinley) 共和党 1897	·霍巴特 (Garret A. Hobart) 共和党 1897 ·狄奥多罗斯福 (The-odore Roosevek) 共和党 1901	·薛曼 1897 (John Sherman) ·戴伊 1898 (William R. Day) ·海伊 1898 (John Hay)
26	·狄奥多罗斯福 共和党 1901	·费尔班克斯 (Charles Fair banks) 共和党 1905	·海伊 1898 ·鲁特 1905 (Elihu Root) ·巴肯 1909 (Robert Bac-on)
27	·塔夫托 (William H. Taft) 共和党 1909	·薛曼 (James S. Sherman) 共和党 1909	·诺克斯 1909 (Philander C. Knox)
28	·威尔森 (Woodrow Wilson) 民主党 1913	·马歇尔 (Thomas R. Marshall) 民主党 1913	·拜伦 1913 (Wilham J. Byran) ·蓝辛 1915 (Robert Lan-sing) ·柯尔比 1920 (BHnbfidge Colby)

任数	总统	副总统	国务卿
29	·哈定 (Warren G. Harding) 共和党 1921	·柯立芝 (Calvin Coolidge) 共和党 1921	·休斯 1921 (Charles E. Huges)
30	·柯立芝 共和党 1923	·道斯 (Charles G. Dawes) 共和党 1925	·休斯 1923 ·凯洛格 1925 (Frank B. Kelogg)
31	·胡佛 (Herbert Hoover) 共和党 1929	·柯蒂斯 (Charles Curtis) 共和党 1929	·史汀生 1929 (Henry L. Stimson)
32	·富兰克林·罗斯福 (Franklin D. Roosevelt) 民主党 1933	·加纳 (John Nance Garner) 民主党 1933 ·华莱士 (Henry A. Wallace) 民主党 1941 ·杜鲁门 (Harry S. Truman) 民主党 1945	·赫尔 1933 (Cordell Hull) ·史丹特纽斯 1944 (Edward R. Stettinius,Jr.)
33	·杜鲁门 民主党 1945	·巴克利 (Alben W. Barkley) 民工党 1949	·史丹特纽斯 1945 ·巴恩斯 1945 (JamesF,By-roes) ·马歇尔 1947 (George C. Marshall) ·艾奇逊 1949 (Dean G. Acheson)
34	·艾森豪威尔 (Dwight D. Eisenhower) 共和党 1953	·尼克松 (Richard M. Nixon) 共和党 1953	·杜勒斯 1953 (John F. Dulles) ·赫托 1959 (Christian A. Herter)
35	·肯尼迪 (John F. Kennedy) 民主党 1961	·约翰逊 (Lyndon B. Johnson) 民主党 1961	·鲁斯克 1961 (Dean Rusk)
36	·约翰逊 民主党 1963	·汉福瑞 (Hubert H Humphrey) 民主党 1965	·鲁斯克 1963

任数	总统	副总统	国务卿
37	·尼克松 共和党 1969	·安格纽 (Splro T. Agnew) 共和党 1969 ·福特 (Gerald R. Ford) 共和党 1973	·罗杰斯 1969 (William P. Rogers) ·基辛格 1973 (Henry Kissinger)
38	·福特 共和党 1974	·洛克菲勒 (Nelson Rockefeller) 共和党 1974	·基辛格 1974
39	·卡特 (Jimmy Carter) 民主党 1977	·蒙代尔 (Walter Mondale) 民主党 1977	·万斯 1977 (Cyrus Vance) ·马斯基 1980 (Edmund Muskie)
40	·里根 (Ronald Reagan) 共和党 1981	·老布什 (George Bush) 共和党 1981	·黑格 1981 (Alexander Haig) ·舒兹 1982 (George Schultz)
41	·老布什 共和党 1989	·奎尔 (J. Danforth Quayle) 共和党 1989	·贝克 1989 (James A. Bak-er) ·伊格尔伯格 1992 (Lawrence Eagle burger)
42	·克林顿 (William J. clinton) 民主党 1993	·戈尔 (Alben Gore, Jr.) 民主党 1993	·克里斯多夫 1993 (Warren Christopher) ·奥尔布赖特 1997 (Madeleine Albright)
43	·小布什 (George Bush) 共和党 2001	·切尼 (Dick Cheney)	·鲍威尔 2001 (Colin Luther Powell) ·赖斯 2005 (Londoleezza Rice)

附录3
美国史大事记

年代	内容
1445—1488	葡萄牙船抵非洲西岸
1492	哥伦布开始第一次海外探险活动
1497	卡伯特 (John Cabot) 抵北美东岸
1494	西班牙与葡萄牙依 Tordesillas 条约，划分对新世界的殖民活动
1498	达伽玛绕过非洲抵印度
1513	Poncede Leon 前往佛罗里达
1519—1521	Hernan Cortes 征服墨西哥
1519—1522	麦哲伦绕行地球一周
1539—1542	Hernando de Soto 至密西西比河下游
1549	Francis Drake 至加利福尼亚海岸
1607	北美洲第一个殖民地詹姆斯镇建立
1608	魁北克城建立
1609	亨利哈得逊发现哈德逊河 (Hudson River)
1612	弗吉尼亚地区开始种烟草
1619	弗吉尼亚购入第一名黑奴
1620	普里茅斯殖民地建立；五月花公约签署
1624	新阿姆斯特丹殖民地建立
1630—1640	清教徒大量进入北美洲

附录3 美国史大事记

年代	内容
1630	马塞诸塞湾殖民地建立
1634	马里兰殖民地建立
1636	罗德岛殖民地建立；哈佛大学设立
1639	康涅狄克殖民地建立
1650—1696	英国国会开始执行航海法
1662	"半圣约制"公布
1664	新阿姆斯特丹被英国征服
1676	培根(Bacon)叛变
1684—1688	北方殖民地合并为新英格兰
1807	美国实施禁运法案
1808	麦迪逊当选美总统；禁止奴隶再输入美国
1809	通过不交往法
1810	麦孔二号法案
1811	第一国家银行二十年特许状到期
1812	美国国会通过与英作战
1814	英军攻陷华府；美国国歌"星条颂"于此年谱出；美英签署根特条约(Treaty of Ghent),结束1812年战争
1816	门罗当选总统；国会通过第二国家银行特许状
1817	与英国签署 Rush—Bagot 协定
1819	与西班牙签署条约,购买佛罗里达；美爆发经济危机
1820—1821	密苏里折衷案
1823	门罗主义发表
1824	昆西·亚当斯当选总统
1825	Eric 运河完成
1828	杰克逊当选总统
1830	《摩门经》(The Book of Mormon) 出版
1830	第二次大觉醒运动
1831	William Lloyd Garrison 创立《解放者》(Liberator) 报；Nat Tur-ner 奴隶叛乱

年代	内容
1831—1838	印第安人迁往奥克拉荷马
1832	杰克逊拒绝颁发银行特许状
1835	纽约赫斯特报 (New York Herald) 设立
1837	美国承认得克萨斯共和国 (Republic of Texas)
1837—1838	美国爆发经济危机
1841	泰勒 (John Tyler) 由副总统接任美国总统
1837—1848	曼恩 (Horace Mann) 在马塞诸塞州进行教改
1845	并吞得克萨斯
1846	俄勒冈疆界解决；美国与墨西哥发生战争
1847	摩门教徒移居盐湖城
1848	加州发现金矿
1854	Kansas-Nebraska 案
1850	妥协案
1856	Pottawatomie 屠杀印第安人
1856—1858	Kansas 流血事件
1857	经济不景气；Dred Scott 案
1858	林肯与道格拉斯辩论；美日签署贸易条约
1859	布朗在哈伯港叛乱；宾州探获石油
1860	南卡罗来纳退出联邦
1861	美国邦联成立；攻击桑特堡；南北战争暴发
1862	林肯正式宣发表解放奴隶文告
1863	林肯宣布 10% 重建计划
1865	南军投降，南北战争结束；林肯遭暗杀；约翰逊接任美国总统；通过宪法十三次修正案
1866	通过民权法案
1867	第一次重建法案；美国向苏俄购买阿拉斯加
1868	美国众议院弹劾约翰逊总统；宪法十四次修正案通过；格兰特当选总统
1868—1872	三 K 党滋事

年代	内容
1869	联邦太平洋铁路完成；美国劳工武士团体组成
1870	第15次宪法修正案通过；标准石油公司成立
1875	与夏令营当地人签互惠条约
1876	美国棒球联盟成立；Johns Hopkins 大学成立
1877	南北重建达成妥协，美国复归统一；铁路大罢工；农民联盟运动展开
1880	新移民法开始实施
1881	加菲尔德总统遇害
1883	通过 Pendleton 公务员任用法
1886	美国劳工联盟成立
1887	州际贸易法案通过
1888	美国出现第一辆都市电联车
1890	谢尔曼反托拉斯法案通过；美国女人选举协会 (National American Women's Suffrage Association) 成立
1892	民粹党成立
1893	经济危机
1894	PuHman 大罢工
1895	Booker T. Washington 发表演说
1896	Plessy v. Ferguson 案判决，隔离存在合法；麦金莱当选美国总统
1898	美国与古巴爆发战争；并吞夏令营
1899	发表中国门户开放要点
1901	美国总统麦金莱遇刺；美国钢铁公司成立；美国棒球联盟成立全国煤矿工人大罢工
1904	老罗斯福总统宣布美国对中南美外交政策 (罗斯福主义 Roosevelt Corollary)；全国儿童劳工委员会 (National Child Labor Committee) 成立
1907	美日"君子协定"
1908	福特 T 型车开始生产
1911	老罗斯福总统发表"新国家主义"政策演说

年代	内容
1913	美国宪法 16 条修正案；征收所得税通过；17 条修正案；参议员直选通过
1917	美国对协约国宣战；威尔逊总统发表十四点和平声明
1918	美国终止一次世界大战
1919	巴黎和会举行；美国宪法 18 条修正案；禁酒通过
1920	美国国会拒绝承认凡尔赛条约；宪法 19 条修正案；女子有投票权通过
1921	召开华盛顿裁军会议
1923	美总统哈定去世，柯立芝接任
1924	美国对移民配额采新限制
1925	斯科普斯案审理
1927	美国第一部有声电影；The Jazz Singer 放映
1929	纽约股市崩盘，爆发全球经济不景气
1931	日本侵略中国东北
1932	小罗斯福当选美国总统
1933	小罗斯福总统开始新政计划的工作成立；CCC，FERA，AAA，TVA，HOLC，NRA，FDIC，PWA，CWA
1935	成立；WPA，REA，NYA，NLRB
1941	日本偷袭珍珠港
1942	菲律宾沦陷；中途岛之役；美军进入北非；种族平等会议成立
1943	洛杉矶及底特律爆发种族动乱；美军进入意大利；德黑兰会议召开
1944	诺曼底登陆；通过军人法案
1945	雅尔塔会议；旧金山会议草拟联合国宪章；德国投降；波斯坦会议；美国在日本丢下两枚原子弹；日本投降；小罗斯福总统去世，杜鲁门接任
1947	杜鲁门主义；马歇尔计划发表
1948—1949	柏林空运
1949	北大西洋公约组织成立
1950	朝鲜战争爆发

年代	内容
1953	朝鲜战争结束
1954	法军撤出越南；最高法院判定学校采种族分离违法
1955	苏伊士运河危机；阿拉巴马公车事件
1956	南方基督教领袖会议成立
1957	小岩城事件；民权委员会成立
1958	国防教育法
1960	U-2事件；美国与古巴断交
1961	猪罗弯事件；美国黑人抵制公车隔离措施
1962	古巴飞弹危机；民主学生社会发表休伦港宣言
1963	贝瑞丹发表《女性的奥秘》一书
1964	东京湾决议文导致越战扩大；民权法案
1966	全国妇女组织(NOW)成立
1969	尼克松总统发表"越战越南化"
1970	尼克松宣布攻打老挝
1972	水门事件；基辛格、尼克松访中国；战略武器限制谈判展开
1973	众院委员会对水门案进行弹劾总统听证；美国从越南撤出最后一批部队
1974	尼克松辞职，福特接任
1973—1974	阿拉伯国家采用取石油抵制西方国家
1974	福特大赦尼克松
1975	印第安人自决法案；越战结束
1978	以埃签大街营协定
1979	中国与美国建立外交关系；美国承认中华人民共和国是中国的唯一合法政府；伊朗学生胁持美国人质
1981	伊朗释放美国人质
1985	里根总统提战略防卫计划
1986	里根与戈尔巴乔夫在冰岛举行会谈；新移民法；军售伊朗反抗军案曝光；美军轰炸利比亚；对长期居住国外人给予大赦
1988	美苏签禁止中程飞弹协定；布什当选总统

年代	内容
1990	伊拉克入侵科威特
1991	美国轰炸伊拉克，将伊拉克军队逐出科威特
1992	克林顿当选总统
2000	小布什当选总统；美国总统签署授予中国永久正常贸易关系法案
2001	"九一一"事件；美国进军阿富汗；美宣布成功复制人类胚胎
2002	美国推动反恐，宣布朝鲜及两伊为"邪恶轴心"
2003	攻打伊拉克侯赛因政权垮台；哥伦比亚太空梭爆炸，七名太空人罹难
2004	小布什连任总统

参考书目

- Allan Bloom, *Closing of the American Mind*, New York: Simon & Chuster Inc. 1987
- Benjamin G. Rader, *American Sports*, New Jersey Prentice Hall, 1999
- Benjamin G. Rader, *American Ways,* New York: Harcourt College Pub. 2001
- Dennis Gilbert and Joseph A. Kahl, *The American Class Structure,* California: Wadsworth Publishing Company, 1993
- Edited by Eric Foner & John A. Garraty, *The Reader's Companion to American History,* Boston: Houghton Mifflin Company, 1991
- Edited by Isidore Start, Lewis Paul Todd, Merle Curti, *Living American Documents*
- Edited by Neil Campell, *American Youth Cultures,* Edinburgh: Edinburgh University Press, 2004
- Editors by Philip John Davies and Fredric A. Waldstein, *Political Issues in America Today*, New York: Manchester University Press, 1996
- George C. Edwards III, Martin E Wattenberg, Robert L. Lineberry, *Government in America*, New York: Addison Wesley Longman, Inc. 1999
- Harvard Sitkoff, *The Struggle for Black Equality*, 1954-1992, New York: Harper Collins, 1981
- Henry Steele Commager, *Documents of American History*, New Jersey: Pren-tice-Hall Inc. 1973
- Henry Steele Commager, *The American Mind*, New Haven: Yale University Press, 1950
- Howard Zinn, *People's History of the United States*, New York: Harper Collins Pub. Inc., 1999

- John Hartley and Roberta E. Pearson, *American cultural studies*, New York: Oxford Press, 2000
- Lawrence W. Levine, *Black culture and Black Consciousness*, New York: Oxford University Press, 1977
- Lewis Perry, *Intellectual Life in America,* Chicago: Chicago Press, 1984
- Lois W. Banner, *Women in Modem America: A Brief History*, Chicago: Harcourt Brace Jovanovich Publishers, 1984
- Merle, Curti, *The Growth of American Thought,* New York: Harper & Row, 1991
- Michael Kammen, *American Culture American Taste*, New York: Alfred A. Knopf, Inc 1999
- Michael Kammen, *People of Paradox*, New York: Alfred A. Knopf Inc., 1994
- Neil Sheehan, *A bright shining Lie*, New York: Random House Inc. 1989
- Ronald Takaki, *A Different Mirror: A History of Multicultural America,* New York: Little, Brown and Company 1993
- Theodore Roszak, *The Making of a counter culture*, New York: Doubleday & Company Inc. 1968
- Alexander Hamilton, James Madison, John Jay, *The Federalist Papers*, 谢叔斐译：《联邦论》，香港：今日世界出版社，1985年版。
- Benjamin Franklin, *The Autobiography of Benjamin Franklin*, 黄正清译：《富兰克林自传》，香港：今日世界出版社，1963年版。
- Bradford Smith, *Why We Behave Like Americans*, 王世宪译：《美国人的性格与文化》，中国台北：华国出版社，1958年版。
- Carol Hymowitz & Michaele Weissman, *A History of Women in America*, 彭婉如译：《美国妇女史话》，中国台北：扬升文化公司，1993年版。
- D. W. Brogan, *The American Character*, 李诰译：《美国的本质》，香港：今日世界出版社，1965年版。
- Dalexis de Tocqueville, *Democratie en Amerique*, 董果良译：《论美国的民主》，北京：商务印书馆，2002年版。
- Daniel Bell, *Post-Industrial Society*, 王宏周等译，《后工业社会的来临》中国台北：桂冠出版社，1989年版。
- Daniel Bell, *The Cultural Contradictions of Capitalism*, 赵一凡等译：《资本

主义的文化矛盾》，中国台北：桂冠出版社，1991年版。
- Daniel J. Boorstin, *The Americans*, 时殷弘等译：《美国人》，上海：上海译文出版社，1989年版。
- David Riesman, *The Lonely Crowd*, 蔡源煌译：《寂寞的群众》，中国台北：桂冠出版社，1984年版。
- Durkheim E., *Pragmatisme et sociologie*, 渠东译：《实用主义与社会学》，上海：上海人民出版社，2000年版。
- Edited by DianeRavitch, *The American Reader: Words That Moved A Nation*, 林本椿等译：《美国读本：感动过一个国家的文字》北京：三联书店，1995年版。
- Jean-Pierre Fichou, *La Civilisation Americaine*, 宋亚克译：《美国文化》中国台北：远流出版社，1993年版。
- Jerome Agel, *Words That Make America Great*, 赵一凡、郭国良译：《美国赖以立国的文本》，海口市：海南出版社，2000年版。
- John Kenneth Galbraith, *The Affluent Society*, 汤新楣译：《富裕社会》，香港：今日世界出版社，1970年版。
- John Kenneth Galbraith, *The Culture of Contentment*, 杨丽君等译：《自满年代》，中国台北：时报文化出版社，1992年版。
- Seymour Martin Lipset, *The First New Nation*, 张虎、陈少英译：《第一个新兴的国家》，中国台北：桂冠出版社，1994年版。
- William James, *Pragmatism*, 陈羽纶译：《实用主义》，北京：商务印书馆，1994年版。
- Zbigniew Brzezinski, *The Choice: Global Domination or Global Leadership*, 郭希诚译：《美国的抉择》，中国台北：左岸文化，2004年版。
- 王育三著：《美国政府》，中国台北：商务印书馆，1998年版。
- 朱立民著：《美国文学》，中国台北：汉林出版社，1982年版。
- 朱世达主编：《当代美国文化与社会》，北京：中国社会科学出版社，2000年版。
- 朱世达著：《当代美国文化》，北京：社会科学文献出版社，2001年版。
- 何欣著：《20世纪美国小说家》，中国台北：中国文化大学出版社，1983

年版。
- 林立树著:《世界文明史》下册,中国台北:五南图书出版公司,2003年版。
- 林立树著:《司徒雷登调解国共冲突的理念与实践》,中国台北:稻香出版社,2000年版。
- 林立树著:《美国通史二版》,中国台北:五南图书出版公司,2002年版。
- 孙云畴等编:《美国史话》,山东:山东新华出版社,2002年版。
- 盛宁著:《20世纪美国文论》,北京:北京大学出版社,1994年版。
- 庄锡昌著:《20世纪的美国文化》,中国台北:淑馨出版社,1996年版。
- 黄枝连著:《美国203年》,香港:中流出版社,1980年版。
- 端木瑞主编:《美国传媒文化》,北京:北京大学出版社,2001年版。